Ulrike Sowodniok

Stimmklang und Freiheit

Ulrike Sowodniok (M.A.) lehrt angewandte Stimmanthropologie u.a. am Zentralinstitut für Weiterbildung der Universität der Künste Berlin. Als Sängerin und Stimmpädagogin forscht sie am Stimmklang in Theorie und Praxis, mit künstlerischen und wissenschaftlichen Methoden.

Ulrike Sowodniok

Stimmklang und Freiheit

Zur auditiven Wissenschaft des Körpers

[transcript]

Bibliografische Information der Deutschen Nationalbibliothek
Die Deutsche Nationalbibliothek verzeichnet diese Publikation in der Deutschen Nationalbibliografie; detaillierte bibliografische Daten sind im Internet über http://dnb.d-nb.de abrufbar.

Umschlaggestaltung: Kordula Röckenhaus, Bielefeld
Umschlagabbildung: Xenia Fink, Berlin, 2007, © Ulrike Sowodniok
Lektorat & Satz: Ulrike Sowodniok, Christoph Illing
Druck: Majuskel Medienproduktion GmbH, Wetzlar
ISBN 978-3-8376-2317-8

Gedruckt auf alterungsbeständigem Papier mit chlorfrei gebleichtem Zellstoff.
Besuchen Sie uns im Internet: *http://www.transcript-verlag.de*
Bitte fordern Sie unser Gesamtverzeichnis und andere Broschüren an unter: *info@transcript-verlag.de*

Inhalt

Einleitung

Zum Thema „Stimmklang" zu schreiben bedeutet, eine Spur im Verborgenen wahrnehmbar zu machen. Die Stimme schien lange Zeit aus dem wissenschaftlichen Interesse völlig verschwunden zu sein. Im Zuge des *linguistic turn* wurde eine lautlose Sprache zum kulturstiftenden Mittel. Der folgende *iconic turn* erschwerte den Zugang zur Stimme noch weiter, denn unter der visuellen Herrschaft der Zeichen wurde sie gar nicht mehr gehört. Dass sie in den letzten Jahren neu entdeckt wurde, ist die Errungenschaft des Forschungsfeldes der *„Kulturen des Performativen"*. Es setzte die Stimme ins Zentrum des Geschehens: „Die Stimme bildet den Nukleus dessen, worum Geistes-, Human- und Kunstwissenschaften kreisen."[1] Die Fusion aus einer am Handlungsakt der Äußerungen orientierten Sprachphilosophie und der theaterwissenschaftlichen Reflexion der Performance-Künste konnte einen Impuls setzen, der in eine neue Richtung geht, d.h. in einer „performativen Orientierung" ein neues kulturtheoretisches Paradigma stiftet.

Den Stimmklang selbst zu thematisieren, macht es nötig, ihn als Trägersubstanz der Stimme wahrnehmbar zu machen. Es ist die

1 Vgl. Doris Kolesch/Sybille Krämer (Hg.) „Stimmen im Konzert der Disziplinen – Zur Einführung in diesen Band" in „Stimme", Frankfurt a.M. 2006; S. 7.

Geschichte eines unfreiwilligen Mediums[2], welches aus der Auflösung rekristallisiert werden muss, wobei es wiederum die Substanzen und Zustände erkennen lässt, welche ihm als Medien dienen. Dies klingt fast nach einer unendlichen Geschichte, hat sich aber als Synthese meiner praktischen und theoretischen Arbeit im Feld der *Sound Studies* in den letzten sieben Jahre entwickelt zu einer *Kritik der Sinne*, die ich als methodische Basis für dieses Buch in einer „auditiven Wissenschaft des Körpers“ zusammenfasse. Sie bildet eine reziproke Passage von geisteswissenschaftlich-phänomenologisch ausgerichteten Methoden zu stimmphysiologisch-naturwissenschaftlichen Forschungen.

Im zweiten Kapitel beschäftige ich mich mit der wahrnehmungsorientierten Stimmphysiologie von Gisela Rohmert, die sich seit 2007 als *Lichtenberger angewandte Stimmphysiologie* bezeichnet. Den Kern bildet eine umfangreiche Beschreibung einer phänomenologischen Physiologie bzw. genotypischen Phänomenologie des Stimmklangs aus meiner über zwanzigjährigen Praxis, die an den Sinnen und am klingenden Körper orientiert ist. Ich leite daraus wichtige Gesetzmäßigkeiten zu Stimmklang und Bedeutung her.

Die wissenschaftlichen Positionen zu „Stimmklang“, die ich für den ersten Teil dieser Arbeit ausgewählt habe, sind fast alle dem aktuellen Diskurs der Hinwendung von *Kulturen des Performativen* zur Stimme entnommen. Sie führen aus ihrer jeweiligen Fachrichtung kommend wichtige Perspektiven für eine Praxistheorie des Stimmklangs im zweiten Teil ein. Im dritten Teil werde ich eine Synthese im Verhältnis von *Diskurs und Wahrheit* analog zu *Praxis und Freiheit* bilden als Grundlage meiner eigenen Praxis der *angewandten Stimmanthropologie.*

---

2 Vgl. Fritz Heider „Medien [...] sind für sich selbst nichts.“ siehe „Ding und Medium“, Original Berlin 1926, Neuauflage Berlin 2005; S.66 und Sybille Krämer „Medien lösen sich auf.“ siehe „Das Medium als Spur und als Apparat“ in „Medien-Computer-Realität. Wirklichkeitsvorstellungen und Neue Medien“, Sybille Krämer (Hg.), Frankfurt a.M. 2000; S.74.

Unter dem Link *http://www.sinuous.de/stimmklangundfreiheit.html* befindet sich die Möglichkeit zum Download einer Aufnahme der multisensorischen Partitur *„ineinandergeschachtelt"* von Christoph Illing, die ich mit meinem Stimmklang performt und gemeinsam mit ihm in zwei verschiedenen Räumen eingespielt habe. Im Anhang wird der Zuammenhang dieses Werkes zum Inhalt des Buches näher erläutert.

An der Verwirklichung dieses Buches waren viele beteiligt, von denen ich nur einige namentlich nennen kann: Holger Schulze und Doris Kolesch, Gisela Rohmert und alle MitarbeiterInnen des Lichtenberger Instituts, meine Eltern Günter und Brigitte Sowodniok, meine Familie Angela, Jaron und Andreas, Xenia für die wunderbaren Zeichnungen, Lea und Christoph für die Hilfe beim Layout. Ihnen allen danke ich ganz herzlich – sowie allen Studierenden, Lernenden, Suchenden, die mich mit ihren Stimmen und ihrer Empathie für den Stimmklang in all diesen Fragestellungen immer weiter gebracht haben.

I.a Wissenschaftliche Positionen zu „Stimmklang"

THESEN ZUR STIMME ALS PERFORMATIVES PHÄNOMEN: DORIS KOLESCH

In ihren Ausführungen zur Stimme knüpft Doris Kolesch an den Menschen als ein „zoon logoon echoon" – ein sprachfähiges Wesen an. Diese Eigenschaft der Sprachfähigkeit rückt Doris Kolesch ins Zentrum, da sie vor der Verschriftlichung steht. Indem sie betont, dass Stimme mehr ist als nur ein Medium von Sprache, kehrt sie alle Eigenschaften der Stimme heraus, die vom sprachwissenschaftlichen Diskurs der letzten Jahrzehnte zum Verschwinden gebracht wurden. Im Wiederentdecken der Stimme begründet sie ein neues kulturtheoretisches Paradigma, welches sich am Performativen orientiert:

„Dass der Ereignischarakter eine basale Eigenschaft aller kulturhistorischen Phänomene ist, heißt vielmehr, dass Ereignisse nicht bloß Vorgänge und Vollzüge, vielmehr wahrgenommene Vorgänge und wahrgenommene Vollzüge sind. [...] Daher macht die Aisthesis eines Vollzugs, also das, was an ihm wahrnehmbar ist, den Kern des Performativen aus."[1]

1 Doris Kolesch u. Sybille Krämer „Stimmen im Konzert der Disziplinen" aus „Stimme" Doris Kolesch/Sybille Krämer (Hg.), Frankfurt a.M. 2006; S.10.

Mit dieser Neuorientierung am Performativen ist nicht die Performanz von Werken oder deren Struktur gemeint, sondern der Fokus liegt auf der Wahrnehmbarkeit von Ereignissen. Allein in der Wahrnehmung erscheinen die Eigenschaften der Stimme. Doris Kolesch formuliert sie in zehn Thesen[2] zur Stimme, von denen hier diejenigen Punkte herausgegriffen sind, die sich vor allem auf den Stimmklang beziehen. Die Theaterwissenschaftlerin zeigt Beispiele aus dem zeitgenössischen Theater, die die Hinwendung zum Klang der Stimme auch auf künstlerischer Ebene belegen:

Indem Stimme stets eine gehörte Stimme ist, hat sie Appellcharakter. Wer die Stimme erhebt, entblößt sich, tritt ein in eine Dimension des Ausgesetztseins. Die Präsenz der Stimme hat dabei Aufführungscharakter. Diese responsive Struktur ist im modernen Theater nicht mehr an literarischer oder dramatischer Narration interessiert, sondern der Stimmklang selbst will gehört werden.

> „Sinn- und Bedeutungsdimensionen werden polyglossal disseminiert, während gleichzeitig die Leiblichkeit des Sprechens im Atmen, Stöhnen, Flüstern und Schreien vorgeführt wird. Zugleich ist die scheinbar gegenläufige Tendenz einer Dissoziation von Körper und Stimme zu beobachten, indem die stimmliche Artikulation als raumzeitliche und rhythmische Klangskulptur an Eigenwertigkeit gewinnt."[3]

Der Ereignischarakter der Stimme wird herausgekehrt und gleichzeitig offenbart er seine Flüchtigkeit. Obwohl er ständig erklingt, ist der Stimmklang ephemer. In dieser Beschaffenheit als „Schwellen-

2 Doris Kolesch in „Mitsprache, Rederecht; Stimmgewalt. Genderkritische Strategien und Transformationen der Rhetorik." Doerte Bischoff/Martina Wagner-Egelhaaf (Hg.), Heidelberg 2006.

3 Doris Kolesch „Natürlich Künstlich – über die Stimme im Medienzeitalter" in „Kunst-Stimmen", Doris Kolesch/JennySchrödl (Hg.), Berlin 2004; S. 24f.

phänomen“[4] vereint Stimmklang zahlreiche Paradoxien in sich. Da er stets fremd und nah zugleich ist, stiftet er Identität und Alterität. Sein „Ich“ ist damit stets schon auf eine Intersubjektivität bezogen. Die Körperlichkeit der Stimme und ihr emotionaler Zustand spielen dabei eine entscheidende Rolle.

Indem die Stimme stets an Körperlichkeit gebunden ist, ist sie stets vermittelt. Sie wird durch Körper und Medien gebrochen und kann deshalb niemals unvermittelter Ausdruck des Subjekts sein. Doris Kolesch erwähnt das „Korn der Stimme“ – „Le grain de la voix“ bei Roland Barthes[5] als Qualitätsmerkmal der stimmlichen Textur. Damit holt sie die Ideen von Barthes aus den 1970er Jahren in einen wissenschaftlichen Diskurs, der ihn meiner Meinung nach zum ersten Mal versteht. Die Stimme zeigt in ihrer „Körnung“ ihre Dichte und Rauigkeit etc. Im Stimmklang wird auch die spezielle räumliche Verfasstheit und räumlich-atmosphärische Wirkung von Stimme wahrnehmbar. Die Resonanz- und Echoräume des Körpers sind beim Sprechen und Hören aktiv. So fungiert die Stimme als Spur des Körpers. Dies reicht über den biologisch-physischen Bereich hinaus auch in soziale, kulturelle und historische Räume. Dabei steht sie für ein Individuum ebenso wie für eine Gemeinschaft, wie eine Landessprache, Berufsgruppe, Altersgruppe etc. Einen wichtigen Aspekt dieser Spur zeigt die Affektivität der Stimme. Stimmung und Gestimmtheit sind selbst redende Begriffe für die Mitteilung des emotionalen Zustands durch die Stimme.

Die Eigenschaften des Stimmklangs machen die Zuhörer zu Beteiligten im Gegensatz zu Beobachtern eines rein visuellen Geschehens. Wenn Doris Kolesch zum Appellcharakter der Stimme Roland Barthes zitiert, mit den Worten: „hör mir zu“ heißt „wisse, dass

4 Vgl. Doris Kolesch „Die Spur der Stimme. Überlegungen zu einer performativen Ästhetik“ in „Medien/Stimmen“, Cornelia Epping-Jäger/ Erika Linz (Hg.), Köln 2003; S.274ff.

5 Barthes wird in Kapitel II.b „Bedeutung des Stimmklangs“ besprochen.

ich existiere“[6], definiert sie auch Hören als Aktivität. Als weiteres Beispiel erwähnt sie bei Lacan die gehörte Stimme als Triebobjekt, welche ebenfalls ein aktives Hören provoziert.

In der Körperlichkeit – auch der medialen, der affektiven Bezugnahme und dem beteiligten Hören des Klangs der Stimme, steckt – wie oben erwähnt – stets schon ein „Ich als ein anderer“. So stiftet die Stimme von ihrer Natur aus Intersubjektivität. Die ihr innewohnende soziale Eigenschaft beruht allerdings nicht auf räsonierendem Konsens, sondern auf einer geteilten Form des Handelns, die ein „resonierendes“ gegenseitiges Bezugnehmen bedeutet. In der Resonanz der Stimme liegt eine „Ver-Antwortung“, die eine instinktive Sozialität besitzt. Ein „resonierendes“ Subjekt der Stimme nimmt Doris Kolesch wahr als Medium sozialer Synthesis, das auf gegenseitigem Austausch beruht im Gegensatz zum „Sub-jekt“, welches schon begrifflich immer unterworfen ist.

Doris Kolesch zitiert in „Die Spur der Stimme. Überlegungen zu einer performativen Ästhetik“ eine anthropologische Spekulation von Roland Barthes:

„Stellen wir uns [...] eine einzige Überschreitung vor, die aus dem gleichzeitigen Gebrauch von Sprechakt und Kuss entstehen würde: beim Küssen sprechen, beim Sprechen küssen. Man könnte annehmen, dass es diese Wollust gibt, da die Liebenden unaufhörlich ‚das Wort von den geliebten Lippen trinken‘. Was sie da genießen, ist im Liebesringen das Spiel mit dem Sinn, der aufblüht und sich unterbricht: die Funktion in der Verwirrung: mit einem Wort: der gestammelte Körper.“[7]

---

6 Doris Kolesch „Natürlich Künstlich“ (s.o.) zitiert Roland Barthes: „Zuhören“, S.255, in ders.: "Der entgegenkommende und der stumpfe Sinn“, Frankfurt a.M. 190; S.249-263.

7 Roland Barthes aus „Über mich selbst“, München 1978; S.153 in Doris Kolesch „Die Spur der Stimme. Überlegungen zu einer performativen Ästhetik der Stimme“ in „Medien/Stimmen“, Epping-Jäger/Linz (Hg.) s.o.; S.278f.

In der „Überschreitung des gestammelten Körpers“ findet Doris Kolesch einen „zweckfreien, nicht auf Kommunikation reduzierbaren lustvollen Akt“ des Sprechens. Alle erwähnten Eigenschaften der Stimme enthalten diese Eigendynamik eines unkontrollierbaren Potentials, welches Doris Kolesch als Subversions- und Transgressionspotential der Stimme wahrnimmt. Die Stimme unterwandert und überschreitet das körperlich eingebundene Subjekt in jedem Moment. Der Schauplatz dieser Qualität ist im Sinne dieser Arbeit der Stimmklang selbst.

PHÄNOMENOLOGIE: BERNHARD WALDENFELS

Eine subtile phänomenologische Betrachtung der Stimme findet sich in zahlreichen Veröffentlichungen von Bernhard Waldenfels. Dass die verborgene Ereignishaftigkeit der Stimme sich nur an einem Performanzbegriff entrollen kann, der die Wahrnehmung des Ereignisses selbst untersucht, findet sich bei Waldenfels vor allem in seinen Studien zur Fremdheit wieder. Der Begriff des *Fremden* ist in seinen Arbeiten wesentliches Merkmal der Phänomenologie der Wahrnehmung. In „Stimme am Leitfaden des Leibes“ erklärt Waldenfels, wie schwierig es ist, das Hörphänomen der Stimme als solches wahrnehmbar zu machen:

„Wenn ich von einem Ereignis des Lautwerdens spreche, so ist nicht in erster Linie an pompöse und spektakuläre Großstadtereignisse zu denken, sondern daran, dass immerzu etwas geschieht, das nicht schon als Akt oder Aktion zu begreifen ist und nicht vorweg den intentionalen und regelförmigen Beschreibungen und den subjektiven Zuschreibungen gehorcht von denen die gewöhnlichen Sprechakt- und Handlungstheorien ausgehen. Dies gilt auch für die Stimme, die sich im Wechsel des Gesprächs oder im Ton der Aufforderung bemerkbar macht. Sie bedeutet mehr als einen Bedeutungsträger oder ein Ausdrucksmedium, und dieses Mehr gilt es aufzuzeigen."[8]

Waldenfels folgt der Spur des Stimmklangs, wenn er fordert, die Stimme aus Semantisierung, Subjektivierung und Pragmatisierung herauszunehmen. Als Grundlage dafür fordert er eine „akustische Epoché (sic)", in der sich die Erkenntnis wieder der Lautwerdung von Ereignissen zuwendet und sie als eigenständiges Phänomen wertschätzt. Der Autor unterscheidet dabei ein intentionales Hören von einem responsiven Hören auf etwas. Letzteres trägt nach Waldenfels das Potential für eine Verwandlung der Hörwahrnehmung in sich, indem es sich immer dem Fremdlaut und der Fremdstimme zuwendet. Dabei überbietet es sich selbst durch ein Andershören, welches die Qualität des Erlebens betont, indem es die „Mir"- oder „Mich"-Perspektive vor das Subjekt stellt. Dieses Aufhorchen im Hörbarwerden des Hörbaren bezieht sich auf das Selbst, dem dieses widerfährt. Dem Hören des Subjekts dagegen begegnet nach Waldenfels nur das bereits Bekannte. Ein hörbares Fremdes wird von diesem reduziert zu physischem Schall und zu physikalischen Wellenbewegungen. Das in seiner intentionalen Wertung eingegrenzte „Ich" kann keine Beziehung zum Unerhörten entwickeln, welches es in Subprozesse verdrängt. Dies lässt sich umgekehrt wieder auf den Stimmklang beziehen. Da er nach Waldenfels genau diese Qualität des autonomen Fremden und Unerhörten in sich trägt, wird er in der Wahrnehmung des wertenden Subjekts unterdrückt. Von der Perspektive des Subjekts aus kommt ihm so ein subversives Potential zu.

Diese Vorrangigkeit der Reflexivität im sprachlichen Objekt- oder Reflexivpronomen vertritt Waldenfels ebenfalls in einem Aufsatz über Tanz aus phänomenologischer Perspektive. „Sichbewegen"[9] bezeichnet

---

8 Bernhard Waldenfels „Stimme am Leitfaden des Leibes" in „Medien/Stimmen", Cornelia Epping-Jäger/Erika Linz (Hg.), Köln 2003; S. 20.

9 Waldenfels, Bernhard „Sichbewegen", in „Tanz als Anthropologie", Gabriele Brandstetter/Christoph Wulf (Hg.), München 2007; S. 14ff.

er als die Qualität, die den Tanz ausmache. Er spricht hierbei von einer Qualität, bei der die Tänzer ihre eigene Bewegtheit erfahren und sich von daher nicht mehr in ein äußeres Bewegungsschema „von a nach b“ mit einzeln bewegten Gliedmaßen fassen lassen. Vielmehr wirkt es auf sie nun als ob die Gegenstände des Raums, sogar der Raum selbst, sich bewegen. Diese Qualität der Körperlichkeit eines bewegten Selbst führt in gleicher Weise wieder auf die Stimme zurück – wie Waldenfels im obengenannten Artikel „Stimme am Leitfaden des Leibes“ beschreibt:

„Hören und Sehen sind nicht für sich selbst transparent nach Art eines reinen Selbst- und Für-sich-selbst-Erscheinens, sie sind leiblich gebrochen wie im Falle des Vibrato, in dem der ganze Leib mitschwingt. Aufgrund seiner materialen Dichte fungiert der Leib als sein eigenes Medium, das zugleich verbindet und trennt, formt und verformt.“[10]

Der Leib als Urmedium wirkt nach Waldenfels als „ursprünglicher Klangraum“ für die Spuren des Hörbaren – und damit für die Stimme in ihren vielfältigen Qualitäten. Stimmklang wird von ihm beschrieben in Form einer „Subsprache mit ihren Modulationen und Rhythmen, die von Sprechgeräuschen durchsetzt sind“[11]. Weiter benutzt er den Begriff „Stimmereignis“[12], welches durch die zeit- und raumbildende Eigenschaft der Sinne entsteht. Dies betrachtet Waldenfels als den ursprünglich phänomenologischen Zugang eines performativen Ansatzes zum Phänomen des Stimmklangs.

Waldenfels findet die Sinnesorgane in eine übergreifende „Koinaisthesis“ eingelassen, wobei Wahrnehmung „Aisthesis“ und Bewegung „Kinesis“ in ihnen eine „Kinaisthesis“[13] bilden. Diese phänome-

10 Bernhard Waldenfels „Stimme am Leitfaden des Leibes“ in „Medien/Stimmen“, Cornelia Epping-Jäger/Erika Linz (Hg.), Köln 2003; S. 28.

11 Ebd. S. 28.

12 Ebd. S. 29.

13 Ebd. S. 29.

nologischen Termini haben eindeutige Entsprechungen zu physiologischen Begriffen. Der Begriff des „kinästhetischen Hörens", welchem im zweiten Teil dieser Arbeit eine zentrale Funktion zukommen wird, wird von Waldenfels in diesen Termini erfasst und im Weiteren als Zugang zur Gestalt des Klangraums beschrieben:

> „Ferner können wir in eine Klangwelt eintauchen wie in ein Element. Eine solche Immersion ist ein Spezifikum der Hörsphäre; darin steht diese der Geruchsatmosphäre näher als dem Anblick [...]."[14]

Diese Stofflichkeit des Hörens begründet Waldenfels in synästhetischen und kinästhetischen Szenerien, die vor allem durch Stimmphänomene erzeugt werden. Die Maske oder „Per-sona", durch welche der Stimmklang wahrgenommen wird, trägt bei zur Fremdheit des Stimmphänomens, da es stets durch den Leibkörper – als Medium für die Schwingung – gebrochen ist. Diese Differenz gilt es nach Waldenfels stets einzuhalten. Auch im Fall der künstlichen oder medialisierten Stimme seien Medium und Hörphänomen der Stimme niemals identisch[15]. Da die Fremdheit eine dem Stimmklang innewohnende Eigenschaft ist, können Medien hier nur etwas hinzufügen – stellen aber keine genuine Fremdheit des Stimmklangphänomens dar.

SPRACHTHEORIE: SYBILLE KRÄMER, MLADEN DOLAR

Aus der Sprachtheorie habe ich zwei sehr unterschiedliche Positionen herausgegriffen – von Sybille Krämer und Mladen Dolar. Da sich die theoretische Betrachtung der Sprache hauptsächlich mit der Bedeutung der Worte oder Signifikanten beschäftigt, entgleitet das Phänomen des

14 Ebd. S. 30.

15 Vgl. ebd. S. 31-34.

Stimmklangs dabei in einen subliminalen Bereich bzw. wird in Randbereiche verdrängt. Der herrschende Diskurs von Phonozentrismus und Logozentrismus stellt mündlich und schriftlich als unvereinbare hierarchisch strukturierte Gegensätze von Sprache dar. Im Folgenden wird zu zeigen sein, wie die beiden Positionen im Spiegel des „Stimmklangs“ eine besondere Differenzierungsfähigkeit und ein neues, freiheitliches Niveau erreichen.

„Im Horizont von Derridas Phonozentrismusdiagnose ist es für die Debatte über Oralität und Literalität gerade charakteristisch [...], einem Primat der Schrift und nicht der Stimme den Weg zu bahnen: Indem mit den Studien Havelocks, Goodys, Ongs und den ihnen nachfolgenden Autoren die Alphabetschrift als der Königsweg der westlichen Zivilisation im Kurs auf die reflexive Moderne gedeutet wurde, avancierte die Schrift zur Kulturtechnik einer durch Ratio, Aufklärung, Wissenschaft, Kunst und Demokratie ausgezeichneten Weltbewältigung. Besitz und kulturelle Diffusion der Schrift bildeten Kriterien für die Scheidelinie zwischen ‚Mythos‘ und ‚Logos‘ und bildeten zugleich Motor und Maßstab eines Vorgangs, der als Achse eines sozialhistorischen Fortschritts begriffen wurde. Eingelassen in die Opposition zwischen ‚Mündlichkeit‘ und ‚Schriftlichkeit‘ gebührte der Schrift somit ein kulturstiftender Vorrang gegenüber der Stimme.“[16]

Sybille Krämer beschreibt komprimiert in diesen Zeilen, wie es zu einer Verdrängung der Stimme in der Sprachphilosophie kam. Ihr Anliegen ist es – u.a. in dem gemeinsam mit Doris Kolesch veröffentlichten Band „Stimme“ –, die Stimme aus der Spaltung des Diskurses von „mündlich“ versus „schriftlich“ herauszuholen. Anhand von fünf Stationen klassifiziert sie die Stimme als eigenständiges Phänomen, welches sich positiv im medientechnischen, kommunikationstheoretischen, kognitionstheoretischen, aisthetischen und

16 Sybille Krämer „Die Rehabilitierung der Stimme – Über die Oralität hinaus“ in „Stimme“, Kolesch/Krämer (Hg.), Frankfurt a.M. 2006; S.270f.

ethischen Diskurs ausprägt[17]. In einem methodischen Dreisprung entzieht sie dem Schema „schriftlich/mündlich“ die konstituierenden Faktoren der Äquivalenz, Differenz und Hierarchisierung, d.h. Stimme sollte nicht länger lediglich als Medium der Wortsprache betrachtet werden, oralen Kulturen wird die Eigenschaft zuerkannt, kognitive und reflexive Potentiale von ebenbürtiger Qualität wie in den Schriftkulturen zu entwickeln, soziale und ethische Werte werden in ihrer vorrangigen Vermittlung durch die Stimme betrachtet. Indem Krämer in ihre Positivierung der Stimme auch eine „negative Phänomenologie der Stimme“ von Alice Lagaay[18] einbezieht, welche auch Schweigen und Stille als konstituierende Eigenschaften der Stimmlichkeit herauskehrt, hebt sie das Phänomen der Stimme über den Bereich der performativen Oralität hinaus auf eine neue Ebene:

> „Die Stimme hat also ihren Status, ein Sprachmedium zu sein, abgestreift, um dann in einem viel umfassenderen Sinne als ein Medium hervorzutreten, welches es ermöglicht, Unterscheidungen zu treffen. Ist die Stimme – um hier einen Terminus von Goethe und Cassirer zu gebrauchen – so etwas wie ein ‚Urphänomen‘, dessen Klang die Umwelt als menschliche Welt überhaupt erst hervorbringt? Scheidet die Stimme das Belebte vom Unbelebten, differenzieren sich mit ihrem Ertönen die unterschiedlichen Domänen des Lebendigen und Toten? Heißt, eine Stimme zu haben, also, Unterschiede treffen zu können?“[19]

Krämer entdeckt das Phänomen der Stimme als Hybrid aus Sinn und Sinnlichkeit, Sema und Soma, Index und Symbol. Indem sie der Stimme als Vermittlerin den differenzierungsfähigen Raum zwischen den Paradoxen zuschreibt, stellt Krämer am Ende ihres Aufsatzes die

17 Vgl. Abschnitt in I.a zu Doris Kolesch.

18 Alice Lagaay „Züge und Entzüge der Stimme“ in „Performativität und Medialität“ Sybille Krämer (Hg.), München 2004; S.293ff.

19 Sybille Krämer „Die Rehabilitierung der Stimme – Über die Oralität hinaus“ in „Stimme“, Kolesch/Krämer (Hg.), 2006; S. 291.

Frage nach dem Stimmklang als einem Urphänomen, dem das gesamte Potential menschlicher Lebendigkeit eigen ist.

Eine Stimmtheorie, die mit psychoanalytischer Ausrichtung in der Achse von Freud hin auf Lacan das Feld von Phono- und Logozentrismus auslotet, vertritt Mladen Dolar in seinem Buch „His Master`s Voice“[20]. Ich möchte mich im Folgenden auf einige Stellen beziehen, die die Stimme als unhinterfragbar akusmatisches Phänomen und als Fetischobjekt beschreiben.

„Die Stimme bindet die Sprache an den Körper, der Charakter dieser Bindung indes ist paradox: Die Stimme gehört zu keinem von beiden [...] – nicht nur löst sie sich vom Körper ab und lässt ihn zurück, sie passt einfach nicht zum Körper, lässt sich nicht in ihm unterbringen oder ‚deakusmatisieren‘. Sie gleitet oder flottiert, und die flottierende Stimme ist unmittelbar ein viel eindrucksvolleres Phänomen als der flottierende Signifikant, le signifikant flottant, dem zuliebe so viel Tinte geflossen ist. Sie ist ein Körpergeschoss, das sich von seinem Ursprung losgerissen, das sich emanzipiert hat und doch körperlich bleibt. Diese Eigenschaft teilt sie mit allen Triebobjekten [...].“[21]

Die Eigenschaften dieser losgelösten Stimme beschreibt Dolar im Weiteren: „eine Wirkung, die ihre erklärbare Ursache übersteigt“[22], „ein Bereich der Unentscheidbarkeit“[23], „des Zwischen-beiden, ein Dazwischenliegen[24]“, „eine Subjektivität, die ‚sich selbst ausdrückt‘ und selbst den Ausdrucksmitteln innewohnt – d.h. [...] ein vouloir-dire wohnt ihr inne“[25], „das materielle, bedeutungsresistente Element, [...]

20 Mladen Dolar „His Master’s Voice – eine Theorie der Stimme“, Frankfurt a.M. 2007.

21 Ebd. S. 99f.

22 Ebd. S. 15.

23 Ebd. S. 22.

24 Ebd. S. 22.

25 Ebd. S. 23.

genau das, was nicht gesagt werden kann"[26], „als dem blinden Fleck der Sinngebung oder dem Verworfenen des Sinns"[27], „der angeblich natürliche Untergrund der Rede"[28], „Qualität eines Fingerabdrucks"[29], „das, was sie (die Signifikanten) zu einer Signifikantenkette aneinanderreiht"[30].

Dolar ist fasziniert von der Stimme in der Schnittmenge von Körper und Sprache, von Subjekt und Anderem, von innen und außen. Diesen Ort bestimmt er als unfassbar oder atopisch. Die Stimme sieht er dort als gefangen in einem Spalt, einer Leere, die sich auftut, da die Stimme in ihrer ephemeren Gestalt nicht zur Bedeutungsstiftung beitrage. Der Trieb, welcher nicht der Logik der Signifikation gehorche, umkreise sie als ein Objekt, welches niemals das Begehren stillen könne. In der Perspektive dieser rivalisierenden Dimensionen der Psychoanalyse entsteht für Dolar „in jeder mündlichen Äußerung ein Miniaturdrama"[31]. Diese Überlegungen hinterlassen in Dolars Publikation letztlich den Eindruck des phonozentristisch Performativen:

> „Die Stimme scheint über die Macht zu verfügen, Worte in Akte zu verwandeln. Die bloße Verstimmlichung verleiht Worten rituelle Kraft, der Schritt von der Artikulation zur Verstimmlichung ist wie ein ‚passage à l'acte', ein Zur-Tat-Schreiten und Ausüben von Autorität; als könnte das bloße Hinzufügen der Stimme die ursprüngliche Form des Performativen darstellen [...]."[32]

In dieser Ausrichtung auf eine Performanz der Stimme durchschreitet Dolar kontinuierlich den Begriff des Stimmklangs, indem er die

26 Ebd. S. 24.
27 Ebd. S. 26.
28 Ebd. S. 27.
29 Ebd. S. 33.
30 Ebd. S. 35.
31 Ebd. S. 98.
32 Ebd. S. 77.

Stimme von der Bedeutung des Signifikanten löst oder umgekehrt dem Signifikanten verstimmlichte Macht verleiht. Am Beispiel von Akzent, Intonation und Klangfarbe streift er ihn als „dem Signifikanten gegenüber resistente Stimme“[33]. Allerdings werden diese drei außersprachlichen Eigenschaften der Stimme im Weiteren wiederum nur im Kontext von sprachlicher Bedeutung untersucht. Das Gewicht der Wertung in der psychoanalytischen Sprache des Autors lässt die Textur[34] der Stimme nicht als eigene Stofflichkeit hervortreten. In seiner Bewertung der Gesangsstimme, die sich in der Oper durch die Unverständlichkeit des Textes von der Sprache abzukoppeln versuche, schwenkt Dolar wieder um in einen Logozentrismus:

> „Nur wegen der Sprache, mittels der Sprache, durch das Symbolische gibt es Stimme, und Musik existiert nur für sprechende Wesen (Baas 1998, S. 196). Die Stimme als Trägerin eines tieferen Sinns, einer tiefgründigen Botschaft ist eine strukturelle Illusion, im Kern ist es die Phantasievorstellung, die Gesangsstimme vermöchte die von der Kultur geschlagene Wunde zu heilen und den Verlust zu ersetzen, den wir durch Annahme der symbolischen Ordnung erlitten haben. Dieses trügerische Versprechen leugnet die Tatsache, dass die Stimme ihre Anziehungskraft dieser Wunde verdankt und dass ihre angeblich wunderbare Macht gerade daher rührt, dass sie in dieser Kluft steckt. Sofern der psychoanalytische Name für diese Kluft Kastration ist, dürfen wir uns daran erinnern, dass Freuds Theorie des Fetischismus gerade darauf beruht, dass sich im Fetisch die Verleugnung der Kastration materialisiert.“[35]

Der nach seiner Interpretation in der Illusion der Unverwundbarkeit gefangenen Gesangsstimme der Oper setzt Dolar die Stimme der Psychoanalyse gegenüber. Dies ist in die Praxis, welche er sieht, die es versteht, die Stimme einzusetzen. Den drei psychoanalytischen Kategorien von Phantasie, Wunsch und Trieb ordnet der Autor die Stimme

33 Vgl. ebd. S. 31.

34 Vgl. ebd. S. 35.

35 Ebd. S. 47.

„als Exzess, als Resonanz und als Schweigen"[36] zu. „Der gesamte Prozess der Psychoanalyse verwandelt sich so in einen von der Stimme gelenkten Parcours."[37] Mit dieser Äußerung meint der Autor den stimmlichen Austausch zwischen Analysand und akusmatisch auftretendem Analytiker. Im Engpass der Konfrontation des Analysanden, der durch den Analytiker die Botschaft des Begehrens als Stimme des Triebs zurückgespiegelt bekommt, erhält die Stimme den Wert eines Ereignisses. Der Analytiker hält stets den Raum für den Bruch zwischen Körpern und Sprachen offen, damit der Analysand die Möglichkeit erhält, selbst mit dem Objekt Stimme zu verschmelzen. Er zitiert das Ergebnis der Analyse nach Lacan als „la passe" – die Öffnung. So endet Dolars Theorie der Stimme schließlich in der Freiheit durch die Psychoanalyse – begründet auf der Notwendigkeit der Unfassbarkeit der Stimme, welche stets den notwendigen Durchschlupf offen halte, um Nahrhaftes in der psychoanalytisch reflektierten Stimme zu finden. Dolar beruft sich beispielhaft auf Kafkas Erzählung „Forschungen eines Hundes", in welcher eine atopische „Un-Musik" eine Wiederbelebung bewirkt. Letztlich bleibt die phänomenologische Qualität von Dolars Stimme der Psychoanalyse unklar. Da der Autor Wert legt auf die Unfassbarkeit der Stimme, kann keine beschreibbare Qualität der Stimme wirklich durch die psychoanalytische Bewertung hindurchdringen. Den Autor interessieren die Stimmen, die sich ablösen von den Sprechenden. Die entstehende Fremdheit wird ein Werkzeug für das Gespräch zwischen Analytiker und Analysand. Was diese Fremdheit wirklich ausmacht und wie auf sie Bezug genommen wird, beschreibt der Autor nicht. In seiner Faszination für die Lücke, welche die Fremdheit in seiner Interpretation ausmacht, verharrt er. Damit bleibt an der „Lücke" das wertende Stigma der „Wunde" hängen. Gefangen im Unbenannten der Aura dieser starken Bewertung bleibt die Frage in der Schwebe, ob Dolar vielleicht doch den „Stimmklang" meint, welcher das

36 Vgl. ebd. 173.

37 Ebd. S. 214.

Freiheitsmoment in der Psychoanalyse eröffnet – als Beginn einer „Wissenschaft der Freiheit“, mit der er das Buch beendet.

MUSIKWISSENSCHAFT: CHRISTA BRÜSTLE, SUSAN MCCLARY

Musikwissenschaft als Schriftwissenschaft ist vorrangig der Komposition verpflichtet. Musik wird wissenschaftlich betrachtet als Kultursprache untersucht. Hier lässt sich anknüpfen an die oben genannten Maximen der Sprachtheorie. „Stimmklang“ ist auch in der Musikwissenschaft kein gängiges Terrain. Sicherlich spielen bei der Untersuchung der Interpretation musikalischer Werke auch Beschreibungen von Sängerstimmen eine Rolle – ein Beispiel ist das umfassende Buch „Die großen Sänger“[38] von Jürgen Kesting. Doch auch die Musikwissenschaft ist eine Distanzwissenschaft, die dem visuellen Primat verpflichtet bleibt. Eine Herausforderung, sich klanglichen Phänomenen anzunähern, gibt es ähnlich dem oben erwähnten zeitgenössischen Theater in der Neuen Musik und hier vor allem in der Klangkunst und elektroakustischen Musik.

Für diese Untersuchung ist es wichtig zu klären, ob es sich hierbei lediglich um die Klangfarbe der Stimme handelt oder ob Stimmklang als eigenständige Qualität verwendet und beschrieben wird – und wie weit diese Eigenständigkeit geht in Unabhängigkeit vom allgemeingültigen Notationssystem, welches auch in der Moderne noch im Pentagramm Tonhöhe und Tondauer als die wichtigsten Parameter festlegt. Ein kurzer Aufsatz von Christa Brüstle „Stimme als Klang“ und eine Untersuchung von Susan McClary „Fetisch Stimme“ geben interessante Einblicke in den „Stimmklang“ der Musikwissenschaft.

„Die ‚affektive‘ Stimme, die gutturale, ‚animalische‘ Stimme, die ‚unkultivierte Stimme‘, Laute, die nur bedingt etwas mit Sprache zu tun haben – ohne vom Hörer als mitteilungslos aufgenommen zu werden –, diese Stimme gilt auch als

38 Jürgen Kesting „Die großen Sänger“, Düsseldorf 1986.

schwer kontrollierbar, gefährlich, wie Naturschälle oder Geräusche, nicht zu bändigen, zu laut, zu leise, rau oder betörend usw."[39]

Christa Brüstle malt in dieser Aufzählung den Begriff „Kreaturklang" – geprägt von Wolfgang Rihm und durch Antonin Artaud – aus. Dieser steht im Kontrast zum „Kulturklang", der in seiner kulturhistorischen Prägung im Operngesang auf die Spitze getrieben wurde. Dieser kulturell durchformte Klang ist der eigentliche Gegenstand der Musikwissenschaft gewesen. Erst in der zeitgenössischen Musik zeigt sich nach Brüstle der nackte Klang – wird der Klang der Stimme notwendig zum Begriff:

„Die Stimme als akustisches Phänomen ist so nuancenreich, als Klangfarbe (Klangspektrum) so wenig rationalisierbar, dass sie in den Zweigen der neuen Musik, in der die Exploration und Komposition von Klang Vorrang hat, immer noch eine echte Herausforderung darstellt."[40]

Christa Brüstle betont die Schwierigkeit, Stimmklang als „Schallereignis mit Aktionspotenzial"[41] wahrzunehmen. Tritt der Klang aus dem Schattendasein des Mediums von Bedeutung in Sprache und Musik heraus, erscheint er oft unrhythmisiert und unstrukturiert. Er scheint das explizit Menschliche zu verlieren und sich in beziehungslosen Schall zu verwandeln. Diese Bindung an die Bedeutung beschreibt die Autorin als zwingende wissenschaftliche Bezugsgröße. Als möglichen neuen Erkenntnisweg schlägt sie vor, in der Musik mehr deren Bewegung wahrzunehmen als ihren Aussagegehalt. Demnach lässt sich aus Brüstles Ausführungen folgern, dass die Wahrnehmung der Musik als Klangbewegung noch nicht wirklich

39 Christa Brüstle „Stimme als Klang – Anmerkungen aus der Musikwissenschaft" in „Kunst-Stimmen", Doris Kolesch/Jenny Schrödl (Hg.), Berlin 2004; S.126.

40 Ebd. S. 124.

41 Vgl. ebd. S. 125.

erschlossen ist. Was Stimmklang selbst bedeutet, ist unbekannt, weil seine eigene Bewegung noch nicht wahrgenommen wird.

Anders bewegt sich Susan McClary in ihrem Aufsatz „Fetisch Stimme: Professionelle Sänger im Italien der Neuzeit“ [42] aus historischer Perspektive auf das Thema Stimmklang zu. Sie beschreibt die Ent-stehung des „concerto delle donne“ am Hof von Alfonso II. in Ferrara ab 1580 und seine direkten Folgen für die Rezeption der Gesangsstimme. McClary wird zu einer auditiv motivierten Wissenschaftlerin, wenn sie Giustiniani von 1628 zitiert:

„Wie das wohl geklungen haben mag? Hier die Beschreibung eines Zeitgenossen:
Die Damen von Mantua und Ferrara waren überaus gewandt und suchten sich nicht nur im Hinblick auf Klangfarbe und Schulung der Stimme gegenseitig zu übertreffen, sondern auch in der Gestaltung herrlicher Verzierungen, die sie an den geeigneten Stellen, doch ohne Übertreibung, zum Vortrag brachten. Des Weiteren ließen sie ihre Stimmen an- und abschwellen, ließen sie laut oder leise, dunkel oder hell werden, gerade so, wie es das Stück, das sie sangen, verlangte; bald sangen sie langsam, öfters mit einem leisen Seufzer abbrechend, bald lange Passagen, die einen gebunden, die anderen abgesetzt; bald ‚gruppi‘, dann Sprünge, bald mit langen Trillern, dann wieder mit süßen, weich gesungenen Läufen. Sie begleiteten die Musik und die Empfindung mit angemessenem Gesichtsausdruck, Blicken und Gebärden, nicht mit Verzerrungen des Mundes oder Verrenkungen der Hände, welche die Empfindung des Liedes nicht zum Ausdruck gebracht hätten.“[43]

McClary versucht für sich und ihre Leser hörbar zu machen, was die besondere Qualität des „concerto delle donne“ ausmachte. Hierbei

42 Susan McClary „Fetisch Stimme: Professionelle Sänger im Italien der frühen Neuzeit“ in „Zwischen Rauschen und Offenbarung“ Friedrich Kittler/Thomas Macho/Sigrid Weigel (Hg.), Berlin 2002; S.199ff.

43 Ebd. S. 203.

verwendet sie den musikwissenschaftlich gängigen Begriff „Klangfarbe" für den Stimmklang. Im Weiteren schreibt sie:

„Die Stimme hört auf, der Sprache als reines Transportmittel zu dienen, und führt stattdessen metaphorisch vor, wie sich ein von den Zwängen der Schwerkraft befreiter Körper empfinden würde."[44]

Indem McClary für die Gesangsstimme als von der Textbedeutung gelöstes Instrument detaillierte beschreibende Quellen zusammenträgt, beschafft sie reichhaltiges Material für ein Verständnis von Stimmklang – unabhängig von kulturhistorischen Entwicklungen oder Wertungen. In spannender Schlüssigkeit räumt die Autorin verbreitete Vorurteile aus, indem sie erklärt, wie die singenden Damen eine epochale Dynamik auslösten, welche die sakrale Polyphonie der Renaissance mit ihrer Exklusivität der männlichen Stimme verblassen und den neuen Stil des barocken basso continuo aufkommen ließ. Den Grund dafür pointiert McClary in einem unstillbaren Verlangen der Zuhörer nach hohen Stimmen. Hier kommt die im Titel des Aufsatzes erwähnte Fetischisierung der Stimme zum Tragen: Die weibliche Sopranstimme löste die Entwicklung der Kastratenstimme aus – nicht umgekehrt:

„Das plötzliche Auftreten der Kastraten in der Kulturszene erinnert an die periodisch wiederkehrenden Neidreaktionen, die die populäre Musikentwicklung des 20. Jahrhunderts in Bewegung halten: Afro-amerikaner bringen neue Musikstile auf, auf die zunächst mit sexueller Angst und dem Vorwurf, nur kommerzielle Interessen zu verfolgen, reagiert wird, die jedoch sofort durch weiße Musiker imitiert und vollständig vereinnahmt werden. Mit dem Unterschied, dass der Preis, den die Männer zu zahlen hatten, die am Erfolg der Sängerinnen teilhaben wollten, ungewöhnlich hoch war."[45]

44 Ebd. S. 205.

45 Ebd. S. 208.

„Darüber hinaus hatte die Verbreitung der Kastratensänger, die von der modischen Begeisterung für hohe Stimmen herrührte, neue kulturelle Bilder einer idealen Männlichkeit zur Folge. Wir dürfen nicht übersehen, dass viele der männlichen Zuschauer und Künstler, die die Sängerinnen-Ensembles in Ferrara hörten, diesen Klang nicht nur als Objekt des Begehrens erfuhren, sondern in Wirklichkeit selbst die Subjektstellung einnehmen wollten [...].“[46]

Indem McClary erläutert, dass in der barocken Oper die weibliche Rollen weiterhin von den Diven gesungen wurden, ebenso wie einige der männlichen – en travestie, beleuchtet sie den Kastratenkult als kulturhistorisches Moment einer von der Zeugungsfähigkeit abgelösten Männlichkeit. An diesem Punkt, hakt die Autorin ein, funktioniert die Anwendung der Freudschen Kastrationstheorie auf die Kastratenstimme nicht mehr. Freud bezieht sich in seiner Identitätskonstruktion stark auf die männlichen Genitalien. Der Fetisch entsteht, um die Angst vor der metaphorischen Kastration zu verbergen. Diese Auslegung Freuds lässt sich nach den Ausführungen von McClary nicht vereinbaren mit einer tatsächlichen Kastration, um den Fetisch in der begehrten Sopranstimme zu erlangen. Der umgekehrte Fall stellt sich ein: Die Verführungsmacht der weiblichen Sexualität in der durch Kastration erlangten Sopranstimme degradiert den Phallus zum bloßen Anhängsel.

Was den Stimmklang selbst betrifft, empfinde ich die Ablösung der Stimme vom Fetischobjekt im Sinne McClarys als grundlegend: Dieser kann nur zum Vorschein kommen, wenn das Blendwerk der fetischisierten Stimme überwunden ist. Im Rahmen von Bewertung der Stimme und ihrer besinnungslosen Verehrung und Stilisierung, taucht die Textur des Stimmklangs nicht auf. Aus dieser Perspektive ist es nicht erstaunlich, dass das Phänomen des nackten Stimmklangs in Mladen Dolars Theorie der Stimme nicht auftaucht, wohingegen Susan McClary – nicht ohne Ironie – den Fetisch Fetisch sein lässt und sich an die Quelle der Stimme hindurchhört. Hierbei wird ein Verständnis

46 Ebd. S. 209 und McClary 1999.

von Stimmklang berührt, das sich nicht nur auf den Operngesang anwenden lässt. McClarys Schlusswort könnte konstitutiv werden für eine klanginspirierte Musikpädagogik:

„Obwohl wir keine operativen Eingriffe mehr vornehmen, um die Stimme, die wir uns wünschen, hervorzubringen, leiten sich auch unsere Modelle der Musikpädagogik historisch von dem sorgfältigen Training weitgehend passiver Sänger durch tonangebende Lehrer am Hof von Ferrara her und von Konservatorien, eingerichtet für die Massenproduktion von Kastratensängern. [...] Die Arbeitsteilung zwischen Komponisten, Lehrern und Musikern wurde für die Übermittlung der europäischen und nordamerikanischen Hochkultur zur Norm. [...] Der Preis für diese ökonomische Lösung war die Abspaltung der wirklichen Stimme (die der Sänger) von der virtuellen Stimme (der des Komponisten).“[47]

In der erwähnten Abspaltung der Stimme steckt auch der Motor für die medientechnische Bearbeitung und künstliche Erzeugung der Stimme. Im Folgenden sollen einige medientheoretische Ansätze zusammengetragen werden, die Stimmklang als grundlegendes Phänomen aufsuchen und dabei technischen Phantasien von unbegrenzten Möglichkeiten kritisch gegenüberstehen.

MEDIENTHEORIE: SYBILLE KRÄMER, CHRISTA BRÜSTLE, BERNHARD WALDENFELS, VITO PINTO, K. LUDWIG PFEIFFER, THOMAS MACHO, DORIS KOLESCH

Stimmen orientieren sich an den Medien – nicht umgekehrt. Moderne Sänger bangen in Live-Konzerten davor, dass sie in ihrer Leistung hinter ihren Aufnahmen zurückbleiben. Schon zu Edisons Zeiten bei den ersten Vorführkonzerten mit dem Phonographen sollen die Sänger

47 Ebd. S. 214.

versucht haben, mit der eigenen Aufnahme zu wetteifern, indem sie ihre Stimmen z.B. zu „metallischerem“ Klang forcierten. Dass eine Auf-nahme eine eigene Interpretation der aufgezeichneten Musik ist, die nach eigenen Gesetzen des „guten Klangs“ zu einem absatzfähigen Produkt gestaltet werden muss, ist nicht wirklich im Bewusstsein der Konsumenten. Kein Mikrofon kann einen Stimmklang absolut authentisch abbilden, sondern es hinterlässt die verzerrende Spur seiner jeweils eigenen Charakteristik, d.h. seine Auswahl an Frequenzen, die es bevorzugt. Standort der Mikrofone und die gesamte notwendige Technik können als eine eigene Wissensform von Klang bezeichnet werden, damit z.B. Auslöschungen durch Kammfiltereffekte vermieden werden. Raumklang wiederum hat eigene Gesetzmäßigkeiten und speziellen Aussagecharakter in der Aufzeichnung. So hat jedes Genre – teilweise auch die einzelnen Interpreten – seine eigene Medienästhetik. Diese muss sich u.a. mit der physikalischen Untrennbarkeit von Stimmklang und Fremdgeräusch auseinandersetzen. Auch die musikalischen Parameter wie z.B. die Dynamik müssen im Zuge der Aufnahme neu geregelt werden. Schließlich führt die Digitalisierung der Aufnahme zu einer generellen Wählbarkeit der Informationsdichte. Aus der praktischen Perspektive des Stimmklangs führen alle diese Wägbarkeiten zu einer ästhetisierenden Reduktion des Höreindrucks in den Medien. Der Maßstab hierfür setzt beispielsweise beim MP3-Verfahren[48] nur beim cochlearen Hören zur Tonhöhenunterscheidung an – die andere Hälfte des Hörorgans, das Labyrinth zur Wahrnehmung von Räumlichkeit, Bewegung, Pulsation und Vibration wird als unwichtige Information weggelassen. Wir hören einen reduzierten Stimmklang, der ursprünglich nur zur Übertragung von Nachrichten in der Sprechstimme entwickelt wurde. Die Stimme klingt überhellt, erstarrt und je nach Übertragungsgerät „blechern“. Dies ist der Preis für das kleinere Format in seiner einfachen technischen Handhabbarkeit und Wirtschaftlichkeit im Vertrieb.

48 Vgl. Jonathan Sterne „MP3: The Meaning of a Format (Sign, Storage, Transmission)“, Durham 2012.

Die Betrachtung von Stimmklang und Medien ist somit keine einfache. Mit der Mediendefinition von Sybille Krämer bleibt es schon von Beginn an fraglich, ob Medien etwas zur Wahrnehmung des Stimmklangs beitragen können.

„[Medien] werden ihrer Aufgabe umso besser gerecht, je durchsichtiger sie bleiben, je unauffälliger sie unterhalb der Schwelle unserer Aufmerksamkeit verharren."[49]

Im Grunde genommen besteht die Schwierigkeit darin, den Stimmklang, der in der Nichtbeachtung seiner Eigenheit zum Medium für sprachliche und musikalische Bedeutung wird, aus den technischen Medien, die ihn vermeintlich reproduzieren, herauszulösen. Wenn Christa Brüstle die Stimme als Klang mit dem Ausdruck „blinder Fleck des Mediengebrauchs"[50] bezeichnet, berührt sie diese Verletzlichkeit von Stimmklang als Phänomen in seiner Nichtbeachtung. Diese Erscheinung soll hier nicht als „Wunde" stigmatisiert werden – wie im erwähnten psychoanalytischen Ansatz von Mladen Dolar. Die folgenden Autoren generieren ein Verständnis von Stimmklang als Medium im Medium, welches positiv mit der Kluft zwischen Klang und Körper oder Medien umgeht.

Bernhard Waldenfels relativiert den technisch wiedergegebenen und technisch erzeugten Stimmklang durch seine Feststellung des Körpers als „Urmedium":

„Es gibt mehr oder weniger zentrale und periphere Körperpartien und Körperprozesse, die sich durch eine wechselnde Nähe und Ferne zum leiblichen

49 Sybille Krämer „Das Medium als Spur und als Apparat" in „Medien – Computer – Realität. Wirklichkeitsvorstellungen und Neue Medien", Sybille Krämer (Hg.), Frankfurt a.M. 2000; S.74.

50 Christa Brüstle „Stimme als Klang – Anmerkungen aus der Musikwissenschaft" in „Kunst-Stimmen", Doris Kolesch/Jenny Schrödl (Hg.), Berlin 2004; S.125.

Selbst auszeichnen und uns mit wechselnder Stärke affizieren. Ich bin mehr oder weniger und niemals gänzlich ich selbst.“[51]

Der Klang der Stimme ist stets schon durch die Eigenschaften des Körpers und der Wahrnehmungsorgane gebrochen. Stimme existiert nicht im klangleeren Raum, sondern sie ist stets durchdrungen von Geräuschen aller Art. Daraus folgert Waldenfels, dass Natürlichkeit und Künstlichkeit der Stimme sich nicht trennen lassen:

„Man wird mit Fug und Recht behaupten, dass das Medium die Botschaft prägt, doch dass das Medium die Botschaft ist, gehört zu den Übertreibungen einer Medientheorie, die ein Problem zu lösen verspricht, das sie selbst verursacht.“[52]

Waldenfels warnt davor, dass Stimmklang sich völlig der Betrachtung entzieht, wenn man ihn nicht herausschält als Medium in den Medien. Der medialisierte Stimmklang führt durch die Tücke des Objekts nicht zurück zum Stimmklang, sondern zum technischen Medium – selbst wenn sprachliche Bedeutung und Ausdruck bereits abgelöst sind. Jedes technische Medium hinterlässt eine Spur im wiedergegebenen Klang. Die Wahrnehmung kann in den meisten Fällen nicht unterscheiden zwischen Eigengesetzlichkeit der Stimmklanggestalt und klanglicher Eigenheit der technischen Medien. In der Stimme durchdringen sich bei Waldenfels natürlich und künstlich. In diesem Sinne warnt Waldenfels vor einer totalen Medialisierung, die gebannt vom technischen Pygmalioneffekt, die Phänomenologie der Erfahrung in einer „Phänomenotechnik“[53] verliert. Er sieht hier die ethische Schwelle überschritten, an der die Phonotechnik von der Biotechnik vereinnahmt wird.

---

51 Bernhard Waldenfels „Stimme am Leitfaden des Leibes“ in „Medien/Stimmen“ Cornelia Epping-Jäger/Erika Linz (Hg.), Köln 2003; S. 33.

52 Ebd. S. 34.

53 Bernhard Waldenfels „Das Lautwerden der Stimme“ in „Stimme“, Doris Kolesch/Sybille Krämer (Hg.), Frankfurt a.M. 2006; S. 203.

Eine ähnliche These vertritt K. Ludwig Pfeiffer in seinem Aufsatz „Operngesang und Medientheorie“[54]. Pfeiffer unterscheidet zwischen der medientechnologisch erzeugten Popstimme und der Opernstimme, die er versucht aus der Vereinheitlichung durch die Macht des Marktes der aufzeichnenden Medien herauszulösen. Dabei geht er so weit, den Operngesang als Körpertechnik von den Konnotationen zu trennen, die in der von den Medien geprägten Rezeption der Oper tonangebend sind:

> „In meinem Argumentationszusammenhang ist die Stimme zwar ein Produkt des Leibes, aber kein unmittelbares. Sie mag innere Zustände des Sängers spiegeln, diese aber nicht als codierte und als solche übermittelte Emotionen. Die inszenierte Stimme repräsentiert keine symbolische Dimension, auch wenn das Publikum sie als solche rezipiert und konstruiert.“[55]

> „Die Opern-Gesangsstimme als assoziationsfähige, aber Signifikanz beiseite stellende und nicht erzwingende Technik virtuoser Intensität bietet damit ein ebenso singuläres wie potenziell universalisierbares, kulturell unterschiedlich umspielbares Modell. Damit verwandelt sich der anthropologische Stellenwert – der Körper als Bühne – in einen kulturellen: die Koppelung von semantikfähiger, aber an sich nicht semantisierbarer Intensität und parodieträchtiger Distanz.“[56]

In einem verwinkelten Diskurs schält Pfeiffer „Stimmklang“ als eigenständiges Phänomen aus der marktgängigen Opernstimme heraus. Auch wenn er bis zum Ende den Begriff „Opernstimme“ nicht verlässt, meint er mit einer Stimme, die immun sei „gegen Technologien durch Technik“[57], den puren, entwickelten Stimmklang, das „Chiaroscuro“ des Belcanto. Pfeiffer versteht es, die Stimme nicht nur aus der

---

54 Vgl. K. Ludwig Pfeiffer „Operngesang und Medientheorie“ in „Stimme“, Doris Kolesch/Sybille Krämer (Hg.), Frankfurt a.M. 2006; S. 65ff.

55 Ebd. S. 76.

56 Ebd. S. 77.

57 Ebd. S. 82.

Bedeutungsgebundenheit herauszulösen, sondern sie auch von der Ausdrucksverpflichtung zu trennen. Dies stellt gerade in Bezug auf die Oper, wo Stimme und emotionaler Ausdruck im Allgemeinen gleichgesetzt werden, grundlegende kulturhistorische Übereinkünfte in Frage, die unantastbar und unausgesprochen die Lücken in der allgemeinen Wahrnehmung der Musik verdecken.

> „Davon, dass Musik bestimmte Affekte repräsentiere, impliziere, ausdrücke oder [...] exemplifiziere, kann im Ernstfall nicht die Rede sein. Das liegt schon daran, dass die Affekte vornehmlich Binnenanpassungen des psychischen Systems leisten."[58]

> „[Der Operngesang] verflüssigt die Konventions-, Parodie- und Paradoxieanfälligkeit emotionaler Codes zu affektiven Energien."[59]

Pfeiffer taucht dem Stimmklang folgend in Zusammenhänge der Körpertechnik hinein, die der Einfachheit des Phänomens gerecht werden sollen. Am Beispiel der Untrennbarkeit von Psychotechnik und Körpertechnik in den fernöstlichen Meditationen befreit Pfeiffer den Stimmklang aus semantischer und emotionaler Codierung. Zum Begriff des Performativen der Stimme, dessen Spur ich ausgehend von Doris Kolesch und Sybille Krämer in allen Unterkapiteln dieses Abschnitts verfolge, merkt der Autor an, dass dem Stimmklang ein eher zustandsorientiertes Sein zusteht, das sich ohne theatralischen Kontext allein im Körper entfalten kann. Im Detail beruft sich Pfeiffer auf Peter-Michael Fischer, um die unpersönlichen Anteile des Stimmklangs, die nicht bewusst eingesetzt werden, im Gegensatz zu Tonhöhe und Vokal, in ihrer Gewichtung hervorzuheben. Er erwähnt das sängerische Vibrato als „natürliche Technik" und den Sängerformanten, der einen Anteil von bis zu 35% an der spektralen Gesamtenergie des Stimmklangs ausmache. Schließlich zeigt Pfeiffer am Beispiel der medienbedingt stark von Geräusch durchsetzten

58 Ebd. S. 74.

59 Ebd. S. 75.

Aufnahmen der Stimme von Enrico Caruso, wie dieser außerordentlich starke Stimmklang durch die technische Verzerrung hindurchdringt, und es den Hörern ermöglicht, über die Technik hinwegzuhören. Wahrnehmungstheoretisch scheint das Heraushören des puren Stimmklangs etwas gewollt. Aus der Perspektive der Gestalt- und Tonpsychologie jedoch, nimmt sich Pfeiffer das gute Recht, im Stimmklang der erwähnten Opernstimmen, eigenständige Qualitäten wie eine „selbstreferentiell-emphatische Virtuosität" und ein außerordentlich reiches „Spiel der Stimme mit ihren Komponenten" zu entdecken[60]. Die körperlose Stimme der Medien trägt nach Pfeiffer nur zur weiteren Vervielfältigung der Vielstimmigkeit bei. Als bloße technische Extension der Stimme, kann Pfeiffer der medialen Stimme qualitativ nicht viel abgewinnen. Die Entwicklungschancen für den Stimmklang findet er in avancierten Psycho- und Körpertechniken. Mit einem letzten Exkurs zur Kastratenstimme appelliert Pfeiffer – unter Erwähnung von Susan McClary, siehe vorangegangener Abschnitt – an die Praxis des Stimmklangs:

> „Unbeschadet der vielfältigen, freilich ebenso leicht sich einstellenden wie falschen Vorstellungen über Kastraten wäre – wieder einmal – ein stärkeres Nachdenken über, vielleicht sogar eine verstärkte Praxis von tendenziell virtuosen Psycho- und Körpertechniken angesagt."[61]

So ermutigend diese Zeilen aus Pfeiffers Medienanalyse des Stimmklangs sind – insbesondere für eine moderne Stimmpädagogik, so sehr muss natürlich auch im Sinne dieser Arbeit argumentiert werden, dass eine allzu puristische Auffassung von Stimmklang und Medien letzten Endes für eine zeitgemäße Betrachtung des Phänomens des Stimmklangs nicht weiterführt. Pfeiffers Position mag an dieser Stelle so vereinfachend sein, um Stimmklang überhaupt in der Reizdichte der Medien wahrnehmbar zu machen, jedoch als Grundlagen für eine

60 Ebd. S. 80.

61 Ebd. S. 82.

weitere kritische zeitgemäße Betrachtung sollen kurz die Positionen von Thomas Macho, Vito Pinto und Doris Kolesch aufgeführt werden, die darüber hinausgehen.

Mnemotechniken im Dialog von äußerer und innerer Stimme begründen für Thomas Macho bereits die Mediengeschichte der Stimme. Macho argumentiert zur „Verstimmlichung“ toter Körper bis in die Zeit der Pharaonen zurück. In der Entwicklung der Körpertechniken der Stimme im Sinne von Marcel Mauss[62] – in diesem Drang zur Verkörperung der Stimme – findet Macho die Eigendynamik der Stimme zu ihrer Medialisierung in neuen Körperzusammenhängen. Angesichts der modernen Technologie des Cyborg-Organismus, die die medialisierte Stimme prothesenhaft[63] wieder zum Körper zurückführt, stellt sich für ihn nicht an erster Stelle die Frage der Ethik wie für Bernhard Waldenfels. Im Vordergrund stehen die nicht absehbaren technischen Möglichkeiten, welche als neue Verkörperungen von Stimme sich dem Körper in der gegenwärtigen Entwicklung endlos annähern. Cyborgs, sprechende medizinische Geräte, Navigationssysteme, Handys mit Vibrationssignalen, I-Pods etc. sind alltägliche Realitäten einer digitalisierten Welt, bei denen wir nicht mehr weghören können.

Im Weiteren werde ich Peter-Michael Fischer[64] und Gisela Rohmert[65] als moderne Gesangsforscher erwähnen, die gezielt Medien in ihren Untersuchungen einsetzten, um überkommene Vorurteile einer

62 Vgl. Marcel Mauss „Der Begriff der Technik des Körpers“ in Marcel Mauss „Soziologie und Anthropologie“, Bd. 2, München/Wien 1975; S.199-220.

63 Vgl. Thomas Macho „Stimmen ohne Körper. Anmerkungen zur Technikgeschichte der Stimme“ in „Stimme“, Doris Kolesch/Sybille Krämer, Frankfurt a.M. 2006; S.130ff.

64 Siehe Abschnitt „Gesangstechnik und Stimmphysiologie“.

65 Siehe Kapitel II.

ästhetisch wertenden Tradition mit den naturwissenschaftlichen Methoden der Ergonomie, Kybernetik und Physiologie und ihren Forschungsapparaten abzulösen.

Vito Pinto beschreibt in der Geschichte der Medienstimme die Wichtigkeit der beiden großen Medienumbrüche mit der Erfindung des Telefons, Phonografen, Kinematografen und des Radios um 1900 sowie der Einführung der digitalen Medien Ende des 20. Jahrhunderts. Aufgezeichnete Stimmen gehören nun mit zum kulturellen Gedächtnis. Die direkte Speicherung audio-visueller Wahrnehmungen verdrängt die Alleinherrschaft der schriftlichen Überlieferung.

„Im Zuge der Erfindung und Verbreitung der analogen Medien wird die Stimme Teil des jeweiligen technischen Apparats, des medialen Dispositivs."[66]

Die Stimme und der Apparat erscheinen in einem „Medienverbund"[67]. Dieser enthält die Funktionen der Verstärkung zur Übertragung, der Aufzeichnung zur Speicherung, der Bearbeitung zur Anwendung und der Reproduktion zur Verteilung und Sendung. „Stimmklang" löst sich ab von den Körpergrenzen, Millionen können z.B. ein intimes Flüstern teilen, so entstehen neue Raum-Zeit-Gefüge in den medialen Sphären abhängig von Geräten und Abspielsituationen. Der Stimmklang verschafft sich nicht mehr Gehör, sondern die Medien entscheiden, qua ihrer Technik und ihrer Medienästhetik, wie und wen wir hören. Auf dem Weg zum zweiten Medienumbruch verbessern sich die technischen Mittel zur Übertragung und zur Reproduktion, entscheidend aber ist das potenzierte Anwachsen des Speichervolumens und die beliebige Variabiltät in der Bearbeitung von Stimmen. Dem kreativen Spiel und dem Sammeln von Klängen und Musiken scheinen keine Grenzen gesetzt zu sein. Kritisch zu hinterfragen sind allerdings

66 Vito Pinto „Mediale Sphären." in „Stimm-Welten. Philosophische, medientheoretische und ästhetische Perspektiven", Doris Kolesch/Vito Pinto/Jenny Schrödl (Hg.), Bielefeld 2009; S. 89.

67 Ebd. S. 89.

dabei meiner Meinung nach die Funktionen der Bearbeitungsprogramme, die auch eine Uniformität erzeugen können, so wie die fixen Ebenen durch Aneinanderreihung der Interfaces. Was geschieht dazwischen? Auch wenn man selbst Programme entwickelt, stellt sich immer noch die Frage, ob verwendete Stimmen komprimiert werden, wobei alle Daten über die Verhältnisse im Kehlkopf selbst verloren gehen, oder ob sie datenreduziert gespeichert werden, wobei das MP3-Verfahren – wie bereits erwähnt – nur auf die Sprachverständlichkeit und nicht oder nur in sehr eingeschränktem Rahmen auf den Klang ausgerichtet ist. Pinto nennt dies die Veränderung der „Materialität“[68] in den digitalen Medien und in den bearbeiteten Stimmen. Stellt sich für den „Stimmklang“ die Frage der Reversibilität seiner veränderten Proportion und Materialität?

Dass im modernen Theater Technik[69] als eine synthetische Untrennbarkeit aus kulturellen Techniken wie den Körpertechniken im Sinne von Marcel Mauss und modernen Technologien zu interessanten Perspektiven auf die Stimme führen kann, zeigt Doris Kolesch. Gerade in den Verfremdungen und Brüchen, die durch den Einsatz der Medien im Theater erreicht werden können, wird Stimmklang wieder wahrnehmbar gemacht. Hier zeigt sich der Einfluss der zeitgenössischen Performance- Aktions-, Installations- und Klangkunst in den Möglichkeiten, mit medialen Stimmen die Wahrnehmung des Stimmphänomens selbst zu wecken. Durch eine Enthierarchisierung der erweiterten künstlerischen Mittel im 20. und 21. Jahrhundert kann das Spiel der Wahrnehmung selbst abgebildet werden. Nicht umsonst lautet der Titel eines Aufsatzes von Doris Kolesch, in welchem sie Beispiele für die Positivierung der Stimme in der Durchdringung der

68 Ebd. S. 90f.

69 Vgl. Doris Kolesch „Natürlich Künstlich – Über die Stimme im Medienzeitalter“ in „Kunst- Stimmen“ Doris Kolesch/Jenny Schrödl (Hg.), Berlin 2004; S.25f.

Sinne in der Medienkunst anführt: „Wer sehen will, muss hören. Stimmlichkeit und Visualität in der Gegenwartskunst“[70].

Abschließend möchte ich hinzufügen: Die Tatsache, dass Medienstimmen ohne einen Körper aus Fleisch und Blut auskommen, mag gelegentlich beunruhigen – doch schließlich ist es entscheidend, dass wir ihren Stimmklang mit einem physischen Körper wahrnehmen. Letztendlich entscheidet die eigene Wahrnehmung – sofern sie eine bewusste Unterscheidungsfähigkeit ausgebildet hat – ob wir uns im medialen Stimmengewirr verlieren oder in der Vielstimmigkeit ein neues Verhältnis zu uns selbst aufbauen, in dem wir uns immer wieder neu finden.

GESANGSTECHNIK UND STIMMPHYSIOLOGIE: PETER-MICHAEL FISCHER, JÜRGEN FORCHHAMMER, MICHAEL E. EDGERTON

Als historisches Beispiel aus der Stimmbildung möchte ich Jürgen Forchhammer zitieren. Vorliegend habe ich ein kompaktes Bändchen „Stimmbildung auf stimm- und sprachphysiologischer Grundlage“, in dem er die zentralen Probleme der Stimmbildung in Nachfolge seiner umfangreichen Lehrbücher „Theorie und Technik“ und „Stimme“ zusammenfasst. Das Bändchen ist von 1937 datiert und fällt damit genau in die Zeit nach der ersten Emigrationswelle ausgelöst durch das NS-Regime in Deutschland. Innovative Kräfte in der deutschen Stimbildung, wie z.B. Alfred Wolfsohn[71], wurden zu dieser Zeit aus

70 Doris Kolesch „Wer sehen will, muss hören. Stimmlichkeit und Visualität in der Gegenwartskunst“ in „Stimme“ Doris Kolesch/Sybille Krämer (Hg.), Frankfurt a.M. 2006; S. 40ff.

71 Alfred Wolfsohn (1896-1962) war Gesangspädagoge jüdischer Abstammung in Berlin. 1939 emigrierte er nach London. Auf die pädagogische Praxis von Wolfsohn, dem Gründervater der Roy Hart Methode, gehe ich kurz am Anfang von Kapitel II ein. Eine Untersuchung über Stimm-

dem Diskurs verdrängt. Das Vergessen ihrer Arbeitsweisen und Diskursbeiträge setzte bereits ein. Der Text trägt jedoch keine direkten Anzeichen einer ideologischen Verformung durch den Nationalsozialismus. Sein Stil ist durchgehend von einer naturwissenschaftlichen Objektivität geprägt. Sehr praxisbezigen werden vor allem die physikalisch-akustischen und die phonetischen Grundlagen der Stimmgebung erklärt. Forchhammer verwendet den Begriff „Stimmklang“, den er als allgemeinsten Begriff in der Stimmbildung bezeichnet. Im Speziellen spricht er vom „Ton“, der „Tongebung“, dem „Primärklang“ der Stimmritze und der „Resonanz“. In Bezug auf die Resonanz verfolgt er ein mechanistisches physikalisches Modell, das strikt zwischen dem Mitschwingen eines „Resonanzbodens“ wie bei einem Saiteninstrument und dem tonverstärkenden oder klanglich umbildenden „Resonanzraum“ eines Blasinstruments unterscheidet. Die Stimmgebung ordnet er dem Blasinstrument zu, denn nur hier komme es zu einer echten physikalischen Resonanz des Tons. Den Körper als Resonanzboden der Phonation betrachtet Forchhammer als abschwächendes Element. In seiner intensiven Beschäftigung mit dem Primärklang als „Zitterbewegungen“ der Stimmritze kritisiert er das anatomische Wissen seiner Zeit über Struktur und Bewegungsverhalten des Stimmbandmuskels als ungenügend. Hierin erkennen wir seine aufrichtigen stimmphysiologischen Bemühungen, die Phonation wirklich zu verstehen und nicht blind oder geschmäcklerisch zu argumentieren. In dieser Weise betrachtet er die Vielzahl der Ansichten über die Atemstütze. Letztlich beschreibt er einen Versuch zur Funktion der Atemstütze bei sechs Probanden auf einer Sitzung des „Vereins der Münchner Stimmbildner und Gesangslehrer“. Er schreibt, dass es in der Untersuchung um die für die Praxis relevante Beeinflussung des Tons ging, d.h. er vertritt einen Ansatz, der von der

pädagogik und Emigration und ein Buch über innovative Gesangsmethoden im Vergleich wären wünschenswert – an dieser Stelle zeige ich nur Streiflichter, die historisch und methodisch den Begriff „Stimmphysiologie“ beleuchten.

Klangqualität ausgehend untersucht, welche körperlichen Einstellungen diese Klangwirkung hervorbringen.

„Diese Untersuchungsmethodik schien sich auch tatsächlich zu bewähren; denn schon bei der ersten Versuchsperson zeigte sich ganz deutlich beim Einsetzen der Atemstütze eine auffällige klangliche Veränderung des Tons, die durch sämtliche folgende Untersuchungen bestätigt wurde. Der Ton wurde kerniger, maarkiger, konzentrierter, mit einer Neigung zum ‚Brustigen', im Sinne der Register; und etwa vorhandene ‚Überluft' verschwand. Auffallend war es auch, daß die Fähigkeit, den Ton lange zu halten, durch das Stützen wesentlich gesteigert wurde."[72]

Trotz ganz unterschiedlicher technischer Ansätze der Beteiligten fand man als Gemeinsamkeit bei allen eine etwas verfestigte Bauchwand. Wir hören hier eine sehr männlich objektivierende Einstellung zur Phonation. Gespür, Sensation, Weichheit und Bewegung haben in diesem Modell keine Resonanz. Stimmphysiologisch argumentiert Forchhammer schließlich den Lehrbuchsatz:

„Unter Atemstütze verstehen wir den festen Druck der Luft gegen die fast geschlossenen Stimmlippen."[73]

Es geht ihm um die Kräftigung der Stimmlippen und ihrer Verschlussqualität. Abschließend beschäftigt sich Forchhammer mit dem aktuellen Stand der Registerfrage und sehr ausführlich mit den phonetischen Grundlagen der Phonation im Besonderen in der Praxis des Kunstgesangs. Seine Überlegungen zum „Problem der Höhe" erscheinen mir heutigen Positionen am nächsten. Der durchgehend verwendete Sprachstil zeigt in den Hilfsverben „müssen" und „sollen" eine strenge, fast befehlende Handlungsanweisung. Sicherlich können

72 Jürgen Forchhammer „Stimmbildung auf stimm- und sprachphysiologischer Grundlage", München 1937; S. 18f.

73 Ebd. S.20.

wir hier den Zeitgeist durch die Zeilen hindurch hören und seine Auswirkungen auf den phonierenden Körper spüren.

Als ein Bespiel für ein modernes Verständnis des Stimmklangs, aus der Perspektive der Gesangstechnik, habe ich die Arbeit von Peter-Michael Fischer herausgegriffen. Dass moderne Technik und die Physiologie der Stimme untrennbar sind und einen wesentlichen Beitrag zu einer zeitgemäßen Pädagogik liefern, verbindet seine Ansicht mit der von Walter und Gisela Rohmert, den Begründern des Lichtenberger Modells, deren Schaffen im zweiten großen Abschnitt dieser Arbeit besprochen wird. Sein Ansatz aus Nachrichtentechnik und Musikwissenschaft steht der ergonomischen Forschung des Ehepaares Rohmert näher als die Forschung von Johan Sundberg[74].

Grundlegend gewinnt Fischer seine Begriffe aus Arbeitsfeldern[75], die er in „anatomisch-organisch“, „physikalisch-akustisch“ und „phonetisch-psychologisch“ unterteilt. Er versucht „Stimme“ als generelles Phänomen zu erfassen und deutet auf die Einseitigkeit vieler Forschungen hin, die nur den klassischen Gesang betrachten. Fischer fasst das Phänomen der Stimme sehr allgemein, wenn er alle Töne und Geräusche der Lautäußerungen von Menschen und Tieren damit meint. Er unterteilt die Stimme in drei Grundfunktionen von Sprechstimme – auch der ausgebildeten –, einfacher Singstimme und Sängerstimme, d.h. ausgebildeter Singstimme. Für die Sprechstimme legt Fischer den Schwerpunkt auf die „feststellbare Ordnung von Bewegung und Klang“[76]. Zur Unterteilung dieser Ordnung der Sprechstimme erwähnt er an erster Stelle den „Stimmklang“, welchen er als physikalisch-

74 In diesem Buch soll es nicht um Methodenvergleich zwischen ähnlichen Ansätzen gehen, sondern um ein grundsätzliches Sondieren des Forschungsfelds zum Stimmklang. Zu Johan Sundberg siehe Anfang Kap. III.

75 Peter-Michael Fischer „Die Stimme des Sängers. Analyse ihrer Funktion und Leistung – Geschichte und Methodik der Stimmbildung“, Stuttgart/ Weimar 1993; S. 64ff.

76 Ebd. S. 68.

akustisches Synonym für den musikalischen Ton verwendet. Klangfarbe und persönliches Klangcharakteristikum, d.h. Timbre findet er in der Definition von „Stimmklang" nicht berücksichtigt. Zum „Stimmklang" komme an zweiter Stelle die Modulation nach Lauten, d.h. Sonanten und Konsonanten, hinzu. Für die Singstimme und die Sängerstimme verwendet Fischer den Begriff „Stimmklang" nicht. Hier erwähnt er nur den Begriff der Klangformung, dem sich die verschiedenen Klangparameter unterordnen, wie Klangfarbe, Sängerformant, Vibrato. Das Ergebnis bezeichnet er als den „Ton der Stimme".

Peter-Michael Fischer beschreibt in seinem Buch über die Sängerstimme das „Endziel", welches der Stimmklang einer vollständig ausgebildeten Gesangsstimme nach seinen technischen Anforderungen und Vorstellungen erreichen sollte:

„Das Endziel:
Das dauerhaft Professionelle einer Sängerstimme besteht im komplexen Vibrato:
Jede Stimmkorrektur kann nur über das komplexe Vibrato geschehen, für die Sängerstimme als Unterrichtsprinzip zur Entfaltung der gesamten Organleistung, für die Sprech- und Singstimme als Funktionsübung.
Mit dem Erwerb des komplexen Vibratos und damit einer komplex schwingenden Stimme ist die grundlegende Kenngröße der Sängerstimme gegeben und daher zu pflegen und zu erhalten. Denn das Vibrato, insbesondere in seiner optimalen komplexen Form ist die Voraussetzung, um weitere Kenngrößen wie Sängerformant, Tonkonzentration, Stimmführung und Atemführung etc. zu erarbeiten und zu bewahren und damit eine gewünschte Tonqualität zu erzielen. Alle diese Größen bestimmen zusammen mit dem komplexen Vibrato den Wert eines Sängertones, einer Sängerstimme. Sie sind zur Klangformung erforderlich; über diese sollte ein Sänger verfügen, der musikalischen wie musikantischen Anforderungen genügen will."[77]

77 Ebd. S. 300.

Sängerstimme, Stimmkorrektur, komplexes Vibrato, Organleistung, Funktionsübung, Kenngröße, Sängerformant, Tonkonzentration, Stimmführung, Atemführung, Tonqualität, Wert, Sängerton, Klangformung – dies sind stimmtechnische Begriffe, die alle als Synonyme oder Anteile des Begriffs „Stimmklang“ stehen können. Der exakte naturwissenschaftliche Anspruch von Peter-Michael Fischer zeigt sich in der Wahl der technischen Fachbegriffe. Korrektur, Leistung, Funktion, Übung, Größe, Konzentration, Führung, Wert und Formung sind Begriffe, die in zweiter Reihe hinter den technischen Ausdrücken stehen und erkennen lassen, dass absolute Kontrolle aus Leistungsanspruch die Motivation hinter den Beschreibungen darstellt.

„Beruhte das nachahmende synthetische Lernen auf dem Zusammensetzen von einzelnen gehörten Lerninhalten (wie Erlernen des ‚Atmens‘, Erzeugung eines ‚Kopftones‘ etc.) so erstrebt das analytische Denken die bewusste Handhabung des in seiner inneren Ordnung und seinem äußeren Verhalten bekannten ‚Gerätes‘ Stimme. Dessen Elemente sind durch genaue Maße erfasst und bestimmen daher die Zielrichtung der Stimmbildung zu einem (quasi automatischen) organhaften Geschehen.“[78]

Der Weg, wie die technischen Begriffe der Physiologie wieder in die Praxis zurückgebracht werden sollen, läuft nach Fischer über biokybernetische Regelkreise[79]. Diese Vereinfachung des Singens durch „automatische Vorgänge“, die nach physiologischen Gesetzen ablaufen, welche die Stimmfunktion in ihren Teilfunktionen koordinieren und mit den Sinnesorganen verschalten, rechtfertigt Fischer im Begriff der „natürlichen Technik“. Er distanziert sich damit von der klassischen Pädagogik der Nachahmung oder *„mimetischen Methode“*, die ich als eine von vier Kategorien der Stimmpädagogik in Kapitel II „Sprechen über Klang“ einführe. Am Beispiel des sängerischen Vibratos bedeutet dies für den Autor, dass beispielsweise jede Stimme

78 Ebd. S. 6.

79 Vgl. ebd. S. 109 ff.

zum „komplexen Vibrato" veranlagt sei, weil diese Vibratoform in der Natur des Menschen liege, jedoch viele Stimmen zunächst „funktional" ausgebildet werden müssten, um diese umfassende Rhythmisierung zu erreichen. Mit dem Begriff „funktional" greift er dabei auf die Verschaltung in kybernetisch-physiologischen Regelkreisen zurück. Wir können hier den Übergang von einer *„wirkungsorientierten funktionalen Methode Typ I"* zu einer *„prozess- und vernetzungsorientierten funktionalen Methode Typ II"* erkennen. Die Rolle der Sensorik erscheint nicht geklärt, die die „Nachricht" des klingenden Sytems empfängt, da die Innenperspektive der Wahrnehmung nicht eingenommen wird, sondern vom analytisch- objektivierenden Standpunkt der technischen Sprache übergangen wird. Die neuen der technischen Sprache entlehnten Begriffe ersetzen für Fischer die alten intuitiven Begriffe und verschaffen Zugang zu tabuisierten Bereichen der Gesangsästhetik verschiedener Epochen. Die naturwissenschaftliche Objektivität löst eine geschmäcklerische und künstliche Ästhetik ab. Beispiele von Fischer sind eine Ablehnung des sängerischen Vibratos im Zuge einer impulsiv-psychologischen Wertung oder Anfang des 20. Jahrhunderts in der Tabuisierung von tiefem Bauch und Becken, die ein wenig an den Körper angebundenes stark beschleunigtes Vibrato ergab, welches als flackernd oder flatterig nur zeitweilig ästhetischen Bestand hatte. Fischer zitiert eine Vielzahl von Begriffen, die historisch für das Vibrato in verschiedenen Sprachen verwendet wurden. Er betont die Wichtigkeit, von einer Vielheit in der Praxis zu einem einheitlichen Funktionsbegriff zu kommen. Dass diese objektive Ebene nicht auf die subjektive Ebene der intuitiven Vorstellung bezogen wurde, sondern beide Betrachtungsarten als unvereinbar gegenübergestellt wurden, macht nach Fischers Ansicht ein Versagen der traditionellen Gesangstechnik aus. Doch wie die genaue Übersetzung von Intuition und technisch-physiologischer Gesangspädagogik funktioniert, erfahren die Leser nicht in Fischers Ausführungen. Die Kritik einer auditiven Wissenschaft, wie in Kapitel I.b beschrieben, findet im dominanten stimmphysiologischen naturwissenschaftlichen Diskurs nicht leicht Gehör.

„Wissen und Empfinden um den Ablauf des Sprechvorgangs sind sehr gering, weil das Gesamtgeschehen automatisch verläuft und die ‚Introspektion‘, die selbsttätige Innenschau, kaum das Beobachtbare zu erfassen mag.“[80]

Einzelne Beispiele lassen in ihrer besonderen Gewichtung für die erfahrene Wahrnehmung eine angedeutete Stimmklanggestalt durch die Zeilen hindurch scheinen. So zeigt sich Fischer als Befürworter der Urgesangstheorie von Wilhelm von Humboldt, welcher als Grundstruktur der Stimme das Rhythmische beschrieb. Dies bestätigt Fischer, indem er das Endziel der entwickelten Stimme in einem „komplexen Vibrato“ formuliert.

„The 21st century Voice – contemporary and traditional extra-normal voice“[81] ist ein Methodenband für Stimmtechnik in der zeitgenössischen Interpretation von Michael Edward Edgerton. Das Buch ist Teil einer Reihe zur Instrumentation in der zeigenössischen Musik. Es bezieht sich auf ca. 800 Kompositionen der neuen Musik, die Beherrschung experimenteller Techniken von den Interpreten voraussetzen. Edgerton selbst ist Sänger, Vokalist, Komponist und Stimmforscher. Seine Kompositionen beziehen die Klangbildung von ihrer spieltechnischen Seite ein, indem er ihre Parameter aufschlüsselt und dafür eigene Notationen parallel zum Notendiagramm führt. Dies fordert von den Interpreten ein genaues Analysieren ihrer eigenen Spielweisen und ein erhöhtes Maß an Kontrolle des Spielverlaufs. Im Fall der „Stimme des 21. Jahrhunderts“ wird der Leser bereits zum Spezialisten erklärt, der alle Arten von Abbildungen parallel lesen und übertragen kann. Im Sinne der elektroakustischen Musik gelten für Edgerton *Fast-Fourier-Analysen*[82] von Stimmklängen bereits als

80 Ebd. S. 68.

81 Edgerton, Michael E. „The 21st-Century Voice – Contemporary and Traditional Extra-Normal Voice“, The Instrumentation No.9, Maryland/ USA, Oxford/ UK 2004.

82 Siehe Kapitel I.b und Anfang Kapitel II.

Notentext. Analog stellt er daneben laryngoskopische Abbildungen, Fotosequenzen mit mimischen Ereignissen und schematische Zeichnungen des Phonationsapparats mit seiner Einbettung in den Vokaltrakt. Edgerton macht bewusst keinen Methodenvergleich und verzichtet auf eine musikhistorische Einbettung seiner Arbeit. Im Sinne des Bruchs der modernen Avantgarde der Komponisten mit der tonalen Musik und ihrer unhinterfragten klassischen Technik fühlt er sich nicht in der Erklärungspflicht. Gleichzeitig kann man aber mit geübtem Blick an seiner Atemtechnik und den daraus folgenden abgebildeten Schwingungsverhältnissen im Kehlkopf – ähnlich wie bei der in der Belcanto-Tradition ausgebildeten zeitgenössischen Sängerin Michiko Hirayama – die Grundlage einer klassischen Atemstütze und einer entsprechenden Manipulation des Vokaltrakts erkennen. Seine ausgefeilte Beherrschung der vielschichtigen Phänomene der Randstimme und des Ober- und Untertongesangs verbindet Edgerton letztlich – im ganz praktischen Vollzug ohne interkulturellen Methodenvergleich – mit alten Musiktraditionen im musikethnologischen Kontext wie z.B. Tuva, Tibet und Indien. Die Einheit von Stimmtechnik und modernster Medientechnik und -analyse – wie z.B. bei IRCAM in Paris – sind für seinen Kontext wesentlich anzustrebende Entwicklungen. „Stimmklang" bleibt auch in diesem Beispiel ein technisches Ereignis überlagert vom Handlungsapparat der eingesetzten Körper- und Medientechniken.

ANTHROPOLOGIE UND PSYCHOLOGIE: JULIA FISCHER, KLAUS R. SCHERER, W. TECUMSEH FITCH, STEVEN MITHEN, JULIAN JAYNES

In klassisch anthropologischen Studien lassen sich sehr konkrete Beispiele zum Thema „Stimmklang" finden. So zutreffend wie Stimmklang hier in seiner Anbindung an körperliche Qualitäten beschrieben wird, ist er gleichzeitig einem biologischen Determinismus unterworfen. Dass Stimmklang stets Mittel zum Zweck ist, wenn es um Verteidigung, Nahrung, Brutpflege und Sex geht, erwähnen viele Autoren. Den zwingenden Zuordnungen zu entgehen und Stimmklang als Spiel oder freiheitliche Kommunikation aufzufassen, scheint anthropologischen Argumentationsfolgen häufig entgegenzulaufen.

Die Primatenforschung und Forschung an subhumanen Affen von Julia Fischer[83] hat einen sehr direkten Zugang zu „Stimmklang" als eigenständiger Qualität, anhand welcher sich Aussagen treffen lassen über die allgemeine und momentane Befindlichkeit eines rufenden Affen sowie über seine kommunikativen Absichten in verschiedenen Hinsichten gleichzeitig – vor allem in Form einer Regulation von Nähe und Distanz, die durch dieselbe Lautäußerung hervorgerufen werden kann.

„Werden weibliche Bärenpaviane von einem Männchen angegriffen, so geben sie oft lang anhaltende Schreisequenzen von sich. Diesen Schreien wird einerseits die Funktion zugeschrieben, den Angreifer abzuschrecken, da sie als aversiv bewertet werden und sich die Zuhörer wegen der variablen und nicht vorhersagbaren Struktur nur schwer an diese Lautäußerungen gewöhnen können. Andererseits ist es so, dass Freunde und Verwandte des schreienden Tiers dieses an der Stimme erkennen können und zu Hilfe eilen. Während es also die primäre Funktion ist, den Kontakt abzuwehren, ist die sekundäre Funktion, Kontakt herzustellen. Neben dem Aspekt der Distanzregulation gelten die Stimmen bei Säugern auch als Anzeiger des physiologischen Zustands. Zum Beispiel variiert die akustische Struktur der Paarungsrufe von Affenweibchen verschiedener Arten mit der Veränderung des Hormonspiegels."[84]

83 Vgl. „Funktion tierischer Lautäußerungen" von Julia Fischer „Tierstimmen" in „Stimme", Doris Kolesch/Sybille Krämer (Hg.), Frankfurt a.M. 2006; S. 176ff.

84 Ebd. S. 177.

Das Verhalten zu Nähe und Distanz sowie die physiologische Gestimmtheit eines Affen zählen in der Primatenforschung zum Bereich der Emotionen. In der Terminologie ist hier äußerste Vorsicht geboten: Im Bereich der Musik wird der Begriff der Emotion im allgemein üblichen Gebrauch viel begrenzter verwendet. Er steht im direkten Sinne von „e-movere", d.h. hinausbewegen, für eine intentionale Ausformung und aktive Gestaltung von Gefühlen in der Entwicklung musikalischer Phrasen. Für dieses Buch orientiere ich mich an der umfassenden Einteilung der Emotionen von Klaus R. Scherer[85], der ebenso von Julia Fischer wie von Steven Mithen, dessen Ausführungen danach folgen, zitiert wird. Scherer unterteilt Emotionen in fünf grundlegende Funktionen, denen er unterschiedliche emotionale Komponenten zuordnet: Reizbewertung als kognitive Komponente, Systemregulation als neurophysiologische Komponente, Handlungsvorbereitung als motivationale Komponente, Kommunikation von Reaktion und Intention als Ausdruckskomponente, Reflexion und Kontrolle als Gefühlskomponente. Für Aussagen über den Stimmklang ist vor allem entscheidend, dass Selbst- und Fremdbezug gleichzeitig stattfinden, wie das Beispiel der Bärenpaviane von Julia Fischer zeigt. Dies wirft viele Fragen auf für die Möglichkeit einer konkreten Emotionsvermittlung durch Musik. Ich vertrete in dieser Arbeit die Position, dass der Stimmklang in seiner Reichhaltigkeit an emotionalen Komponenten deutlich macht, dass die konventionelle Definition von musikalischer Emotion zu beschränkt ist.

Die phylogenetische Entwicklung des menschlichen Stimmklangs und seiner Möglichkeiten beruht auf kommunikativer Interaktion und auf intrasubjektiven Prozessen. Ob die Entwicklung von außen nach innen oder von innen nach außen ging, möchte ich an dieser Stelle offenhalten. Der Biologe W. Tecumseh Fitch betont, dass es nicht in

85 Vgl. Klaus R. Scherer „Theorien und aktuelle Probleme der Emotionspsychologie" in „Enzyklopädie der Psychologie, Bd. 3, Psychologie der Emotion, Serie IV, Motivation und Emotion", 1990.

der Physiologie[86] des menschlichen Kehlkopfes liegt, dass Menschen so differenzierte sprachliche und musikalische Fertigkeiten entwickelt haben. Denn die Natur weist z.B. bei den Walen und Fledermäusen viel raffiniertere Modelle auf. Den Grund für die Qualität findet Fitch in der Entwicklung des menschlichen Gehirns. Abgesehen von den Belegen einer vergleichenden Physiologie der Stimme im Tierreich, sind Begründungen, die von der menschlichen Hirnfunktion ausgehen, bei der Erklärung von Stimme, Sprache und Musik keine Seltenheit. Viele dieser Theorien räumen dem „emotionalen Gehirn“ den wichtigsten Platz ein – noch vor der Kognition. Gelegentlich kommt es im Kontext dieser Theorien zu einer Gleichsetzung von Musik und Emotion, von der ich mich in diesem Buch distanziere.

Eine sehr detaillierte Untersuchung aus diesem Kontext, welche Hirnphysiologie, Primatenforschung und Paläoanthropologie als Grundlage verwendet, ist von Steven Mithen. Auf der Suche nach einem gemeinsamen Ursprung von Sprache und Musik, entdeckt Mithen eine musikalische Vorsprache, welche er als „Hmmmmm“ bezeichnet. Im Weiteren werde ich zeigen, dass Mithens Theorie auf „Stimmklang“ als Kernelement für die gemeinsame Herkunft von Sprache und Musik aufbaut, obwohl er den Begriff nicht explizit verwendet.

„The issue is not simply the manifest nature of language and music, but the extent to which they rely on the same computational process in the brain. Our ultimate concern is with the evolved physical and psychological propensities that provide the capacities for language and music in our species, Homo sapiens. When dealing with such capacities, as much attention must be given to those for listening as to those for producing.“[87]

---

86 Vgl. W. Tecumseh Fitch „Die Stimme – aus biologischer Sicht“ in „Phonorama“, Brigitte Felderer (Hg.), Karlsruhe 2004; S. 85.

87 Steven Mithen „The singing Neanderthals – The origins of music, language, mind and body“, London 2005; S. 11.

Mithen bezieht sich auf hirnphysiologische Untersuchungen der letzten zehn Jahre, um seine These sowohl im musikalischen wie im sprachlichen Bereich abzugrenzen von Theorien, die beispielsweise Musik als Unterhaltungsphänomen der Sprache unterordnen und damit als post-sprachlich bezeichnen. Mithens musikalische Vorsprache besteht aus grundlegenden Gemeinsamkeiten zwischen Sprache und Musik. Von diesen Qualitäten aus kann er sowohl die beiden Formen menschlicher Äußerungen gegeneinander abgrenzen als auch ihren gemeinsamen Ursprung als gleichwertige Systeme anvisieren.

„It is appropriate to refer to the early hominid communication system as ‚Hmmmm' – it was H_olistic, m_ulti-m_odal, m_anipulative, and m_usical. While each of these features is found in the communication systems of modern apes and monkeys, I believe that they become integrated together among early hominids. The result was a communication system more complex than that found now among non-human primates, but one quite different from human language."[88]

Der zusammengesetzte Begriff „Hmmmmm" spielt vor allem im englischen Original mit dem Laut für „summen" – d.h. „humming", welchen der Autor durch die Begriffswahl lautmalerisch verwendet. Den Termini „holistisch, multi-modal, manipulativ und musikalisch" fügt Mithen noch „mimetisch" als fünftes „m" hinzu. Diese Termini entschlüsseln sich folgendermaßen:

Der Autor geht davon aus, dass musikalische Phrasen, Gesten und Körpersprache holistisch aufgebaut sind, da ihre Bedeutung sich aus der gesamten Phrase als Einheit ableitet. Ausgehend von der Sprachentstehungstheorie von Alison Wray[89] bezieht Mithen den Begriff holistisch auch auf die Sprache. Nach der Ansicht von Wray benutzten die Hominiden eine Proto-Sprache, die sich aus ganzen Botschaften zusammensetzte und nicht aus Worten. Diese vielsilbigen

88 Ebd. S. 138.

89 Ebd. S. 3f.

Äußerungen setzten sich nicht aus kleineren Bedeutungseinheiten zusammen, sondern wurden holistisch verwendet. Die moderne Sprache entstand aus Wrays Perspektive durch Segmentierung der holistischen Äußerungen in Wörter, welche dann nach Regeln zusammengesetzt werden konnten, um neue Bedeutungsfelder hervor- zubringen. Da Wray bei der Sprachentstehung von einer Vokalisation arbiträrer Klangbänder[90] ausgeht, gründet auch ihre Theorie auf einem Stimmklangmodell für die Entstehung von bedeutungsorientierter Kommunikation. In den Redewendungen der heutigen Sprache oder dem Auftreten von feststehenden Satzformeln, die z.B. holistisch als Idiome verwendet werden, findet Wray zahlreiche Belege für die Abstammung[91] unserer modernen Sprache aus einer holistischen. Die weiteren Termini des „Hmmmmm“ entschlüsselt Mithen folgendermaßen: „Multi-modal“ meint, dass sowohl Laute als auch Gesten verwendet wurden, worin sich auch das Zusammenspiel mit dem aufrechten Gang durch den Bipedalismus ergibt. „Manipulativ“ bezieht die absichtsvolle Gerichtetheit und Übertragung auf den Anderen mit ein. „Musikalisch“ verwendet Mithen hierfür melodisch, rhythmisch und klanglich. „Mimetisch“ meint die Nachahmung der gesamten lebendigen Umgebung mit stimmlichen und tänzerischen Mitteln.

Eine wesentliche Verwandtschaft sieht Mithen zwischen „Hmmmmm“ und *IDS* – der sog. „Infant Directed Speech“, welche in ihrer rhythmischen Tonhöhenvariation anfänglich von vorsprachlichen Kleinkindern noch nicht in Form einzelner Worte dekodiert wird, sondern als Floskeln des Wohlwollens und der Ermahnung aufgenommen wird. Des Weiteren entdeckt Mithen einen direkten Abkömmling des „Hmmmmm“ in den indischen Mantren. Er nimmt sie als lang gezogene Redehandlungen ohne Bedeutung und Grammatik wahr, welche in ihrer musikalischen Natur – quasi unverändert über Generationen überliefert – noch näher an der Proto-Sprache seien als

90 Ebd. S. 281.

91 Ebd. S. 276f und Alison Wray „Formulaic Language and the Lexicon“ 2002.

IDS. Den Stimmklang der Sprache betreffend belegt Steven Mithen neurophysiologisch[92], dass das Hören von Klangqualität gegenüber dem absoluten Hören von Tonhöhen als vorteilhaft in der Entwicklung des Sprachverständnisses selektiert wurde – eine Ausnahme bilden tonhöhenorientierte Sprachen wie das Japanische. Im Verhältnis zur Gesamtkomplexität klanglicher Phänomene erscheint die Grundtonhöhe nur als kleiner Teil der zu bewältigenden Gesamtgestalt. Die Ausprägung des Tonhöhen messenden Ohres kann von kulturhistorischer Perspektive aus als Ergebnis der Notationsgeschichte und damit der Visualisierung von Musik verstanden werden, welche der Tonhöhe vordergründig die wichtigste Rolle gab. Wie Studien über den Spracherwerb von Kleinkindern zeigen, wird die kollektive Fähigkeit, absolut zu hören, im Alter von drei bis fünf Jahren von fast allen abgelegt, um eine größere Flexibilität in der Signalverarbeitung zu erlauben. Somit fällt die hirnphysiologisch günstige Rolle des Hörens zugunsten der Klang erlebenden teilnehmenden Wahrnehmung aus.

Mithen geht so weit, die Hominiden mit ihrem „Hmmmmm“ den modernen Menschen gegenüber als klanglich überlegen zu bezeichnen. Ob es sich hierbei um eine Wunschprojektion in die Vergangenheit handelt, lässt sich sicherlich nicht endgültig beweisen. Dennoch scheint es angebracht zu überlegen, ob „Stimmklang“ durch die Spaltung von Sprache und Musik möglicherweise in der modernen Kommunikation verarmt ist. Als interessante Anregung ergibt sich aus dieser paläoanthropologischen Perspektive, dass auch in der Moderne noch das Potential im Menschen vorhanden sein könnte, „Stimmklang“ als Urform von Sprache und Musik eigenständig weiterzuentwickeln.

Als letzte Position folgt eine – im Vergleich zu den vorhergehenden Veröffentlichungen, die alle vom Beginn des 21. Jahrhunderts stammen – ältere, aber trotzdem noch brisante Theorie aus den 1970er Jahren, die den Zusammenhang von Stimme und Bewusstsein behandelt. Der Psychologe Julian Jaynes entdeckte bei seiner

92 Ebd. S. 76ff über Saffran und Griepentrog (2001; S.82).

Beschäftigung mit der schizophrenen Psychose und der darin enthaltenen Halluzination von Stimmen unerwartete Verknüpfungen zur Entstehung des Bewusstseins. Jaynes beschäftigte das Verhältnis des sensorischen Sprachzentrums nach Wernicke in der linken – beim Rechtshänder dominanten – Hirnhemisphäre zu seinem Gegenüber in der rechten subdominanten Hemisphäre im ontogenetischen Spracherwerb und bei der Entwicklung von Sprache und Bewusstsein in der Menschheitsgeschichte. Der dem *Wernicke-Zentrum* der linken Seite entsprechende Bereich in der rechten Hemisphäre wird „Halluzinationszentrum" genannt, da bei seiner Reizung selbst taube Menschen Stimmen, Klänge und Musik hören.

„Und wo in der Evolution des animalischen Nervensystems ist jemals ein besserer Code aufgetreten als die menschliche Sprache? Der stärkeren Fassung unserer Hypothese zufolge nehmen mithin die als Dispositiv gegebenen Gehörshalluzinationen Sprachform an einzig aus dem Grund, weil dies das effizienteste Verhalten ist, komplizierte Rindenbearbeitungen von einer Seite des Gehirns auf die andere zu übermitteln."[93]

Jaynes geht davon aus, dass der Vorläufer des modernen Bewusstseins eine sogenannte „bikamerale Psyche" war, welche in Stresssituationen, die bewusste Entscheidungen erforderten, auf der rechten Seite göttliche Stimmen vernahm, welche auf der linken Seite aktiv versprachlicht wurden. Erst nach dem Zusammenbruch dieser gleich gewichteten Psyche, welcher etwa 1200 Jahre vor unserer Zeitrechnung begann, entstand als eine Art Abfallprodukt das freie Bewusstsein mit einem Gehirn, in welchem die linke Hemisphäre als aktiv sprachliche dominiert. Von den ersten Schriftzeichen um 3000 Jahre vor unserer Zeitrechnung bis zur Entstehung des ersten

93 Julian Jaynes „Der Ursprung des Bewusstseins durch den Zusammenbruch der bikameralen Psyche", Hamburg 1988; S.134 – englisches Original „The Origin of Consciousness in the Breakdown of the Bicameral Mind", Boston 1976.

überlieferten niedergeschriebenen Epos, der „Ilias“, um 1230 vor unserer Zeitrechnung, verfolgt Jaynes das Entstehen der bewussten Sprache in diversen Schriften. An vielen Beispielen beschreibt der Autor in der Phase des psychischen Umbruchs, wie die Helden der griechischen Mythologie in der „Ilias“ noch der im Inneren gehörten göttlichen Stimme folgen, wohingegen in den Irrfahrten der „Odyssee“ sich schon das Aufkommen des modernen Bewusstseins abbildet, welches das unmittelbare Gehorchen gegenüber der inneren Stimme mit komplexen Überlegungen ersetzen muss. Jaynes teilt den Übergang der bikameralen Psyche zur modernen in vier *Hypostasenstadien*[94] – oder Bewusstseinsfunktionsstadien – ein, die sich durch eine Veränderung im Gebrauch von Sprache kennzeichnen. Anhand dieser Einteilung erläutert der Autor am Beispiel der Metaphernbildung, wie sich aus Begriffen für eine konkrete Außenwelt die abstrakte Sprache formte. Zunächst wurden die Ausdrücke verinnerlicht, indem sie als Bezeichnungen für körperinnere Entsprechungen verwendet wurden. Darauf folgte eine subjektkonstituierende Phase von inwendig gebildeten Räumen, in denen es zu metaphorischen Handlungen kam. Direkte handlungsverursachende innere Reize waren in dieser Übergangsphase nicht mehr nötig für eine Versprachlichung. In der letzten Phase, die Jaynes als die „synthetische“ bezeichnet, schlossen sich die einzelnen Hypostasen zusammen zur Einheit eines bewussten Selbst, das Introspektion halten kann.

Julian Jaynes stellt die gesamte neurophysiologische Balance der Hirnhemisphären in Frage, wenn er den Zustand einer dominanten und einer subdominanten Hemisphäre als modernen Sonderfall einer Entwicklung des Weghörens von inneren Stimmphänomenen beschreibt. Außerdem begreift er das Aufkommen des modernen Bewusstseins als Wechsel von einer auditiven zu einer visuellen Psyche.

94 Ebd. S. 317.

„Vor unserem geistigen ‚Auge' sehen wir Problemlösungen, die ihrerseits ‚glänzend' oder ‚schattenhaft' sein können. Das Gesicht ist für uns der Fernsinn par excellence. Es ist unser Raumsinn in einem Maße, an das keine andere Sinnesmodalität auch nur annähernd heranreicht. Und wie wir bereits gesehen haben, ist die Eigenschaft der Räumlichkeit die eigentliche Matrix und Textur des Bewusstseins."[95]

Den Verlust der auditiven Raumkomponente durch die Verdrängung des inneren Hörens zeigt Jaynes im Mangel an auditiven Entsprechungen zu den visuell geprägten Metaphern – dem Fehlen des „geistigen Ohrs" – auf. Diese ungewöhnliche Theorie, die den Wegfall der inneren übergeordnet göttlichen Stimme zum Anlass der Entstehung der Sprache und der Macht der äußeren Stimme erklärt, wird in der Stimmtheorie der Gegenwart zitiert von Autoren wie Thomas Macho[96] und Gisela Rohmert[97].

95 Ebd. S. 327f.

96 Thomas Macho „Stimmen ohne Körper – Anmerkungen zur Technikgeschichte der Stimme" in „Stimme", Doris Kolesch/Sybille Krämer, Frankfurt a.M. 2006; S.132f.

97 Gisela Rohmert „Der Fall Orpheus" in „Der Sänger auf dem Weg zum Klang", Köln 1992; S.159f.

I.b Plädoyer für eine auditive Wissenschaft des Körpers

„Ich setze voraus, daß in jeder Gesellschaft die Produktion des Diskurses zugleich kontrolliert, selektiert, organisiert und kanalisiert wird – und zwar durch gewisse Prozeduren, deren Aufgabe es ist, die Kräfte und die Gefahren des Diskurses zu bändigen, sein unberechenbar Ereignishaftes zu bannen, seine schwere und bedrohliche Materialität zu umgehen.“[1]
Michel Foucault: Die Ordnung des Diskurses.

In Abschnitt I.a habe ich Autorinnen und Autoren zum Thema Stimmklang aus den Bereichen Kulturen des Performativen, Theaterwissenschaft, Phänomenologie, Sprachphilosophie, Psychoanalyse, Musikwissenschaft, Medientheorie, Stimmphysiologie, Primatenforschung, Psychologie und Anthropologie zitiert. Da „Stimmklang“ noch kein feststehender Begriff ist, verwenden sie ihn wechselhaft oder andeutungsweise in den Begriffen „Stimmereignis“, „Körnung der Stimme“, „Klangfarbe“, „Gesangston“, „Opernstimme“, „Subsprache“, „subversive und transgressive Eigenschaft der Stimme“, „klangliches Urphänomen“, „Kreaturklang“ etc. Doch als wesentlicher Konsens findet sich in allen Veröffentlichungen die Einsicht, dass Stimmklang als Phänomen nur wahrnehmbar werden kann, wenn bestimmte

1 Michel Foucault „Die Ordnung des Diskurses“, Frankfurt a.M. 1991; S. 10f.

methodische Voraussetzungen in der Betrachtung vorkommen. Dies bedeutet im Besonderen, dass die visuell geprägte Gewohnheit der exakten Distanzwissenschaften aufgegeben wird zu Gunsten einer auditiven Wahrnehmungsweise und einer daraus abgeleiteten Methodik, die den Eigenschaften des Stimmklangs angemessen ist. „Stimmklang“ als solcher ist als Begriff noch nicht vollständig wissenschaftlich etabliert, weil er sich der dominierenden Methodik entzieht. In diesem Sinne betreiben die zitierten Wissenschaftler eine innere Diskurskritik, mit der sie die Gewohnheiten ihrer eigenen Disziplinen aufzeigen, den Stimmklang zu überhören. Jeweils aus ihrem eigenen intrinsischen Hintergrund bestimmen sie Mittel und Wege, dieses Grundphänomen in ihren Diskurs zu integrieren. Die Mehrzahl dieser Forscher hat sich inzwischen vernetzt in einem interdisziplinären Diskurs um die Stimme, wie die zitierten Veröffentlichungen zeigen. Auch Positionen, die in den 1970er Jahren noch alleinstehend waren, wie die „Körnung der Stimme“ von Roland Barthes und die „Stimme der bikameralen Psyche“ von Julian Jaynes, finden dort erstmalig einen angemessenen Verständigungskontext.

Die Schwierigkeit, den Stimmklang in seiner ephemeren Komplexität zu erfassen, hängt notwendigerweise von den Mitteln ab, die zur Untersuchung bereitstehen. In einer Diskurskritik im Foucaultschen Sinne – wie im vorangestellten Zitat beschrieben – müssen wir nach den Machtbestrebungen fragen, die den Stimmklang stets übergehen und vernachlässigen. Umgekehrt scheint hier die Motivation der zitierten Wissenschaftler auf, Stimmklang in ihre Forschung zu integrieren. Wenn Roland Barthes die *Rauheit der Stimme* als ihre körperliche Textur verfolgt, zeigt er damit, dass eine Wissenschaft des Stimmklangs nach einer starken Position der Sinne verlangt, die sich responsiv in einem Körper der Sinne verbinden: „Was singt mir, der ich höre in meinem Körper das Lied?“[2] Stimmklang geleitet damit Sprache und Musik in eine neue Bedeutungsfindung. Er rückt die

2 Vgl. Roland Barthes „Was singt mir, der ich höre in meinem Körper das Lied“; Berlin 1979.

Performanz vor das geschriebene Werk. An der Schnittstelle von Körper und Welt zeigt er auf die Stofflichkeit der sinnlichen Berührung. Damit verweist er mit einer sehr feinen Auflösung auf die grundlegenden Ebenen menschlicher Sinn- und Bedeutungsfindung. Stimmklang als ephemeres Phänomen bringt die Methoden zu seiner Erforschung aus der Struktur seiner immanenten Gesetzmäßigkeiten hervor. Da wir Stimmklang an erster Stelle hörend wahrnehmen, setzten wir als sein erstes Attribut das „Auditive". Stimmklang gebärt somit eine „auditive Wissenschaft", die in diesem Abschnitt entwickelt und kritisch reflektiert werden soll.

Im Folgenden werde ich methodische Begriffe aus der französischen Phänomenologie und Sinnesanthropologie von Merleau-Ponty, Nancy und Serres ableiten, sowie aus der „Phänomenologie des Fremden" von Bernhard Waldenfels. Die Untersuchung des Körperbegriffs folgt der genannten französischen Spur und der kritischen „Historischen Anthropologie" von Christoph Wulf et al In ihrem Kontext entstand die „Historische Anthropologie des Klangs" oder „Klanganthropologie" von Holger Schulze, die er im internationalen Diskurs der Sound Studies und Cultural Studies vernetzt.

Im Zuge der Diskurskritik von Foucault gibt es eine sehr erhellende Aussage von Michel de Certeau über die Schwierigkeit eines Körperbegriffs in der abendländischen Wissenschaftstradition:

„Das Christentum baut nämlich auf dem Verlust des Körpers auf – dem Verlust des Körpers Jesu, zu dem noch der Verlust des ‚Körpers' von Israel, einer ‚Nation' und ihrer Genealogie, hinzukommt. In der Tat: ein Gründungsverschwinden."[3]

Christoph Wulf, der in der Historischen Anthropologie in den letzten Jahren wesentlich an der Interkulturalität und Transkulturalität des Körperbegriffs u.a. im Verhältnis zu Indien, Japan und islamischen

3 Michel de Certeau „Mystische Fabel", Berlin 2012; S.127; französ. Original „La fable mystique. XVIe-XVIIe siècle", Paris 1982.

Kontexten arbeitete, betont ebenfalls die Schwierigkeit des Körpers in der abendländischen Wissenschaft:

„Obwohl der menschliche Körper seit mehr als fünfundzwanzig Jahren das zentrale Thema der historischen Anthropologie ist, ist er nach wie vor rätselhaft. Eines der Spektren, in dem wir seine Rätselhaftigkeit und Unergründbarkeit, in dem wir ihn als *corpus absconditum* erfahren, wird durch die beiden Dynamiken *Vorlauf zum Tod* und *Rücklauf zur Geburt* bezeichnet.“[4]

In „Das Sichtbare und das Unsichtbare“ setzt Merleau-Ponty an die Stelle des phänomenologischen Körperbegriffs des „Leibes“ den Begriff des „Fleisches“ – „chair“. Er platziert die unmittelbare Stofflichkeit des Fleisches genau an den Ort, an dem innen und außen sich berühren. Was wir im gegenseitigen Berührungsmoment unserer beiden Hände finden, ist „chair“.

„Die gesehene Welt ist nicht ‚in' meinem Leib, und mein Leib ist letztlich nicht ‚in' der sichtbaren Welt: als Fleisch, das es mit einem Fleisch zu tun hat, umgibt ihn weder die Welt, noch ist sie von ihm umgeben. [...] Es gibt ein wechselseitiges Eingelassensein und Verflochtensein des einen ins andere.“[5]

Wenn Merleau-Ponty aus der phänomenologischen Tradition heraus beim Visus ansetzt und in die Stofflichkeit überleitet, erleichtert uns eine auditive Betrachtung dieses Verständnis sogar: Genau diesen Zwischenraum in der wechselseitigen Berührung und Ablösung bespielt der Stimmklang in seiner stofflichen Qualität oder „Rauheit“ nach Barthes. Doris Kolesch beschreibt, wie er die Körpergrenzen ständig überschreitet und unterwandert. Sie wählt die Begriffe

4 Christoph Wulf „Der mimetische Körper – Vorlauf zum Tod, Rücklauf zur Geburt“ in „Medien – Körper – Imagination“, Paragrana, Internationale Zeitschrift für Historische Anthropologie, Band 17, Heft 1, Mark Poster/ Christoph Wulf (Hg.), Berlin 2008; S. 107.

5 Maurice Merleau-Ponty „4. Die Verfelchtung – Der Chiasmus“ in „Das Sichtbare und das Unsichtbare“, München 1986; S. 182.

Transgression und Subversion für die performativen Prozesse des Stimmklangs. Auch Merleau-Ponty erwähnt die auditive Entsprechung zur Berührung in „chair" etwas später im Text:

„Wie es eine Reflexivität des Berührens, des Sehens und des Systems Berühren-Sehen gibt, so gibt es auch eine Reflexivität zwischen Vorgängen der Lauterzeugung und Gehör; jene schreiben sich klanglich ein, und jeder Stimmlaut weckt ein motorisches Echo in mir."[6]

Wenn wir nun diese Form der wechselseitigen Sinnesberührung in ständiger Überschreitung und Unterwanderung als die methodische Grundlage des Körpers der „auditiven Wissenschaft" setzen wollen, müssen wir nach der Betrachtungsqualität fragen, die ihr innewohnt. Bernhard Waldenfels bezeichnet sie als das „responsive Hören". Im feinen Zwischenraum der Differenz einer reflexiven Position des „Mich" und einer des „Ich" als Subjekt ereilt uns die nicht beabsichtigte Antwort in der Fremdheit des Stimmklangs. Klar unterscheidet er von ihr das „intentionale Hören". Meist hören wir intentional, wenn wir den Klang in fixierter Ausrichtung mit der Schallquelle verbinden. Wir vernachlässigen den schwingenden Zwischenraum und annullieren ihn letztlich im Hinblick auf die Schallquelle. Das intentionale Hören bildet die Grundlage für das analytische Hören, welches aus den Forschungen von Hermann von Helmholtz im 19. Jahrhundert hervorging. Heute dominiert im naturwissenschaftlichen Kontext die Betrachtung des Ohrs als eines Sinnesreizempfängers in einem mathematisch quantifizierbaren Wahrnehmungsmodell.

6 Maurice Merleau-Ponty „4. Die Verflechtung – Der Chiasmus" in „Das Sichtbare und das Unsichtbare", München 1986; S. 189.

Seit Heraklit[7] in der Antike die Augen gegenüber den Ohren als die besseren Zeugen bezeichnete, wurde der Grundstein für einen wissenschaftlichen Objektivitätsbegriff gelegt, der aus der Eigenschaft des Auges entstand, die Welt als ein Gegenüber wahrzunehmen. Der Distanzierung des Subjekts von der Welt der Objekte folgte die Entwicklung einer analytischen Wissenschaft, aus der das Subjekt sich schließlich ganz verabschiedete. Wie wir im weiteren Verlauf des Buches sehen werden, hat auch das Auge responsive Eigenschaften. So könnte es die Aufgabe einer „auditiven Wissenschaft" sein, genau diese wieder zu entdecken.

Doch zunächst wenden wir uns der Beforschung des Stimmklangs im dominanten Diskurs zu. Hier taucht er in den naturwissenschaftlich geprägten Distanzwissenschaften Physik und Physiologie auf. Digitale Analyseverfahren erlauben einen Einblick in die Komplexität seiner Struktur als Visualisierung des Hörbaren durch wissenschaftlich-technische Mittel. Wir können Klänge z.B. im Spektrogramm einer „Fourier[8]-Analyse (*FFT*)" abbilden. Die vertikale Achse zeigt dabei die analytische Auswahl der einzelnen Frequenzen, die in festgelegten Abständen in einem kontinuierlichen, harmonischen Spektrum eingezeichnet sind. Die horizontale Achse zeigt den zeitlichen Verlauf. Die Intensität der einzelnen Frequenzen ist in diesem Zeit-Frequenz-Diagramm an der Stärke der Punkte und der sich daraus ergebenden Linien zu erkennen. Ein Teilton, der seine Frequenz periodisch ändert, erscheint als horizontale Wellenlinie. Wir können in dieser Ansicht Klänge als mathematische Funktionen vergleichen. Nicht abgebildet ist unter anderem die innere Abhängigkeit der Frequenzen untereinander,

7 Vgl. „Stimme" Doris Kolesch/Sybille Krämer (Hg.), Frankfurt a.M. 2006; S.7 zu „Heraklit", 22 B 101a, in „Die Fragmente der Vorsokratiker" Hermann Diels (Hg.), Berlin 1951.

8 Jean-Baptiste-Joseph Fourier (1768-1830) frnzösischer Mathematiker und Physiker entwickelte die Fourier-Reihen, die Grundlage vieler physikalischer Analysen sind; u.a. in der Akustik als ***Fast-Fourier-Trans****formation.*

d.h. Frequenzen, die nur ganz geringe Unterschiede von wenigen Hertz aufweisen, erzeugen eine dritte Frequenz oder Schwebungsfrequenz, die im Abstand ihrer Differenz schwingt. Eine *FFT* stellt eine vereinfachende Interpretation eines Klangs dar. Die audio-visuellen Bezüge in der Apparatemedizin erfahren durch die Weiterentwicklung der digitalen Medien immer neue Übersetzungsmöglichkeiten. Ein diagnostisches Verfahren zur Abbildung des Körpers mit Hilfe von Klang ist die uns allen vertraute „Sonographie" mittels Ultraschall. Hier bekommen wir durch die Gesetzmäßigkeiten des Schalls eine Antwort des Gewebes. Mit diesen beiden erwähnten Techniken machen wir Klänge „sichtbar". Umgekehrt gibt es das wesentlich jüngere Verfahren der „Sonifikation", bei dem wir Daten aus einer bestimmten Datenmenge auswählen und ihnen jeweils unterschiedliche Klangereignisse zuordnen. Über die Verklanglichung der Daten können wir neue Bezüge zwischen ihnen herstellen oder im praktischen Beispiel der Intensivstation die Grundfunktionen im Körper des Patienten auditiv überwachen. Alle diese Verfahren haben eine intentionale und analytische Ausrichtung.

Im herrschenden wissenschaftlichen Diskurs der Stimmphysiologie ist der festgelegte Klangbegriff, von dem ich hier zunächst ausgehen kann, ein physikalischer, der Klang als die periodische Schwingung eines Gemisches aus Teiltönen festlegt. Die Teiltöne sind als ganzzahlige Vielfache der Grundtonfrequenz sog. „harmonische Obertöne". Spezifische Frequenzhäufungen, die konstant und unabhängig von der Grundtonfrequenz auftreten, bezeichnet man als Formanten. Ein gesprochener oder gesungener Vokal ist ein Klang so wie die „musikalischen Töne" von akustischen Instrumenten oder Stimmen immer Klänge im physikalischen Sinn sind. Klang als Begriff in der Musikgeschichte ist eine Errungenschaft der elektroakustischen Musik Mitte des 20. Jahrhunderts, die die Begriffe der physikalischen Akustik als musikalische Arbeitsbegriffe[9] einführte. Der Klang einer Stimme, d.h. „Stimmklang“, ist der vom Kehlkopf und kehlkopfartigen Organen – wie z.B. der Syrinx von Vögeln – erzeugte Klang mit seinen Obertönen und anderen Teiltönen, die als Formanten charakteristisch für den jeweiligen Körper mit seinen Resonanzräumen sind, die den Primärklang des schwingungserzeugenden Kehlkopfes filtern.

Wie können wir den visualisierten Klang aus dem Spektrogramm der *FFT* in die sängerische Praxis übertragen? Wer hört diesen Klang? Wer hört möglicherweise mehr als im Koordinatensystem abgebildet ist? Ein phänomenologischer Ansatz eines hörenden Körpers aus der Innenperspektive eines auditiven Subjekts scheint mit einer objektivierenden Physiologie nicht vereinbar zu sein. Die Methoden divergieren zu stark. Die Kluft zwischen den Vertretern der physiologischen und der phänomenologischen Ansätze ist sehr tief. In der allgemeinen Diagnostik ersetzen die Messungen die Wahrnehmung des Patienten. Wenden wir uns an dieser Stelle dem Prinzip der Umkehr in der Foucaultschen Diskurskritik zu:

> „Sind diese Verknappungsprinzipien einmal ausfindig gemacht, und betrachtet man sie nicht mehr als begründende und schöpferische Instanz – was entdeckt man unter ihnen? Findet man die Fülle einer Welt von ununterbrochenen Diskursen? Hier müssen andere methodische Prinzipien zur Geltung kommen.“[10]

Objektivierende Ansätze in den Naturwissenschaften haben den Vorteil, dass sie ästhetisch-geschmäcklerisches Urteilen außer Acht lassen. In Bezug auf den Stimmklang führen sie heraus aus historisch einengenden Normen und Moden. Sie erlauben es die Transgression und Subversion der Stimme ohne Wertungsabsicht geschehen zu

---

9 Vgl. Herbert Eimert „Einführung in die elektronische Musik – Akustische und theoretische Grundbegriffe zur Geschichte und zur Kompositionstechnik“ Aufnahme bei Wergo, Mainz/Köln 1963.

10 Michel Foucault „Die Ordnung des Diskurses“, Frankfurt a.M. 1991; S. 34.

lassen. Eine „auditive Wissenschaft“ möchte sich nicht auf solitäre geschmäcklerische Positionen zurückziehen. So können wir im Sinne Merleau-Pontys die linke Hand mit anatomischem Gespür auf das *Os mediocarpale* – den Mittelhandknochen – des rechten Mittelfingers legen und die Struktur von Knochen und Sehne unterscheiden. Die rechte Hand tastet von innen entgegen. Sie bringt das Subjekt dieser Untersuchung zum Vorschein. Singen oder sprechen wir mit tastendem Gespür in diese Stelle hinein, werden Haut und Knochen der Hand vibrieren und wir bekommen eine noch differenziertere Antwort. Im gegenseitigen Resonanzprozess von Hand und Kehlkopf wird auch der Stimmklang sich verändern. Das oben erwähnte Wechselspiel entsteht wieder, diesmal als responsive Klangberührung unter Einbeziehung der anatomischen und physiologischen Objektivität, aus der wir die konstituierenden Begriffe zum Körper der „auditiven Wissenschaft“ ableiten können. Holger Schulze schreibt zur Klangberührung in Anlehnung an den Körperbegriff von Jean-Luc Nancy:

„Körperlichkeit wird hier von Grund auf klanglich erlebbar und beschrieben – im Tonus zwischen Habitus und Persona: Eine Spannung ist es, die menschliche Körper als lebende ausmacht (tote dagegen wären bloße Leiber, Leichen oder Fleisch) – und diese Spannung als Kontraktion und Relaxation durchzittert uns als Ton. Klänge durchspannen die Materie, die wir sind, Sie und ich; unser Areal, von dem Nancy spricht.“[11]

Wir erleben unsere Körperspannung und wir sind diese Körperspannung. Dies ist Thema in Kapitel II.a.1 „Der Klang fühlt sich selbst“. In den „Cultural Studies“ im anglo-amerikanischen Raum gibt

11 Holger Schulze „Hypercorporealismus. Eine Wissenschaftsgeschichte des körperlichen Schalls“ in „Das Sonische – Sounds zwischen Akustik und Ästhetik“, Peter Wicke (Hg.), Popscriptum 15, Humboldt Universität Berlin 2007 über Jean-Luc Nancy 2003; S.124: „Ein Körper sein, heißt ein bestimmter Ton sein, eine bestimmte Spannung. Ich würde sogar sagen, dass eine Spannung auch eine Haltung (tenue) ist.“

es einen bereits weit entwickelten Körperbegriff in den Tanz- und Theaterwissenschaften, der den klanglich berührten Subjekten eines gemeinsamen Klangraums oder -ereignisses eine „Intersubjektivität" zugesteht. Diese wird getragen von einem ganzkörperlichen Einfühlungsvermögen: Der kinästhetischen Empathie – „kinesthetic empathy"[12]. In Kapitel II.a.1 und II.b.1 werden wir die Wichtigkeit der Empathie für klangliche Wahrnehmung besprechen.

Schulze geht mit Nancy so weit, den Berührungskörper der intersubjektiven Klangberührung als „Interkorporeität"[13] zu bezeichnen. Das gemeinschaftliche Erleben von Club-Musik oder das Musizieren im Orchester sind sicherlich Beispiele, in denen klangliche Interkorporeität stattfinden kann. Die Bedingung, dass sie stattfindet, ist abhängig von der Klangbeziehung in einer kinästhetischen Empathie zu mir selbst und zu den anderen, wie wir im weiteren Verlauf des Buchs entschlüsseln werden. Bis hier haben wir als methodische Begriffe zur „auditiven Wissenschaft" definiert: Responsivität, Klangberührung (auch in anatomisch objektivierender Hinsicht), kinästhetsiche Empathie, Intersubjektivität und Interkorporeität.

Schwenken wir wieder um und wenden uns nochmals dem dominanten Diskurs zu: Das analytische Hören brachte in seinem Schatten das Weghören hervor. Mit zunehmender Industrialisierung und Urbanisierung ereignete sich unter der Prägung des analytischen Hörens der Niedergang des auratischen Hörens. Stimmklang konnte nicht mehr im weiten Radius gehört werden. Die Rufe der Nachtwächter und Bierkutscher, beispielsweise, wurden abgelöst von den Klängen der Fahrzeuge und Produktionsmaschinen. Künstler wie

12 Vgl. Reason, Matthew/Reynolds, Dee (Hg.) „Kinesthetic Empathy in Creative and Cultural Practices", Bristol (UK)/ Chicago (USA) 2012.

13 Holger Schulze „Der Raumkörperklang – Eine Anthropologie des Mit" in „Sam Auinger, Katalog", Carsten Seiffarth/Martin Sturm (Hg.), Wien/Bozen 2007; S.33 als Bezug zu Bernhard Waldenfels „Grundzüge einer Phänomenologie der Fremdheit", Frankfurt a.M. 2006; S. 85.

die Futuristen, John Cage und auch der kanadische Komponist R. Murray Schafer brachten auf ihre jeweils eigene Art die Sinfonie der Großstadt ins Bewusstsein. Letztlich können wir die Faszination der Futuristen für den Klang der zukunftsträchtigen Maschine, John Cages Ablösung oder Erlösung vom tonalen Hören durch das Geräusch und die „acoustic ecology" von R. Murray Schafer in ihrem Verständnis der „Soundscape" als einer schützenswerten Klanglandschaft zu einer wissenschaftliche Entität der Künstler des 20. Jahrhunderts zusammenfassen: Ein moderner Klangbegriff setzt beim durch Weghören ausgedünnten Körper an, d.h. er muss das klangliche Erleben im Kontext körperlich wachrütteln. Hören ist dann ein Sinn, der in die Welt eintaucht. Im Verbund mit dem Gleichgewichtsorgan und der Kinästhesie, die für die Bewegungswahrnehmung im Körper sorgt und damit den Sinn zur Vibrationswahrnehmung, Tiefenwahrnehmung oder sog. Propriozeption darstellt, bildet sich ein sog. „kinästhetisches Hören" analog zur kontextsensitiven „kinästhetischen Empathie" aus.

An dieser Stelle setzt das Erfahrungswissen einer „auditiven Wissenschaft" ein. Aus den Erfahrungen der verschiedenen Qualitäten von stofflichen Klangberührungen im Kontext der Umwelt und Subjekte bildet sich eine Wissensform heraus, die jederzeit abrufbar und stets weiter differenzierbar ist. Aus dem konsequenten Folgen entlang den inneren Gesetzmäßigkeiten des Stimmklangs entwickelt sich so der von Holger Schulze geprägte Begriff der „Empfindungsgenauigkeit".

„Nicht sich auf etablierte Modelle und Beschreibungsweisen stützend, die womöglich das Empfindungsleben vorschnell quantifikatorisch konsumierbar zu machen versuchen; sondern im Bemühen dieser Empfindungsdrift durch Ebenen der Momentwahrnehmung, der Immanenz (Deleuze/Guattari) sehr bedacht und genau immer weiter zu folgen. Eine Empfindungsgenauigkeit."[14]

14 Vgl. Holger Schulze „Wissensformen des Klangs – Zum Erfahrungswissen in einer historischen Anthropologie des Klangs" in „Musiktheorie –

Somit können wir schließen, dass eine „auditive Wissenschaft“ Wissensformen kreiert, die sie in der Ausrichtung einer „Empfindungsgenauigkeit“ untersucht.

An dieser Stelle möchte ich mich unbedingt distanzieren von einer Position, die mit einem Audio-Pietismus gleichgesetzt werden könnte. Wenn wir uns mit einer auditiven Verarbeitung der Welt befassen, sind wir keine besseren Menschen, sondern nur andere. Darüber hinaus soll es nicht um ein Ersetzen, Gegenüberstellen oder Überbieten von visuellen Ansätzen gehen, sondern eher um ein Aufheben von polaren Gegensätzen, ein Berühren der substantiellen Qualität der Wahrnehmung im Zwischenraum der Sinne. Sehen und Hören haben beide responsive und intentional-analytische Aspekte. Jonathan Sterne benennt das Gegenüberstellen der wissenschaftlichen Ansätze des Visuellen und Auditiven als „audio-visual litany“, auf die er ausführlich in der Einführung seines Standardwerks „The audible past“[15] Bezug nimmt. Er erwähnt das reiche Erbe der auditiven Kultur und die Wichtigkeit der Techniken der auditiven Reproduktion für das Verständnis der Moderne. Sterne spannt einen großen historischen Bogen über die divergenten Möglichkeiten visueller und auditiver Konstruktionen im Wissenschafts- und Kulturverständnis, indem er die Gegenüberstellung der beiden Sinnesschwerpunkte letztlich als unproduktiv erklärt. Anders verhält es sich mit den Positionen, die in diesem Buch Gehör finden. Wir können sie im Foucaultschen Verständnis der Diskontinuität anhören:

> „Die Diskurse müssen als diskontinuierliche Praktiken behandelt werden, die sich überschneiden und manchmal berühren, die einander aber auch ignorieren und ausschließen.“[16]

Zeitschrift für Musikwissenschaft“, Laaber Verlag Laaber 2007; S.347-355.

15 Jonathan Sterne „The Audible Past – Cultural Origins of Sound Reproduction“, London 2003.

16 Michel Foucault „Die Ordnung des Diskurses“, Frankfurt a.M. 1991; S. 34.

Es handelt sich um differenzierende Gegenströmungen, die innerhalb eines gewachsenen wissenschaftlichen Diskurses entwickelt wurden. Deshalb beanspruchen sie zunächst keine übergeordneten epistemologischen Positionen, sondern sie machen mitten im Diskurs aufmerksam auf die Feinheit eines Phänomens, das uns am allernächsten steht und uns eine unmittelbare Erforschung von daher sehr schwer macht.

„Auditive Wissenschaft" versteht sich als ein Korrektiv von Auge und Ohr. Sie zeigt die verbindenden Elemente auf wie ein „sensorium commune". Michel Serres beschreibt die verbindende Qualität der Sinne in seinem Buch „Die fünf Sinne"[17] ausgehend von der Haut als dem alles verbindenden Sinn.

„Die Sinnesorgane sind dort anzutreffen, wo die Haut zart und fein und ultrarezeptiv wird. An bestimmten Stellen verdünnt sie sich bis zur Transparenz, öffnet sich, spannt sich so sehr, dass sie vibriert, wird sie zum Organ des Sehens, Hörens, Riechens, Schmeckens... Die Sinnesorgane verändern die Haut auf seltsame Weise, die Haut, die ihrerseits in einem fundamentalen Sinn variabel ist, *sensorium commune*: der Sinn, der allen Sinnen gemein ist [...]. Wir tragen auf unserer Haut Singularitäten aus Haut, eingefaltet, eingezeichnet, Keime, Knöpfe, Nabel, Blütenstände so komplex wie Weidenkätzchen. [...] Die Haut ist gleichsam Bildträger und Leinwand der Sinne, sie ist das Kontinuierliche und Durchgehaltene an den Sinnen, ihr gemeinsamer Nenner; jeder einzelne von ihnen ist aus ihr hervorgegangen, bringt sie auf seine je eigene Weise und in seiner Qualität kraftvoll zum Ausdruck."[18]

Da Stimmklang alle Sinne im Körper berührt und bespielt, ist er im Verständnis eines „sensorium commune" ein synthetisches Verfahren,

17 Michel Serres „Die fünf Sinne – Eine Philosophie der Gemenge und Gemische", Frankfurt a.M. 1993; im Original „Les cinq sens. Philosophie des corps mêlés." Paris 1985.

18 Michel Serres ebd.; S. 88.

das die Sinne in einem gemeinsamen Prozess zusammenführt. Wenn wir in diesem Erlebnisfeld Ästhetik wieder als „aisthesis" – Wahrnehmung verwenden, können wir den subtilen Veränderungen in den Sinnen folgen. Die Sinne bilden jeweils in sich Differenzen in einem zeitlichen Nacheinander aus. Im gleichen Klangereignis kann ein Sinn wacher und erlebnisbereiter sein als ein anderer. Beispielsweise kann das Hören oft besetzt sein vom Weghören, welches Berührungen am Trommelfell über eine Verfestigung des Unterkiefers in Beißhaltung abwehrt. Da der Stimmklang aber auch geschmackliche Reize in der Zunge auslösen kann, bildet die Zunge über ihre Benervung das Einlasstor für die Klangberührung. So kann der Hörsinn sich über den Geschmackssinn regenerieren. Indem eine „auditive Wissenschaft" den Gebrauch der Sinne in der Wissenschaft hinterfragt, betreibt sie eine *Kritik der Sinne*. Wenn wir im vorherrschenden Diskurs vor allem Auge und Ohr in der Qualität von distanzierend, intentional fokussiert und analysierend verwenden, kann eine *Kritik der Sinne* hilfreich sein, um neue Bezüge in der Betrachtung zu erhalten. Wenn wir das Subjekt aus der analytischen Wissenschaft ausgeschlossen haben, können wir es nicht einfach naiv und geschmäcklerisch daneben setzen. (Wir werden es weiter unten wieder aufgreifen.) Sonst wird es geschmäcklerisch den intersubjektiven Diskurs unserer Sinne verdecken. Eine *Kritik der Sinne* setzt bei einer stetigen Verfeinerung und responsiven Durchdringung der Sinne an, die dennoch differenzierbar bleibt. Sie anerkennt, dass die Sinne an ihrer Basis einen gemeinsamen „Pool"[19] bilden, in dem sie sich in einem „sensorium commune" durchdringen und wechselseitig bespielen. Die Vielgestalt der Sinne verweist auf den einen Sinn des Lebendigen schlechthin. Wir werden sie am Ende von Kapitel II als Orientierungsreflex hin auf die Bedeutung des Menschseins endecken.

19 Siehe Synästhesien in Kapitel II.a.1 und II.b.1

Betrachten wir nun weiter den „Pool" der Sinne: Beispielsweise gibt es Menschen, die blind und taub[20] geboren werden, und trotz dieses Ausgeschlossenseins aus der audio-visuellen Domäne einen qualifizierten Hochschulabschluss erwerben. Dies kann nur möglich sein, weil sie innerhalb der verbleibenden Sinne analoge Differenzen zu den fehlenden Sinnen erspüren können. Über die Brücke des „In-die-Hand-Gebärdens" durch Gebärdendolmetscher kommt eine kodierte Abgleich- oder Verhältnisgröße hinzu, an der nochmals der gesamte Bedeutungskontext überprüft werden kann auf seine Stimmigkeit und Sinnhaftigkeit. Im Zwischenraum der responsiven Sinne und ihrer synthetischen Hochleistungen erscheint die stoffliche Berührung von äußerlichen und innerlichen Wissensformen nicht mehr als ein Widerspruch. Ein anderes Beispiel könnte sein: „Ich höre, dass Du kommst, dann sehe ich, dass Du da bist, vorher habe ich allerdings schon gerochen, dass Du anwesend bist in der Wohnung und wenn Du Dich von hinten lautlos anschleichst, spüre ich trotzdem wie die Dielen sich unter Deinem Körpergewicht etwas biegen – und all das hat den Vorgeschmack von Freude ..." In dieser alltäglichen Begebenheit können wir verfolgen, wie die Sinne ineinander spielen in sehr klaren räumlichen und zeitlichen Bezügen. Sie schärfen sich untereinander und nehmen sich gegenseitig vorweg. Gemeinsam bilden sie das räumlich-zeitliche Kontinuum, in dem wir uns bewegen. Waldenfels bezeichnet dies als die „Kinaisthesis", d.h. bewegte Wahrnehmung in der „Koinaisthesis" als Verbindung der Sinne. In Kapitel II.a werden wir auch auf sog. „echte Synästhesien" des Stimmklangs eingehen. Merleau-Ponty nennt es das „chair du monde" und Serres setzt hier an mit der Kontingenz unserer Anwesenheit in der Welt. An dieser Stelle verstehen wir, wie eine *Kritik der Sinne* das empfindende Subjekt in den Diskurs einbezieht. Nur ein anwesendes Subjekt kann in der Differenz der Sinne navigieren:

---

20 Ich beziehe mich hier auf einen Diskurs, der sich vom Begriff der „Gehörlosigkeit" distanziert, da er auf das Fehlen von etwas verweist.

„Ich streichle deine Haut, ich küsse deinen Mund. Wer, ich? Wen, dich? Wenn ich meine Hand mit den Lippen berühre, spüre ich die Seele, die wie ein Ball zwischen beiden Seiten des Kontakts hin- und herspringt; die Seele schüttelt sich gleichsam am Ort der Kontingenz. Vielleicht weiß ich, wer ich bin, wenn ich solcherart mit meiner Seele spiele und die feinen Netze der Selbstberührung vermehre, über die meine Seele in alle Richtungen fliegt. Ich umarme dich.“[21]

Indem das Subjekt seine Position in der *Kritik der Sinne* bestimmen kann, kann es auch die Richtung wählen, in der die Sinne sich von einem methodischen Diskurs in einen anderen umkehren, wobei sie sich neu orientieren und anders zusammensetzen müssen. Phänomenologen übersetzen ihre Wahrnehmung für Physiologen und diese verstehen dann wiederum die Empfindungen der Praktiker des Stimmklangs. Dies ist das Moment der beginnenden Intersubjektivität. Ihre innere Reziprozität in der sinnlichen Empfindung ist konstitutiv für die *Kritik der Sinne* der „auditiven Wissenschaft“. Michel Serres schreibt zur Reziprozität der Empfindung in der Wissenschaft:

„Wir kennen keine Wissenschaft, die nicht in irgendeiner Weise eine vorgängige Empfindung voraussetzte, selbst wenn man die Sinne manchmal, oft, fast immer, ja tatsächlich immer aus ihrem Bereich verjagen musste.“[22]

„Die Empfindung leitet und schützt uns, ohne sie müssten wir sterben, unser Körper würde auseinanderfliegen und zerfallen aufgrund der physikalischen Kräfte, aufgrund der Macht des Sozialen und der inneren Schmerzen.“ [23]

„Die Black-box der Empfindung errichtet die beiden Wände ihrer Mannigfaltigkeit zwischen den hohen und den niedrigen Energien, sanft und hart, hart und sanft.“[24]

---

21 Michel Serres „Die fünf Sinne – Eine Philosophie der Gemenge und Gemische“, Frankfurt a.M. 1993; S.25; französisches Original „Les cinq sens. Philosophie des corps mêlés“, Paris 1985.

22 Ebd. S. 169, 170.

23 Ebd. S. 171.

Die Voraussetzung einer Empfindung vor jeder Wissenschaft zeigt auf die Umkehrbarkeit wissenschaftlichen Denkens. Serres zeigt den harten Diskurs der Welt, die auf die Sinne auftrifft, und den sanften Diskurs der von der Empfindung kreierten Information und Bedeutung. Reziprozität meint dieses stetige Changieren zwischen hart und sanft, zwischen Körper und Bedeutung: Die reziproke Passage einer *Kritik der Sinne* in der „auditiven Wissenschaft".

Vor dem Raster dieser Diskurskritik müssen wir anerkennen: Wissenschaftliche Methoden sind veränderliche. Neben dem vorherrschenden Diskurs existieren schon lange subversive Diskurse, bevor es zu Änderungen kommt. Im Sinne der Heisenbergschen „Unschärferelation" lässt sich formulieren, dass die Ergebnisse wissenschaftlicher Untersuchungen stets abhängig sind von den verwendeten Methoden. Nicht zuletzt zeigt sich hier der sicherlich oft missbrauchte, aber in seiner primären Oralität stets auf das Hören verweisende Volksmund: „Wie man in den Wald hineinruft, so schallt es hinaus." In Bezug auf den Stimmklang sind wir angewiesen auf das Korrektiv der „auditiven Wissenschaft", sonst kann „Stimmklang" als wissenschaftlicher Begriff in seinen Eigenschaften nicht verstanden werden. Umgekehrt enthält die im Folgenden beschriebene Praxistheorie des Stimmklangs die Gesetze der „auditiven Wissenschaft" in Form von Responsivität und Vergemeinschaftung einer Wahrnehmungspraxis, die nicht geschmäcklerisch ist, sondern intersubjektiven Wert besitzt und interkorporär geteilt werden kann im Singen und Sprechen selbst und als Wissensform im sprachlichen Diskurs. Damit ist „Stimmklang" ein geeignetes Gegenüber für eine Kritik der Sinne im Verständnis einer Diskurskritik durch die „auditive Wissenschaft". Wird diese Kritik Teil der epistemologischen Grundstruktur, führt sie zu einem Paradigmenwechsel, wie Doris Kolesch im Kontext der Kulturen des Performativen beschreibt. Einen „acoustic turn" der Wissenschaften möchte ich in diesem Plädoyer aus den erwähnten Gründen nicht heraufbeschwören.

24 Ebd. S. 171.

In Kapitel II werde ich meine Praxistheorie der *Lichtenberger angewandten Stimmphysiologie* nach Gisela Rohmert vorstellen. Sie bildet ein Hybrid aus einer arbeitsphysiologischen Studie mit einer an der praktischen Erfahrung ausgerichteten Phänomenologie des Stimmklangs. Dieser praktische Weg führte mich zu einer *Kritik der Sinne*, wie ich sie als positive Methodenkritik in einer „auditiven Wissenschaft" beschrieben habe. In Kapitel III werden wir das Subjekt der „auditiven Wissenschaft" in seinem Kontext besprechen. Dies resultiert in einer „angewandten Stimmanthropologie", wie ich seit 2008 meine eigene Methode bezeichne.

II. Stimmklang als Phänomen

Positionen einer Praxistheorie

Den Kern dieses Buchs im folgenden Kapitel II bildet eine am Phänomen orientierte beschreibende Physiologie. Ich bezeichne sie als „genotypische“, d.h. an der Textur des schwingenden Körpers orientierte, Phänomenologie des Stimmklangs. Sie zielt dahin, die Eigenschaften des Stimmklangs durch die Sinne zu erfassen und zu beschreiben. Darin folgt sie dem durch die Sinne und ihre Eigenschaften geprägten Körperbegriff der „auditiven Wissenschaft“. In der Form einer Praxistheorie führe ich alle wichtigen Arbeitsbegriffe für eine „auditive Wissenschaft des Körpers“ mittels Stimmklang ein. Dies ist (noch) kein Lehrbuch, sondern ein Methodenbuch, in dem zunächst die vielfältigen Begriffe zum Verständnis einer Praxistheorie des Stimmklangs verankert werden müssen. Die Ausrichtung des Buches zielt auf Stimmklang und Bedeutung im Verständnis von künstlerisch orientierter Stimmpädagogik. In Kapitel III werde ich als Synthese der theoretischen Positionen von Kapitel I und der *angewandten Stimmphysiologie* in diesem Kapitel II in die „angewandte Stimmanthropologie“ einführen, meine eigene Methode, die ich seit 2008 in dieser Form bezeichne und lehre. Zunächst werde ich kurz meine eigene methodische Herkunft und meine für diese Praxistheorie entwickelte sprachliche Perspektive erläutern.

Lichtenberger Modell als methodische Grundlage

Die Grundlage meiner Betrachtungen bildet meine nun 20-jährige Praxis der funktionalen Stimmbildung nach der *Lichtenberger angewandten Stimmphysiologie*[1] zunächst als lernende Sängerin und etwas später auch als Lehrerin.

Den Begriff der „Stimmphysiologie" haben wir in Kapitel I.a eingeführt mit historischen und gegenwärtigen Beispielen. Heute gibt es an vielen Musikhochschulen ein Institut für Musikermedizin. In der Kooperation von Ärzten, Musikpädagogen und Therapeuten werden studierende Musiker und Sänger im Fach „Musikphysiologie" betreut. Wenn Physiologie an einer medizinischen Fakultät als die „Lehre vom Körper" bezeichnet wird, die sich mit dem Ablauf der Körperfunktionen und deren Messbarkeit beschäftigt, erfuhr dieser Begriff in den letzten Jahrzehnten eine Erweiterung durch die konkrete Einbeziehung der Gesangs- und Musikpädagogik. Der Begriff beinhaltet heute sehr stark die Anwendbarkeit von physiologischen Erkenntnissen in die musikalische Praxis und steht für Methoden, die in eine detaillierte Erforschung des Körpers und seiner musikalisch-praktischen Funktionen auch andere Praktiken integrieren wie z.B. fernöstliche Bewegungs- und Meditationstechniken.

Das Lichtenberger Modell vertritt einen wahrnehmungsorientierten Ansatz der Stimmphysiologie, d.h. die maßgeblichen praktischen Entwicklungen begründeten sich in Überschneidungen von inneren und äußeren Wahrnehmungen, wie wir sie im Begriff der „auditiven Wissenschaft" in Kapitel I.b beschrieben haben. Wie es häufig vorkommt, war auch in diesem Fall das Aufkommen verdichteter Fragestellungen vor dem Hintergrund einer allgemeinen Krise der deutschen Gesangspädagogik nach dem zweiten Weltkrieg der Ausgangspunkt für ein umfangreiches Forschungsprojekt. So sind die Grundbegriffe des Lichtenberger Modells naturwissenschaftlicher

1 Seit 2007 Name der Methode; vorher: funktionale Stimmbildung nach dem Lichtenberger Modell.

Herkunft, da sich die Stimmbildungsmethode aus einer arbeitsphysiologischen Untersuchung an der Technischen Universität in Darmstadt Anfang der 1980er Jahre entwickelte. Die Sängerin Gisela Rohmert war an dieser Grundlagenforschung als Forscherin sowie auch als Probandin maßgeblich beteiligt. Die Leitung dieses Projekts zur angewandten Stimm- und Musikphysiologie hatte ihr Ehemann, der damalige Leiter des Instituts für Arbeitswissenschaften in Darmstadt (IAD) Prof. Dr.-Ing. Walter Rohmert. Beide gründeten 1982 das Lichtenberger Institut in der Nähe von Darmstadt im Odenwald als praxisnahe Forschungsstätte mit Fortbildungsangeboten für Sänger, Sprecher, Musiker, Logopäden, Pädagogen und alle Interessierten. Der arbeitswissenschaftliche Ansatz definierte den musikalischen Ton zunächst rein physikalisch als Klang, d.h. als Grundfrequenz mit entsprechenden Teiltönen wie sie jede natürliche Schwingung hervorbringt. Hinzu kamen sog. „Formanten", d.h. verstärkte Teiltonbereiche, die kennzeichnend sind für Resonanzen im Bereich der Eigenfrequenzen des schwingenden Systems. Dies untersuchte man für Vokale und für instrumentenspezifische Spektren sowie vor allem für die Sängerformanten[2]. Das Forscherteam suchte nach neuen Leitlinien für eine Gesangs- und Musikpädagogik, die sich nicht an den üblichen ästhetischen oder traditionellen Wertbegriffen des musikalischen Tons anlehnen sollten. Stattdessen entwickelte man auf naturwissenschaftlicher Basis Fragebögen für „Experten-Ratings", welche einfache, aber differenzierte Beschreibungen im zeitlichen Verlauf der klanglichen Ereignisse mit arbeitsphysiologischen Begriffen enthielten: „Artikulationsbasis und Vokalformation", „Artikulationshilfsspannung im Gesicht, Kopf, Nacken", „Vokalfarbe", „Dunkelheit (Wärme)", „Brillanz (Glanz)", „Nasalität", „störende Merkmale wie Nebengeräusche, Schrilligkeit, Hauchigkeit", „Stimmregisterklang", „innere Stimmbewegung", „Intonation", „Tonhöhenveränderung", „Lautstärkeänderung", „Lautstärkeumfang (nur bei *Messa di Voce*)", „Atem-

2 Sie erlaubten eine erste Funktionstheorie, auf welcher 1991 das erste Buch von Gisela Rohmert „Der Sänger auf dem Weg zum Klang" aufgebaut war.

führung", „Körperhaltung und Körperhilfsspannung", „Tonabsatz (Tonende)". Diese Begriffe wurden auf einem „Stimmwahrnehmungsbogen" qualifizierend ausgewertet, ähnlich wie es bei Vektorbildungen in psychologischen Feldstudien üblich ist. Die Experten waren erfahrene Gesangspädagogen und Arbeitswissenschaftler. Im weiteren Verlauf der Studie entwickelten sich die teilnehmenden Sänger und Musiker selbst zu Experten. Sie verstanden es nach und nach im praktischen Singen und Spielen, ihre eigenen qualitativ günstigen Messergebnisse zu antizipieren. Diese Weiterentwicklung des „Experten-Ratings" soll an dieser Stelle kurz an zwei Stadien des Klangverständnisses am Lichtenberger Institut gezeigt werden.

Gisela Rohmert beschreibt in ihrem 1992 erschienenen Buch „Der Sänger auf dem Weg zum Klang" das Lichtenberger Modell als eine Gesangspädagogik, welche den Klang der Stimme als Abbild der physiologischen Funktionsqualitäten der Singenden wahrnimmt. Wenn sie dieses Phänomen aus der arbeitswissenschaftlichen Prägung heraus als „Produktklang" bezeichnet, meint sie ein Produkt, das ähnlich wie in der Theorie der Marktwirtschaft auf seine Produktionsbedingungen zurückwirkt. Das zentrale Thema ihres ersten Buches ist die Wechselbeziehung zwischen Produktionsbedingungen und dem Produkt, d.h. zwischen der Funktion und dem funktionalen Klang. Eine klare Definition des Produktes hilft die komplizierten Produktionsbedingungen klarer zu erkennen.

„Wenn der Stimmklang der Abdruck aller an seiner Realisation beteiligten Funktionsverschaltungen ist, so liefert dieser Klang umgekehrt die Möglichkeit für eine perfekte Funktionsanalyse. Er ist das ‚Mikroskop' mit welchem man in den Körper, in den Mundraum und in den Kehlkopf eines Sängers schauen kann. Nimmt man Einfluss auf die Funktion z. B. durch Haltungsänderungen, bewusste Atemkontrolle, genormte Artikulation, so beeinflusst man immer auch den Klang, meist in Richtung einer Reduzierung. Nimmt man Einfluss auf den Klang, z.B. durch Anweisungen, die ästhetische begründet sind, so verändert man die Funktionen, ebenfalls meistens in Richtung einer Funktions-Reduzierung."[3]

Ende der 1990er Jahre veränderte sich dieser Klangbegriff nochmals grundlegend, weil die Weiterentwicklung des „kinästhetischen Hörens" einen „Gewebeklang" entdeckte, der die Kompetenz des vorhergehenden Produktklangs bei weitem übertraf. Klang und Gewebe treten durch die Schleusen der Sinnesnerven in einen wechselseitigen Kontakt, der ein neues Verständnis des Körpers im Sinne einer auditiven Wissenschaft des Körpers erlaubt. Jürgen Forchhammer beschreibt das Gewebe im sängerischen Ansatzrohr noch als dämpfend. Er geht in einem mechanistischen Ansatz von Helmholtz-resonatoren aus, die durch konkrete Raumvolumina mit festen Wänden definiert sind. Heute verstehen wir, dass alle Stoffe im menschlichen Körper ein eigenes Schwingungsverhalten aufweisen, in dem sie durch eine klangaffine Benervung verstärkt werden. Der Körper funktioniert wie ein kybernetischer Regelkreis, in den die Informationen aus allen sensorischen Arealen einstrahlen, d.h. moderne Gesangsphysiologie beruft sich auf aktuelle physikalische Modelle von Information und Schwingung. So ist das Verständnis der Nervenfunktionen heute ein zentraler Aspekt zum Verständnis der Stimme. Viele Nerven sind multimodal, d.h. der sensible Gesichtsnerv – *Nervus Trigeminus* wird im Folgenden neben seinen sensorischen Funktionen auch als Nerv mit motorischen Eigenschaften und Geschmacksanteilen erwähnt werden und der autonome Eingeweidenerv – *Nervus Vagus* wird als motorischer und sensibler Nerv für Rachenwand, Kehlkopf und Außenohr thematisiert. Diese Multimodalität zeigt, dass die Sinne nicht getrennt voneinander und nicht getrennt von den viszeralen[4] und motorischen Funktionen arbeiten, sondern in der Klangfunktion in ein miteinander vernetztes Wechselspiel treten. Dieser Klangbegriff wird heute in stetiger Praxis immer weiter ausdifferenziert. In Kapitel II.a

3 Gisela Rohmert „Der Sänger auf dem Weg zum Klang", Köln, 1992; S. 2f.

4 Autonome Innervierung der Eingeweide.

und II.b werde ich diese Art von Sinnlichkeit und Körperlichkeit detailliert beschreiben.

Besondere Beachtung soll an dieser Stelle der ungewöhnlichen Forscherposition von Gisela Rohmert, Jahrgang 1932, zuteilwerden als einer Wissenschaftlerin, die den Klang am eigenen Körper erforschte und parallel als Pädagogin Schritte in die Praxis entwickelte, um an Anderen die Intersubjektivität bzw. Interkorporeität[5] des Entdeckten zu belegen. Als Künstlerin, Sängerin, Forscherin, Probandin und Pädagogin hatte sie eine außergewöhnliche Position in der arbeitsphysiologischen Forschung am Institut für Arbeitswissenschaft in Darmstadt. Ihrer Rolle als Probandin zufolge konnte Gisela Rohmert beispielsweise ihren starken inneren Proportionssinn durch Messungen am eigenen Körper zu einer äußersten Untrüglichkeit entwickeln. In diesem ständigen Wechsel von objektiver und subjektiver Perspektive entwickelte sie eine praktische Methodik für die in I.b beschriebene Kritik der Sinne, d.h. beide Perspektiven begannen sich gegenseitig zu präzisieren und schrittweise eine neue Form von Sinnesorientierung auszuprägen.

Heute arbeitet sie in einem vertrauten Team von Mitarbeitern und Mitarbeiterinnen, das gerade eine Hand voll Mitglieder umfasst – ein Teil ist auch familiär mit ihr verbunden. Diese Positionierung von Gisela Rohmert bringt es mit sich, dass alle ihre Arbeitsperspektiven auch an intimen Grenzen und in zeitlichen Ausdehnungen durchlebt sind. Im vertrauten Rahmen können sie stets widergespiegelt werden zur treffenden Verinnerlichung und Verallgemeinerung der erlebten Gesetzmäßigkeiten des Stimmklangs. Der offizielle Name für die Musikpädagogik am Lichtenberger Institut ist seit 2007 „Lichtenberger angewandte Stimmphysiologie". Neben der schnell wachsenden Verbreitung des Lichtenberger Modells in der Gesangspädagogik und der Logopädie unternahm Gisela Rohmert in den letzten Jahren erste Schritte in Richtung Traumatherapie. Außerdem wird nach 20 Jahren ein neues Buch von ihr erwartet.

5 Siehe Begriffe von Holger Schulze/Jean-Luc Nancy Kapitel I.b.

Begriffliche Positionierung

Meine folgenden Betrachtungen beziehen sich auf die Qualität des erwähnten Gewebeklangs, indem ich meine eigene Umsetzung des Lichtenberger Modells in der Wahrnehmung einfacher auf einer Tonhöhe und einer Atemlänge mit einem Vokalwechsel gesungener Klänge beschreibe. Wir können diese Klänge auch aus der Sprechstimme herleiten, indem wir eine Silbe so lange dehnen bis wir beim Klang des ausgehaltenen Vokals ankommen. Diese Praxis des Trainings von Stimmklang schärft die Wahrnehmung von Stimmen im Allgemeinen, sei es Singstimme oder Sprechstimme, Kunst oder Alltag, live oder in den Medien. So lässt sich Stimmklang als Phänomen in jeder Stimme finden und beschreiben. Der Beschreibung des Körperklangs der Stimme räume ich in diesem Buch einen besonderen Platz ein, der darauf zielt, die noch weitgehend unbekannten Möglichkeiten einer solchen Praxis für menschliches Erleben offenzulegen.

Meine sprachliche Perspektive ist hierbei die eines Subjekts, welches das Stadium der äußeren Widerspiegelung durch ein pädagogisches Gegenüber bereits verinnerlicht hat. Die Wichtigkeit einer pädago-gischen Vermittlung dieser Praxis des Stimmklangs beschreibe ich in Kapitel II.b „Sprechen über Klang" auch mit einem praktischen Beispiel. Im gesamten Text dieses Kapitels II ist das Gegenüber meiner Ausführungen ein „innerer Lehrer".

Von Gisela Rohmert abgeleitet verwende ich in dieser Arbeit viele Begriffe der Lichtenberger angewandten Stimmphysiologie, die ich für die eigene Praxis als Lernende und Lehrende als wesentlich erfahren habe. Diese sind – wie oben erwähnt – durch die arbeitsphysiologische Forschung geprägt. Dabei verfolge ich die Absicht, diese arbeitsphysiologisch-naturwissenschaftlichen Erklärungen und Begriffe an den Phänomenen, wie ich sie persönlich erfahre und seit 20 Jahren intersubjektiv mit zahlreichen Schülern und Schülerinnen teile, zu orientieren. Der Text knüpft an die lange Tradition der stimmphysiologischen Beschreibungen in der Gesangspädagogik an. Sein

Schwerpunkt ist die Orientierung an der sinnlichen Wahrnehmung des klingenden Körpers.

Hierbei spielen Empfindungen, praktisches Gespür und kleine Wahrnehmungen eine wesentliche Rolle, wie wir sie in Kapitel I.b eingeführt haben, und wie sie von Holger Schulze in der Klanganthropologie im Begriff der „Empfindungsgenauigkeit“ [6] zusammengefasst werden. Ein allgemeines Misstrauen gegenüber individuellen Beschreibungen von Phänomenen hat durch den immer stärkeren Einfluss der exakten Wissenschaften und die Technologisierung des Alltags in Gestalt von normativen Fixierungen zugenommen. So beinhaltet eine „Empfindungsgenauigkeit“ den Mut zur Abweichung vom Glauben an die Normalität. Kleine, unscheinbare Wahrnehmungen müssen ernst genommen werden. Eine Übersteigerung in einen Individualismus um jeden Preis kann hier allerdings auch nicht weiterhelfen, da sie zu sehr festhält am Eigenen. So lässt sich in diesen Extremen ein Mangel an Offenheit für die eigenen Empfindungen und die der Anderen beklagen. Schließlich stellen Überschneidungen zwischen eigen und fremd die Grundlage einer sprachlichen Mitteilbarkeit dar. Im Fall einer Praxistheorie des Stimmklangs bilden sie die Grundlage von sprachlich geteilter Intersubjektivität und Interkorporeität. Im Rahmen dieses Buches präge ich Begriffe, um das Verständnis für den Zusammenhang von Theorie und Praxis zu erleichtern. Für die Ausrichtung auf Stimmklang und Bedeutung führe ich eigene Begriffe ein. Zur Beschreibung stimmlich-klanglicher Phänomene werde ich auf eine bildhafte Sprache zurückgreifen mit Hilfe von Metaphern.

Eine starke Position der Metapher vertritt Julian Jaynes – siehe auch letzter Abschnitt in Kapitel I.a – in seinem Buch „Die Entstehung des Bewusstseins durch den Zusammenbruch der bikameralen Psyche“.

6 Vgl. Holger Schulze „Empfindungsgenauigkeit. Eine Syrrhese“ in Holger Schulze (Hg.) „Gespür – Empfindung – Kleine Wahrnehmungen“, Klanganthropologische Studien, Sound Studies Bd. 3, Bielefeld 2012; S. 9-23.

Jaynes bezeichnet die Metapher – „das sprachliche Bild" – als den Wesensgrund der Sprache:

„Ich benutze den Begriff Metapher hier in seinem allgemeinsten Sinn: den Ausdruck für eine Sache zur Bezeichnung einer anderen Sache verwenden, und zwar aufgrund einer Ähnlichkeit zwischen den beiden Sachen oder zwischen ihren jeweiligen Relationen zu anderen Sachen."[7]

Das gesamte und stetige Wachstum der heutigen Sprache beruht nach den Forschungen von Jaynes auf dem Verkürzen von Metaphern, welche bislang unbekannte Dinge und Erfahrungsfelder beschreiben, zu neuen Namen. Wenn wir aus dieser Perspektive den Wortschatz der Wissenschaften mit seinen abstrakten Begriffen betrachten, verstehen wir aus welchen konkreten Metaphern er jeweils entstand. In der Physik bildeten sich in dieser Weise Analogien mit Kraft, Beschleunigung, Trägheit, Widerstand, Feldern etc., so wie sich in der Physiologie alles aus dem Begriffsfeld der Maschine herleitet. In der historischen Anatomie wurden die Körperteile sehr bildhaft mit Gegenständen verglichen: So reitet die „Hypophyse" im „türkischen Sattel" des „Keilbeins", das den zentralen Schädelknochen bildet und von seiner Form an eine „Fledermaus" mit zwei Flügeln erinnert, die den hinteren Teil der Augenhöhle bilden, und deren Beinchen Ansatzstellen für Unterkiefer- und Gaumenmuskulatur bieten. Die Zunge ist unterhalb des Ohres am „Griffelfortsatz" aufgehängt und im Mittelohr bezeichnet man die Kette der Gehörknöchelchen als „Hammer, Amboss und Steigbügel". Anatomie und Pathologie erzählen Körpergeschichten, deren moderne Tradition, ausgehend von Leonardo da Vinci und Andreas Vesalius, bis ins 15. Jahrhundert zurückreicht. So können wir verstehen, dass unsere Körpergeschichte

7 Julian Jaynes „Der Ursprung des Bewusstseins durch den Zusammenbruch der bikameralen Psyche", Hamburg 1988; S.65 – englisches Original „The Origin of Consciousness in the Breakdown of the Bicameral Mind", Boston 1976.

von Metaphern durchsetzt ist. Erst die moderne Apparatemedizin hat den Körper rationalisiert und neutralisiert in Form von Statistiken und Messwerten. Die Geschichten waren aber bereits da und sind konstitutiv für die Sprache der Gegenwart. Um den Charakter dieser lebendigen Entwicklungen hervorzuheben, erklärt Jaynes[8] die Sprache zum Wahrnehmungsorgan statt sie beim blassen Kommunikationsmittel zu belassen. Als Wahrnehmungsorgan ist sie konstitutiv für Bewusstsein. Um das Phänomen des Stimmklangs und seiner Wirkungen zu erschließen, ist es also nötig, neue wahrnehmungsorientierte Metaphern zu bilden. Diese metaphorischen Begriffe bilden Bezüge zwischen den anatomischen Bezeichnungen und physiologischen Begriffen, die mit subtilen Bewegungsformen zu tun haben. Sie tasten das Feld von Strömung und Schwingung ab. Dieses Experimentieren mit Sprache als Wahrnehmungsorgan kommt der „auditiven Wissenschaft“ des Stimmklangs entgegen. Es liegt dem beschreibenden Stil von intersubjektiven Erfahrungen im Abschnitt über die Sinnesorgane des Stimmklangs und den Körper des Stimmklangs zu Grunde. „Sprechen über Klang“ wird in Kapitel II.b in Bezug auf die Pädagogik des Stimmklangs thematisiert.

Für alle diese Beobachtungen werde ich bewusst vom Feld der Metaphorik die stofflichen Beschreibungen von Stimmklang ausnehmen. Im ersten Lebensjahr erfahren wir alle uns umgebenden Stofflichkeiten mit den Sinnen. Alle Erfahrungen der unterschiedlichen Körnungen von Sand im Mund, der Flüssigkeit und Zähigkeit von Materialien und der Rauigkeit ihrer Oberflächen, der Klänge von Holz, Stein, Papier etc. sind prägend für unseren Bezug zur Welt. Ohne diese frühkindlichen Erfahrungen mit Stofflichkeit könnten wir keine Beziehung zur Welt aufbauen und keine Aussagen über sie treffen. Da die Stofflichkeiten die Basis unserer Sinnlichkeit bilden, verwende ich sie in diesem Sinne und nicht als Metaphern. Simmklang ist nicht ähnlich wie eine Stofflichkeit, sondern Stimmklang zeigt konkrete

8 In Kapitel III werde ich auf die Bewusstseinstheorie von Jaynes im Zusammenhang mit „Stimmklang“ nochmals näher eingehen.

stoffliche Eigenschaften als rau oder glatt, hell oder dunkel, statisch oder bewegt, kühl oder warm, feucht oder trocken etc.

Im Übrigen werde ich mich stilistisch in einer Einführung aus physiologischen Fachbegriffen und metaphorischen Beschreibungen der klanglichen Entsprechungen bewegen, d.h. beide Sprachebenen werde ich möglichst unvermittelt nebeneinander setzen – wie zwei Seiten einer Medaille. Im Zusammenspiel der objektiven bzw. subjektiven Gestalt der beiden sprachlichen Zentren ist die Empfindungsgenauigkeit der „auditiven Wissenschaft" entscheidend. So muss eine sprachliche Synthese mehr als die Summe ihrer Teile erreichen können. Im Sinn der „auditiven Wissenschaft' findet eine Sprache über Stimmklang so zu einer Intersubjektivität und empathischen Interkorporeität. So muss sich eine Sprache über die klangliche Praxis immer responsiv an den praktischen Gesetzen des Stimmklangs und dem körperlichen Erleben der Praktizierenden orientieren. Der innere Dialog muss dabei stets aufmerksam unterscheiden zwischen „gedacht" und „empfunden". Aus der sprachlichen Logik der Gedanken ergeben sich häufig Bezüge, die in einer Betrachtung des Klanglichen nicht vorkommen. So können gedanklich verschiedene Konzepte „quer" zueinander stehen – ein klangliches Erleben jedoch kennt kein „quer". Klänge mögen sich in der Wahrnehmung reiben oder auslöschen, verdichten oder auflösen, streuen oder biegen. Sie können räumliche Gewichtungen verschiedener Anteile haben wie oben und unten, rechts und links – „quer" jedoch ist immer schon enthalten. Diese Art von Abgrenzung ist von einem klanglichen Erleben ausgeschlossen. Definitorische Sprachgenauigkeit misst sich demnach im Fall einer Praxistheorie an dem der Praxis eigenen Gespür begründet in dieser erworbenen Wissensform.

So liegt die besondere Schwierigkeit dieses Buches darin, dass ich einerseits die sprachlichen Mittel sehr nahe an allgemein gültiger physiologischer Beschreibung und Terminologie halte, die nur einem Teil der Leser geläufig sein werden, und andererseits wahrnehmungsorientiert metaphorisch den Stimmklang in seiner Praxis beschreibe. Dies ist ein Experiment, in dem die Sprache natürlich die eigene praktische Erfahrung nie ersetzen kann. Wer ein durchdringendes Verständnis anstrebt, sollte die Praxis des Stimmklangs selbst kennenlernen. Die Versprachlichung trägt noch den Charakter von „work-in-progress“. Sie bietet für viele Leser einen ersten Einblick in die Praxis des Stimmklangs, aber auch eine Korrekturmöglichkeit für die erfahrenen Praktiker, weil sie innere Bezüge verdeutlicht und neu zuordnet.

Eine Praxis, aus der ich immer wieder zentrale Begriffe entlehne, ist die Belcanto-Tradition, welche nach den „Concerti delle Donne“ des 16. Jahrhunderts die bedeutenden Kastratensänger ausbildete und schließlich ihren Gipfel in der Oper des 19. Jahrhunderts erreichte. Giovanni Battista Lamperti hatte als sog. „letzter Meister“ dieser gesangspädagogischen Tradition ein sehr ausgeprägtes klangliches Gespür für die Stimme. Einige seiner zentralen Aussagen von 1893 aus dem von seinem Schüler William Earl Brown veröffentlichten Bändchen „Vocal Wisdom“[9] werde ich aus der Perspektive einer modernen Praxis des Stimmklangs erörtern. „Chiaroscuro“ ist der erste Begriff, den ich in dieser Form benutze. Er ist ursprünglich einer Technik der Malerei ab dem 15. Jahrhundert entnommen, welche zur Darstellung weniger die Farblichkeit selbst als den Hell-Dunkel-Kontrast einsetzte. In der musikalischen Tradition des Belcanto steht „chiaroscuro“ sowohl für die Durchdringung heller und dunkler klanglicher Anteile im Stimmklang als auch für den bewussten Einsatz dieses Kontrastes in der stilistischen Interpretation vor allem der frühen Barockmusik und insbesondere der neapolitanischen Schule. Lamperti verwendet „chiaroscuro“ in der im Folgenden zitierten Stelle in der allgemeinen auf den Stimmklang bezogenen Bedeutung.

Ich unterziehe diese Zitate, die als Überschriften das Feld für einen neuen Sinnabschnitt öffnen, keiner ausführlichen historischen Kritik. Lampertis Aussagen führen wie eine Markierung durch den Text, die

9 Vgl. „Vocal Wisdom – enlarged Edition – Maxims of Giovanni Battista Lamperti“, William Earl Brown/Lillian Strongin (Hg.), New York 1931/1957.

daran erinnern soll, dass die Technik des Stimmklangs eine Tradition hat, die in jedem Klang des 21. Jahrhunderts mit anklingt. Diese Tradition ist nicht ungebrochen. Die Stimmpädagogik in Deutschland erlebte große Einbußen und Wissensverluste durch Emigration und Holocaust. Die Liste der betroffenen Sänger und Pädagogen ist lang. Eine moderne Praxis des Stimmklangs ist deshalb keine Sonderentwicklung. Sie hat die Möglichkeit durch die Umstände und Mittel ihrer Zeit, die Bruchstücke wieder zusammenzufügen, die entstandenen Lücken zu füllen und neue Chancen in der Wahrnehmung und Entwicklung des Stimmklangs aufzuzeigen.

II.a „Chiaroscuro“ – die Gestalt des Stimmklangs

„The normal instinctive voice is both light and dark – chiaroscuro. This multicolored voice appears when mental and physical conditions are right. It cannot be mechanically produced nor objectively controlled. [...] It brings to the voice the feeling of one register – a single mechanism from top to bottom. It can be opened or closed at will. [...] Finally the height and depth of perpendicular vibration is the same for all tones. The voice changes only its resonance, thereby causing the so-called ‚registers‘.“[1]

Das vorangestellte Zitat von Giovanni Battista Lamperti ist ein rares Beispiel aus der Gesangstradition, weil es den Stimmklang als solchen in seiner einfachen Gestalt ohne Wertung beschreibt. Diesem auratisch-klanglichen Aspekt der Stimme ist dieses Buch gewidmet – aus dieser klingenden Perspektive enstanden die Beschreibungen im folgenden Kapitel II.a und II.b.

„Chiaroscuro“, d.h. hell und dunkel in allen möglichen Konturen und Schattierungen – so wie Tag und Nacht sich als Licht und Dunkelheit in unendlichen Farben zeigen – ist bloßer Stimmklang, ein Gebilde, welches alle Stimmungen und Wesenheiten einzufangen vermag. Die Vibration des Stimmklangs macht seine Helligkeit aus.

1 G.B. Lamperti „Vocal Wisdom“, s.o. William Earl Brown/Lillian Strongin (Hg.), Urtext von 1893, New York 1931/1957; S.139f u. S. 103.

Sie nistet in den Membranen, Schleimhäuten und Knochenporen des Körpers. Es scheint dabei als ob sie einen hellen Saum um die Körpergrenzen bildet, die sie durchquert und umspielt. Ist ihre Energie hoch genug, bildet sie eigene vernetzte Strukturen aus. Diese räumliche Struktur des Klangs entsteht nur, wenn die Vibration sehr fein ist, d.h. sich aus sehr hohen Frequenzen zusammensetzt. Die Dunkelheit des Klangs ist ein Ergebnis von Resonanz in den konkreten Körperhöhlen, welche sich bei der erwähnten hohen Klangenergie zu neuen klanglichen Räumen zusammenschließen, d.h. sie bilden einen Schwingungskörper, der die Organe klanglich in neuer Gestalt zusammenführt. (Hier beziehe ich mich auf den Satz der *Gestaltlehre*[2], dass das Ganze mehr darstellt als die Summe seiner Teile.) Der Klang nistet sich dabei im Körper nicht grundfrequenzabhängig wie in einem einfachen Helmholtzresonator ein, sondern erschließt und durchströmt die Räume in einem vielgestaltigen Spiel mit deren pulsatorischen Grundbewegungen. Nach Stanley Keleman[3] gehört zur lebendigen Grundbewegung des Körpers in Ruhe eine komplexe Pulsation, die mindestens in die Schichten von Skelettmuskulatur, Herzkreislaufsystem, Nervensystem und glatter Muskulatur im Eingeweidetrakt aufgefächert werden kann. So bildet der Klang in der Kommunikation mit den erwähnten Körpersystemen langsame Schwebungen und Pulsationen aus, die eine Art Subwoofer-Charakter haben, ähnlich dem tieffrequenten räumlichen Pulsieren von Schiffsschrauben, Hubschraubern etc. Sie schmiegen sich beugend an die Rumpfwände an. Der innere Garant für die Lebendigkeit und durchgängige Koordination dieses Klangs ist das Vibrato. Sein Pulsen durchdringt alle Schichten des Klangs, wenn es nicht an bestimmten Körperstrukturen fest-

2 Abgeleitet von der Gestaltpsychologie von Max Wertheimer 1912 und Wolfgang Köhler 1930.

3 Keleman, Stanley „Verkörperte Gefühle – der anatomische Ursprung unserer Erfahrungen und Einstellungen" 2. Auflage, München 1992/1995; englisches Original „Emotional Anatomy. The Structure of Experience", Berkeley/Ca. 1985.

gehalten wird. Ähnlich wie der Pulsschlag des Herzens mit allen anderen Rhythmen im Körper verbunden ist, koordiniert das Vibrato die körperlichen Rhythmen in ihrer klanglichen Auswirkung. Es ist dabei für eine ausgeformte und gleichzeitig fließende Plastizität im Stimmklang zuständig. Den Singenden und erlebend Hörenden erscheint die Dunkelheit im Klang bewegt, wobei die Helligkeit eigene Strukturen ausbildet, die sich dem sensibilisierten Klanggestaltsinn als bewegte Knotenpunkte zeigen, welche Spiralen und Strudel bilden, oder wie ein Sternenregen sich im Raum versprühen. Ihrer Natur nach strahlt diese Gestalt rund herum in alle Raumrichtungen ab. Dies entspricht den Gesetzen der stehenden Wellen, die den Stimmklang ohne Richtungsgebundenheit bilden. In dieser absichtslosen und diffusionsartigen räumlichen Ausprägung des Stimmklangs sollte die Architektur des Körpers nicht nur negativ als ein Phänomen der Dämpfung oder Abschirmung von Klangenergie durch anatomische Gegebenheiten wahrgenommen werden. Ausgehend von einer positiven Betrachtung der Schwingungsbewegung folgt die Abstrahlung des Stimmklangs den Gesetzen der Schallgeschwindigkeit in den vielfältigen von ihm durchdrungenen Stoffen, wobei die wesentlich langsamere Geschwindigkeit der Atemluft im Kehlkopf sowie der gesamten Atembewegung eine untergeordnete Rolle spielt.

Eigenständige Gestalten, die physiologisch messbar im Stimmklang aufscheinen, sind die sog. „Sängerformanten"[4]. Wie elektrisierte Insektenstimmen durchschwirren sie den Klang mit unterschiedlichen Wirkungen auf die sängerische Orientierung. Einen verbreiteten Konsens gibt es in der Fachliteratur für einen Sängerformanten um 3000 Hz, welcher in etwa dem oberen Formantenbereich des Vokals „i" entspricht. Gisela Rohmert entdeckte in einer Klangqualität, welche ihre Ohren in bislang unbeachtetem Maße als Schwingungsräume von

4 Vgl. Peter-Michael Fischer „Die Stimme des Sängers", Stgt./Weimar 1993; S.73 und Gisela Rohmert „Der Sänger auf dem Weg zum Klang", O. Schmidt (Hg.), Köln, 1992; S. 57f.

kristalliner Klarheit erschloss, eine ganze Sängerformantenreihe. Nach der Lehre der Synergetik[5] von Hermann Haken führte sie die Struktur dieser Amplitudenerhöhungen in von der Grundtonhöhe unabhängigen Frequenzbereichen zu einem 1. Sängerformanten bei 3000 Hz, 2. Sängerformanten bei 5000 Hz und 3. Sängerformanten bei 8000 Hz. Im Verständnis der Synergetik sind diese grundtonunabhängigen Eigenfrequenzen des Phonationssystems Anzeichen einer höheren Ordnung der Klangschwingung. Für mehr Stabilität wird weniger Energieaufwand benötigt. So kann sich das System in charakteristischen Resonanzprozessen in immer höhere Ordnungen begeben. Entscheidend für jedes neue Energieniveau ist die Auflösung der alten Ordnung und das Auftreten eines neuen Ordners – in diesem Fall die aufsteigende Reihe der Sängerformanten.

Wird der erste Sängerformant mit seiner starken Resonanz im Außen- und Mittelohr allgemein als ein Garant von Stabilität und tenoraler Tragfähigkeit im Klang betrachtet, so bringt der zweite Sängerformant diese meist an einem Erzeugungsdruck orientierte Gestalt ins Wanken. „Destabilisierung" ist der entscheidende Fachterminus der Synergetik für dieses Phänomen. In einem linearen Verständnis von Wachstum, würden wir die „Destabilisierung" als Rückschritt verstehen. In einem prozessorientierten synergetischen Verständnis beinhaltet sie die Auflösung einer alten Ordnung als unverzichtbare Öffnung in die neue, höhere Ordnung. Der wesentlich feinere und silbrigere zweite Formant bringt den ersten klanglich in eine bewegte, etwas zerstäubte Gestalt. Dabei organisiert er die Stimmlippenschwingung neu. Diese Qualität der Rückkoppelungswirkung der Klanganteile auf den Körper gab den Sängerformanten zunächst eine sehr prominente Rolle im Lichtenberger Modell. Erst die Konsequenzen aus der Wirkung des dritten Sängerformanten in seiner feinen, zirpenden Qualität, die mit einem leichten Sirren das gesamte

5 Theorie vom Zusammenwirken in Systemen nach einheitlichen Grundgesetzen, vgl. Hermann Haken „Erfolgsgeheimnisse der Natur"; Deutsche Verlagsanstalt Stuttgart 1981; S. 17ff.

Nervensystem anzusprechen vermag, erschlossen eine Schwingungsebene, die vernetzend alle Gewebe anzusprechen vermochte. In diesem Sinne wurde die Sängerformantenreihe eher als fortlaufendes Prinzip interessant, welches sich nach der Fibonaccireihe mit dem Faktor 1,61 multipliziert bis in feinst aufgezwirbelte Gestalten ausschwingt. Das darin enthaltene Prinzip des goldenen Schnitts verlor seinen Status einer Idealgestalt. Als kinästhetisch erfahrbarer Klang erreicht die Qualität der Stimme alle Sinnesorgane in substantieller Form. Die Sinne erfahren den Klang wie einen Stoff, d.h. in seiner Rauigkeit, Temperatur, Dichte, Feuchtigkeit, Konsistenz usw. Diese stoffliche Ebene der Sinne wird noch reicher in der Durchflechtung der Sinnesreize in den Synästhesien, welche Resonanzprozesse der klanglichen Wahrnehmung auf höheren Ebenen des Gehirns, d.h. in den sensorischen Arealen des Neokortex, widerspiegeln. Nichts kann im klanglichen Geschehen isoliert betrachtet werden. Die fein sprühende Emergenz dieses Klangs spielt zwischen den Bereichen der Sinne: Als farbige oder schwarz-weiße Lichtgestalten, vibrierende Flächen- und Raumempfindungen, metallischer oder milchiger Geschmack, feiner ätherischer Geruch, Empfindungen von Bewegung, Rhythmus oder Gleichgewichtsveränderung im Raum. Durch alle möglichen Arten von Vermischungen oder Hybriden dieser vielfältigen Wahrnehmungen entsteht ein klangliches „sensorium commune"[6].

Ebenso wie die Sinne sind in der Klanggestalt die geistig-ideellen Bereiche mit den physisch-materiellen verbunden, d.h. die sängerische Intention muss sich den Prinzipien der Klangwahrnehmung unterordnen. Nach dem Prinzip der stehenden Welle[7] muss die Rückkoppelungsqualität stets einbezogen werden. Ebenso führt die polare

6 „Einsinn", der alle Sinneswahrnehmungen beinhaltet; siehe Kapitel I.b.

7 D.h. bestimmte Verdichtungen und Verdünnungen im Ansatzrohr bilden ein strukturiertes Feld aus. Obwohl die Luftmoleküle sich bewegen, bleibt die Struktur des Feldes erhalten. Die Schallenergie selbst breitet sich über Schleim und Schleimhäute wesentlich schneller in die umliegenden Gewebe aus als die Luft sich von der Lunge bis zu den Mundlippen bewegt.

Natur der periodischen Schwingung zu einer konsequenten Gestalt der klanglichen Selbstwahrnehmung. So wie die Klanggestalt „hell und dunkel“ vereint, bildet sie aus Polaritäten wie „sein und nichts“, „ich und du“ eine doppelgesichtige Einheit. Die Schwingung selbst bildet keine Hierarchie zwischen den Polen aus. Das Prinzip einer eingebundenen Polarität ohne Hierarchie zwischen den Polen ist eine wichtige Orientierung für die mentale Ausrichtung beim Singen. Dies betrifft auch die geschlechtliche Ausprägung des Stimmklangs. Er ist von seiner Natur aus androgyn, d.h. männlich und weiblich durchdringen sich in der Klanggestalt – dies erlaubt es z.B. der Stimme einer Frau wie ein „echter“ Tenor zu klingen und umgekehrt[8]. Die Überwindung der Registergrenzen – Gewebeklang kennt keine Registerbrüche – erlaubt eine Ausweitung des Tonumfangs auf vier voll singbare Oktaven und damit eine geschlechtsübergreifende Angleichung des Umfangs der Kopfstimmlage und des Brustregisters[9]. Dies entspricht in letzter Konsequenz dem von Lamperti oben erwähnten „Eingheitsregister“.

Diese schillernde Klanggestalt erscheint als eine alle Sinne faszinierende Ausprägung des „Chiaroscuro“. Inspiriert vom historischen Hell-Dunkel-Gesang des Belcanto werde ich im Folgenden Stimmklang als umfassende Orientierungsfunktion im heutigen Zeitgeist beschreiben.

---

8 Durch die englische Counter-Technik sind wir an männliche Soprane eher gewöhnt. Wobei kulturhistorisch gesehen hier immer noch die Geschichte der Kastraten in ihrer körperlichen Verstümmelung einerseits und anderen Form der Männlichkeit – vor allem in der barocken Oper – andererseits hineinspielt (vgl. Susan McClary siehe I.a).

9 Vgl. Nachlass des emigrierten Gesangspädagogen Alfred Wolfsohn im Archiv des jüdischen Museums in Berlin. Wolfsohn war u.a. der Lehrer von Roy Hart. Siehe auch Kap. I.a.

1. DIE SINNESORGANE DES STIMMKLANGS

Die feinen, hochfrequenten Anteile der Klangschwingung aktivieren die Sinnesorgane, indem sie dort als sinnesspezifische Reize auftreten. Ihre Qualität umspielt die Eigenaktivitätsfrequenz der Sinnesnerven. In diesem Sinne betrachten wir Stimmklang als umfassende Orientierungsreaktion, die sich physisch in den Sinnesorganen und bestimmten Nerven abspielt, die in sich sensorische, motorische und viszerale, d.h. auf die inneren Organe bezogene, Eigenschaften vereinen, wie z.B. *Nervus Vagus* und *Nervus Trigeminus*. Da die Sinnesorgane auch in Ruhe ständig ein bestimmtes Erregungspotential aufrechterhalten, welches ihrem Aufmerksamkeitslevel entspricht, besteht in ihnen stets ein Wechselspiel zwischen empfangen und senden. Wenn wir die Augen schließen und die Handballen auf die Augenlider legen, zeigen sich helle oder farbige Strukturen oder wandernde Punkte, die von der Eigenaktivität der Sinneszellen in der Netzhaut herrühren. Ebenso hören wir in der Stille oder mit zugehaltenen Ohren zunächst das Rauschen unseres Blutes (das Meeresrauschen in der Muschel am Ohr) und darüber hinaus aber auch hell tönende Qualitäten: *Otoakustische Emissionen*. Diese werden meist im hochfrequenten Bereich wahrgenommen wie z.B. feines Sirren im Bereich von 8000 Hz (Resonanzfrequenz der Schnecke). Sie bilden das physiologische Ohrgeräusch und dienen dem Organ zu einem Selbstausgleichsprozess (Self-Tuning). Der Stimmklang bespielt dieses Eigenaktivitätsfeld der Sinne. Mit seiner Qualität vermag er die Sinne zu stimmen. Dabei bildet sich eine Rückkoppelungsschleife zwischen den angeregten Sinnen und dem klanglichen Ereignis. Die Sinnesorgane und ihre Höhlen werden so zu Resonanzräumen und ihre sensiblen Benervungen werden zu Schleusen, die den Klang die Gewebe bis ins Innerste des Körpers bis zur völligen Transparenz bespielen lassen. Dass dieser Vorgang an eine bestimmte Aufmerksamkeit gebunden ist und eine Beziehung zu anfänglich fremden Klanganteilen verlangt, wird in Kapitel II.b besprochen. Im folgenden Abschnitt geht es um die Reflexivität des Klangereignisses in den

Sinnesorganen und deren klanglicher Gestalt. Diese Reflexivität macht den Stimmklang zu einem eigenen Wesen: Indem er sich selbst berührt, wird er sich seiner selbst bewusst. Die beschriebenen Eigenschaften und Differenzierungen der Sinne bilden den Kern einer *Kritik der Sinne*, wie wir sie in Kapitel I.b besprochen haben. Sie bildet das Gerüst, auf dem die phänomenologische Ausrichtung dieses Buches fußt.

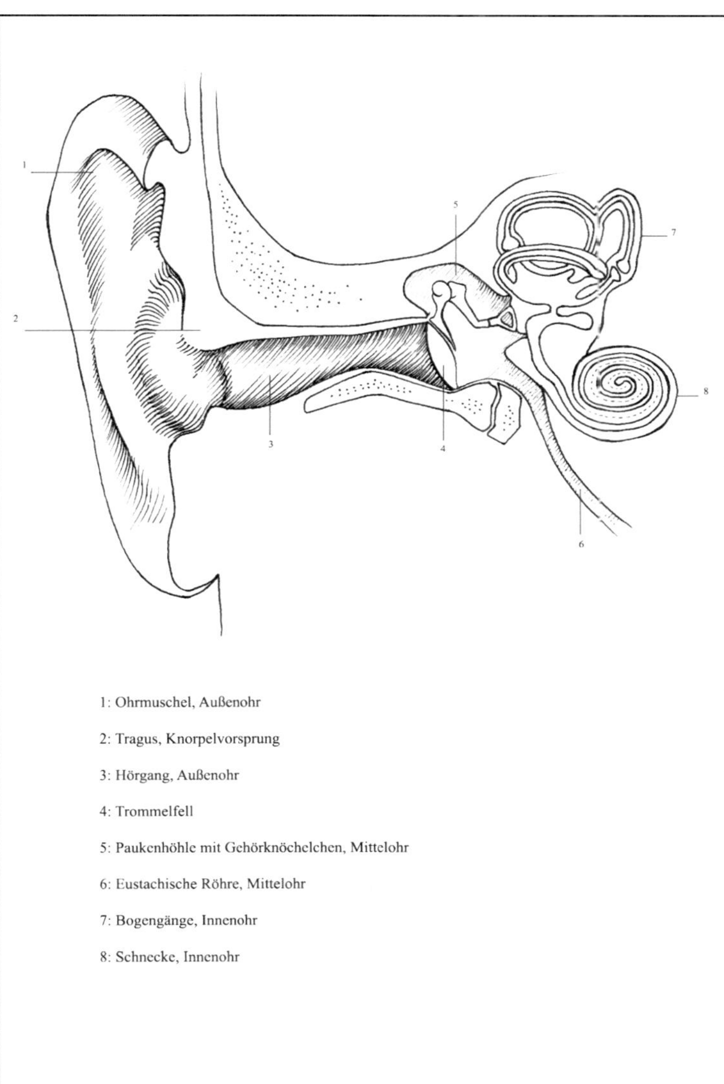

Abb. 1: Außen-, Mittel- und Innenohr

„Der Klang hört sich selbst"

Üblicherweise thematisieren Gesangslehren das tonale Gehör. Doch die Ohren selbst als wertvoller Schwingungsraum für Klang sind fast unbekannt. Es war eine wesentliche Errungenschaft der Lichtenberger angewandten Stimmphysiologie von Gisela Rohmert, die Ohren als wichtigste Organe des Klangs zum sängerischen Ansatzrohr hinzuzufügen. Der folgende Abschnitt behandelt das Ohr nicht aus der Perspektive des Hörens, sondern der des Klingens. Die erwähnten Eigenschaften des Hörens sind Teil der „Echolokation", wie sie bei Fledermäusen, Walen und Delfinen vorkommt.

Das Zusammenspiel von Außenohr, Paukenhöhle und Ohrtrompete gibt dem Klang eine trichterartige Gestalt. Es scheint als ob rechter und linker Trichter sich in der Mitte berühren. Das angeregte Innenohr erscheint mit einer spiralisierenden, strudeligen Kernigkeit im Klang. Die klare Gestalt des Ohrklangs umspielt den Keilbeinkörper[10] als zentralen Schädelknochen wie die beiden Flügel eines Schmetterlings. Der angebundene Nasenraum wird dabei bis in die Schädelmitte geflutet. Weitere Empfindungen sprechen für Resonanzstabilität im Hinterkopf und an der Schädelbasis.

Die Bündelung von Schallenergie im Bereich der Ohren bringt als spezifisches Phänomen die sog. „Sängerformanten" hervor. Diese grundtonunabhängige Amplitudenerhöhung in bestimmten Teilen des hochfrequenten Klangspektrums wird durch sog. „Hochpassfilter" im Körper verstärkt. Hochpassfilter bilden sich an Engstellen von halbgeschlossenen Durchgängen im Körper aus, wie z.B. der *Eustachischen Röhre*[11] des Mittelohrs, den Nasenmuscheln, der kleinen Öffnung zwischen Gaumensegel und *Passervantschem Wulst* – einer Schleimhauterhebung in der Rachenwand. Erster und zweiter

10 Siehe Abb.3; lat. *Os sphenoidale*.

11 Siehe Abb.1; Die „Ohrtrompete" ist ein stets halbgeschlossener Gang vom Mittelohr zum Nasenrachenraum, der u.a. zur Belüftung und zum Druckausgleich am Trommelfell dient.

Sängerformant bei 3000 Hz und 5000 Hz sind Eigenfrequenzen[12] von Außen- und Mittelohr. Eine Resonanz bei 8000 Hz – dem Frequenzbereich des dritten Sängerformanten[13] – lässt die Innenohrflüssigkeit ins Schlingern geraten. Dieser hohe Erregungszustand im Innenohr ist kennzeichnend für das gesamte Erleben der Sängerformanten. Er löst ein *kinästhetisches Hören* aus, d.h. das Klingen breitet sich wie eine stoffliche Substanz von den verschiedenen Bereichen des Ohrs in den gesamten Organismus aus. Seine Schwingungen werden von Vibrations- und Bewegungsrezeptoren im Bindegewebe der Membranen, inneren und äußeren Häute – dem *multimodalen kinästhetischen Sinn*[14] – wahrgenommen.

Leichtes Streichen über die Ohrmuschel löst bereits Berührungsempfindungen am Trommelfell aus. Klangliche Resonanz im Mittelohr führt zu Qualitäten wie fauchenden Schlieren und Prasseln, die sich bei Anbindung der *Eustachischen Röhre* wie die Schläge eines Tablaspielers von dumpf und feucht bis hell metallisch oder kristallin anhören. Entlang der *Eustachischen Röhre* oder Ohrtrompete verläuft der Trommelfellspanner – *Musculus tensor tympani*. Wenn er das Trommelfell spannt, öffnet er gleichzeitig leicht die Ohrtrompete. Das Mittelohr wird dabei sensibler für hohe Frequenzen. So bildet sich ein Hochpassfilter für Frequenzen über 3000 Hz, der leicht durch die oben erwähnten Phänomene zu stimulieren ist. Da die beiden Trommelfelle schräg im Hörgang liegen, verlaufen sie als Paar in etwa antiparallel zu den Stimmlippen wie Schwingungslippen der Ohren. Da der Trommelfellspanner die Trommelfelle leicht nach innen zieht, macht er

12 Sog. „Impedanzminima", d.h. Frequenzbereiche, die am wenigsten gedämpft werden.

13 Vgl. Zitat von A. Tomatis in Beiträge zum 1. Kolloquium Praktische Musikphysiologie 1988, W. Rohmert (Hg.), S. 79; Köln 1990.

14 Kinästhesie: Bewegungswahrnehmung im Körper; im folgenden Abschnitt differenziert in „*Transsensus*" und „*Intersensus*".

sie dabei den Stimmlippen[15] ähnlicher in ihrer Ausrichtung. Dies bedeutet zusätzlich zu dem erwähnten Hochpassfilter ein starkes Verbindungsgefühl der beiden Ohren im Inneren des Schädels. Der Trommelfellspanner strahlt ebenfalls in den Spannmuskel des Gaumensegels – *Musculus tensor veli palatini* – ein, deshalb spielen auch Geruchs- und Geschmacksreize[16] beim Klingen unmittelbar eine Rolle. Das Zusammenspiel von Trommelfell- und Gaumenspanner an der *Eustachischen Röhre* schaltet Ohr und Nase als einen Raum zusammen. Indem das Mittelohr den bekannten Druckausgleich unbeabsichtigt erfährt, werden äußeres und inneres klangliches Erleben ausbalanciert in ein einheitliches Erleben von Klangraum. Es erscheint fast beiläufig, dass die freiwillige Vollständigkeit des Nasenraums im Klang bis in die Schädelmitte nur über die Resonanz im Ohrraum erreicht werden kann.

Die erwähnte feine Qualität des Hochpassfilters durch die Funktion des *Musculus tensor tympani* bewirkt außerdem eine Verstärkung der Schwingungsübertragung ins Innenohr. Alfred A. Tomatis[17] beschreibt die Bereitschaftsaktivität dieses Muskels als die eigentliche „Horcheinstellung", an der die Kette der *Gehörknöchelchen*[18] wie eine Stimmgabel zur Feinabstimmung der Übertragung zwischen Mittel- und Innenohr beteiligt ist. Das Innenohr bildet eine Art zweifacher Potenzierung der Klanggestalt, indem es zwei Sinne enthält, die unmittelbar mit dem Klang interagieren: Den *Gleichgewichtssinn* im *Labyrinth* mit dem Vestibularorgan[19] und den *Hörsinn* in der Schnecke

15 Dieser Mechanismus wirkt sich günstig auf die Tiefstellung des Kehlkopfs im Ansatzrohr aus.

16 Der beide Muskeln innervierende *Nervus Trigeminus* kann unmittelbar Geschmacksreize wie Ingwer und Pfeffer erkennen.

17 Vgl. Tomatis, Alfred A. „Der Klang des Lebens. Vorgeburtliche Kommunikation – Die Anfänge der seelischen Entwicklung", Reinbek bei Hamburg 1996.

18 Siehe Abb. 1 Hammer, Amboss und Steigbügel in der Paukenhöhle.

19 Siehe Abb. 1.

oder *Cochlea*[20] mit dem Cortischen Organ. Beide Sinnesorgane sind über direkten Flüssigkeitsaustausch miteinander verbunden. Als Faszienorgan gehört das Innenohr zur membranigen Struktur des Körperzwischenraums: Mit Flüssigkeit unterschiedlicher Dichte und verschiedenen Salzgehalts gefüllte Hautsäcke, die in sich wiederum von Membranen untergliedert und durchfaltet sind, bilden die bindegewebige flüssige Gestalt des Organismus nach. Ihre Schläuche sind direkt in den Knochen des Felsenbeins eingelassen.

Der Gleichgewichtssinn im Vestibularapparat enthält den *kinästhetischen Hörsinn*. Er reagiert auf Körper- und Klangbewegung wie Rhythmus und Pulsation, Tempo und Beschleunigung, Vibration und Tonhöhen bis 800 Hz. Veränderungen des Gleichgewichts haben eine enorme Wirkung auf den Klang, indem sie seine physische Anbindung intensivieren. Die sensorische Nähe von Gesang und Tanz zeigt sich in diesem Organ. Auch die Schnecke, die den Hörsinn zur Differenzierung von Tonhöhen in sich birgt, hat Teil an dieser kinästhetischen Form des Hörens. Bezogen auf das Klingen ist sie vor allem für die hohen Frequenzen zuständig. Das beschriebene Schlingern und feine spiralige Strudeln der Klanggestalt ist eine Resonanzleistung der Schnecke in Wechselwirkung mit den Bogengängen des Labyrinths.

Alfred A. Tomatis[21] beschreibt das menschliche Innenohr als weiterentwickeltes internalisiertes Seitenlinienorgan der ersten Fische. Ursprünglich diente es der Wahrnehmung der Strömungsqualität und der Aufrichtung in der Strömung. Phylogenetisch entstand zunächst der Vorläufer des Vestibularapparats bei den frühen Amphibien. Erst auf der Entwicklungsstufe der Vögel bildete sich die Vorform der Cochlea heraus. Ein Zusammenhang zur Spezialisierung des Ohrs auf hohe Frequenzen durch den Gesang der Vögel liegt nahe.

20 Siehe Abb. 1.

21 Vgl. Tomatis, Alfred A. „Der Klang des Lebens. Vorgeburtliche Kommunikation – Die Anfänge der seelischen Entwicklung", Reinbek bei Hamburg 1996.

Da in der Schnecke ein fortlaufendes Spiel von Senden und Empfangen hoher Frequenzen stattfindet, bietet sie der Klangschwingung eine Resonanzfläche, die den hochfrequenten Code der Stimme mitgestaltet. So wird über die Verbindung von Labyrinth und Schnecke die Qualität von hohen Frequenzen in Bewegungsempfindung umgesetzt, wobei die angeregte Gleichgewichtsempfindung in den Resonanzkreislauf rückkoppelt, weil sie wiederum die Empfänglichkeit für hohe Resonanzfrequenzen zu erhöhen scheint. Ein besonderes Phänomen bildet hierbei das Vibrato, welches mit seiner Grundfrequenz in etwa das Auflösungsfenster des Ohres umspielt. Es reitet mit seinem Puls von 5-8 Hz auf einer Welle, die sich genau zwischen noch erkennbarer Tonhöhe und Einzelschlägen befindet. Als Rhythmus, der sich durch alle Schichten der Klanggestalt zieht, steht es in Wechselwirkung mit dem Gleichgewichtssinn und der hochfrequenten körperlichen Durchdringung des Klangs, wie sie im folgenden Abschnitt über das „Fühlen“ besprochen wird. Über den Gleichgewichtssinn erweicht das Vibrato die Muskulatur in eine gleitende Beweglichkeit. Dieses klanglich gelöste Vibrato erzeugt keine physischen Tremolo- oder Wobblemuster durch äußeres Rütteln an Kehlkopf, Zunge oder Unterkiefer, denn es haftet nirgends im Körper an.

Am Außenohr wird der Ohrklang konkret. Es bietet vielfältige Wege durch Berührung der Ohrmuschel und des Hörgangs, Sängerformanten zu stimulieren. Da die Ohrmuschel selbst wesentlich ist für das Richtungshören[22], können völlig neue Orientierungen im Hören an ihr ausgelöst werden. Klangverfremdung spielt dabei eine wichtige Rolle, um auf die strukturellen Anteile, d.h. auf die Stofflichkeit des Klangs, aufmerksam zu werden. Im kinästhetischen Hören wird der Stimmklang substantiell. Deshalb hat es übergeordnete und entscheidende Bedeutung für den Klang.

22 Z.B. durch Laufzeitunterschiede verschobene Phasen des 2. Sängerformanten bei 5000 Hz.

„Der Klang fühlt sich selbst"

Das Fühlen ist ebenso wie das Hören ein zusammengesetzter Sinn, welchen das klangliche Ereignis zu einer Einheit finden lässt. Während das äußere Fühlen auf der Haut eher ein auf Fremdes eingestellter Oberflächensinn ist, welcher ebenso die bewussten Schleimhäute, wie in Mund und Nase, im Körperinneren besiedelt – so ist das innere Fühlen der Gewebe mehr auf die Selbstwahrnehmung oder Propriozeption ausgerichtet. Wesentlich ist hierbei die sog. *Kinästhesie* oder Tiefenwahrnehmung für Bewegung, welche – wie oben erwähnt – eng mit dem Gleichgewichtssinn in Verbindung steht. Zum Verständnis dieser Tiefenwahrnehmung möchte ich weiter unten den Begriff „Transsensus" einführen und den Begriff „Intersensus" prägen. An dieser Stelle reicht es aus, zu erwähnen, dass sich die Tiefenwahrnehmung unterteilen lässt in einen die äußeren Körpergrenzen überschreitenden *Transsensus*, der sich in der Klangwahrnehmung mit dem Oberflächensinn verbindet, und einem die inneren Körperräume durchfließenden *Intersensus*, der vor allem in der Selbstwahrnehmung der Stimme auftaucht.

Dem Fühlen zeigt sich der schwingende Körper als Klangkörper, welcher im Vergleich zur alltäglich wahrgenommenen Körpergestalt deutlich verändert ist. Die äußeren Grenzen sind unschärfer, dafür sind die inneren Räume präsenter. Außen und innen scheinen nicht voneinander getrennt, sondern wirken verbunden oder völlig durchlässig. Die Vernetzung der Körperteile untereinander zeigt sich einfach und gelöst. Die körperliche Gestalt fühlt sich in der Eigenwahrnehmung völlig verbunden mit dem Außenraum. In ihn ergießt sich der Innenraum, dessen Schwingungsenergie unerschöpflich und unermüdlich scheint. Das Fühlen empfindet sich im Klang weniger als ein Physisches, sondern eher als eine Bewegungsgestalt von hoher geistiger Wachheit.

Jedoch ist die eigenständige Qualität des Fühlens im Klang nicht ganz unproblematisch zu erreichen. Berührendes und begreifendes „Wollen" führen meist zu einer Betonung des Hinwendens zum Objekt der Wahrnehmung. Beabsichtigen beispielsweise die Fingerkuppen einen anderen Körperteil zu befühlen, üben wir gewöhnlich einen leichten, aber deutlichen Druck auf die zu erforschende Oberfläche aus. Dieser Druck verdrängt den Zwischenraum zwischen den Tastsensorien des Fingers und des anderen Köperteils. Damit werden die Körpergrenzen zu beiden Seiten überbetont und die Schwingungsfähigkeit geht an beiden Berührungsflächen verloren. Da Bewegungen sich auch in der Vorstellung, d.h. vorweggenommen oder „antizipatorisch" auf den Klang auswirken, führt auch eine mentale Berührung, wenn sie an dieser Art des verdrängenden Fühlens orientiert ist, zum gleichen Ergebnis einer gedämpften Schwingung. Erst im Wegnehmen der Hand entsteht wieder Schwingungsraum. Deshalb muss sich das Fühlen grundlegend an der *Lösung in der Bewegung* ausrichten. Diese folgt den Qualitäten des „Lösungsprinzips in der natürlichen Bewegung" nach Volkmar Glaser[23]: Balancieren, Gleiten, ein Dehnungsempfinden ohne aktive Dehnung stimulieren diese lösungsbereite Grundspannung in der Muskulatur, welche durch den Gleichgewichtssinn [24] angeregt wird. Bei Tieren wird dieser Bereitschaftszustand der Muskulatur über die lauschende Orientierungsreaktion, den *Pinna-Reflex*, bereitgestellt. Menschen können diese Muskelspannung [25] einerseits (wie Skater, Musiker, Tänzer) bewusst einstellen und freiheitlich intentional lenken, andererseits ist sie abhängig von der Grundstimmung im Stammhirn. Überreizung der Sinne, psychischer Druck, Stress etc. führen zu einer Dauerspannung, die wir als chronische Verspanntheit erleben. Durch wertungsloses Erleben der Muskelspannung können wir uns ihrem inneren Lösungsprinzip zuwenden. Wir erkennen wie sie unsere Beziehung zur Umwelt

23 Volkmar Glaser „Das Lösungsprinzip in der natürlichen Bewegung" in „2. Kolloquium Praktische Musikphysiologie", W. Rohmert (Hg.), Köln 1991; S. 70.

24 Der *Vestibularapparat* ist vor allem mit den Extensoren verschaltet.

25 Zuständige Organe sind die Muskelspindeln des *Gammanervensystems*, vgl. V. Glaser s.o.

abbildet, indem sie permanent vom Gespür für den Raumbezug abhängt. Stimmklang hat per se die Qualität, die körperlichen Grenzen zu erweitern. Sie erscheinen dabei aufgelöster und in einem selbstverständlichen und unmittelbaren Bezug zur Umgebung. Im Bereitschaftstonus des Lösungsprinzips fühlt sich der Körper optimal schwingungsfähig. Das Körpergefühl verschwindet dabei hinter dem Raumbezug, wobei alle Bewegungen diesem Prinzip folgen können und dabei optimal an die Situation angepasst sind. Aus dem Fühlen wird ein Gespür für den klanglich gestalteten Moment – auch in den Pausen. Glaser hat dieses „Über-sich-Hinausspüren“ mit dem Begriff „Transsensus“[26] bezeichnet. Der *Tanssensus* generiert sich aus dem „Gammanervensystem“ als Zustandsnervensystem. Handlungsbereitschaft als intentionale Lösungsreaktion aus dem Ruhezustand des *Eutonus*[27] entspricht dem *Transsensus*, wohingegen Handlungsaktivität in der Skelettmuskulatur vom „Alphanervensystem“[28] bereitgestellt wird.

Die vollständige Verwandlung der Klanggestalt über die Tiefensensorik führt ins Gewebe des Körpers. Pulsation und Vibration durchlaufen als Rhythmen und feinste Schwingungen alle Strukturen des Körpers und versetzen ihn in den Zustand einer inneren räumlichen Selbstwahrnehmung. Stimmklang verliert auf dieser Stufe endgültig seinen Fetischcharakter[29] als nach außen projizierte Ausdehnung des Körpers. Ein lediglich nach außen gewandtes Klanggefühl, das

26 V. Glaser ebd. 1990 als „Über-sich-hinaus-spüren“ vgl. mit Merleau-Ponty (1957) „Prolongement de notre corps“ und von Weizsäcker (1958) „Gestaltkreis“.

27 *Eutonus* – „guter Tonus“ ist die optimierte Muskelspannung zwischen Aktivität und Ruhe.

28 Im aktiven Handlungssystem, auch genannt „Willkürmotorik“, funktioniert das *Gammanervensystem* lediglich als untergeordnetes Feinabstimmungssystem.

29 Siehe Kapitel I.a „Sprachtheorie“ Mladen Dolar und „Musikwissenschaft“ Susan McClary.

räumliche Distanz von der singenden Person zu den Zuhörern überwinden soll, reicht für diese Klangqualität nicht mehr aus. Die Rückbezüglichkeit des Klangs auf den Körper ist aber auch nicht als „Wellness-Vibration" zu verstehen, die gezielt einzelne Organe aus dem Gesamtzusammenhang herausgreift und anvibriert. Eine derartige Fixierung entspricht nicht den Eigenschaften eines kompetenten Stimmklangs. Hier gilt das *Gestaltprinzip*[30], welches dem Gesamtklang mehr Gewebekompetenz als der Summe der einzelnen Organschwingungen beimisst. Auch wenn die Möglichkeit besteht, einzelne Organe anzusteuern oder herauszuhören, scheint dies kein hauptsächlicher Wesenszug der Klangschwingung zu sein. Sondern ihr Hauptausbreitungsgebiet sind die Membranen, welche die Organe und Muskeln im Körper umkleiden und großflächige Unterteilungen und Zusammenhänge im Organismus schaffen. Diese inneren Häute oder Faszien sind reichhaltig mit Sensorien zur Vibrationswahrnehmung versorgt. So informieren die Membranen die Muskeln und Organe über die Qualität der Schwingung. Gleichzeitig tragen sie die vielschichtigen Pulsationsmuster des Körpers, den Ausdruck seiner ursprünglichen Lebendigkeit, in den Stimmklang. Ein Wechselspiel von Klang und organismischem Erleben entspinnt sich im Zustandsraum des *Nervus Vagus*[31], der sowohl alle Eingeweide als auch den Kehlkopf innerviert. Da die inneren Häute gemeinsam das „Interstitium" oder den bindegewebigen Zwischenraum im Körper bilden, bezeichne ich den Sinn für den durchklungenen Körper als „Intersensus" analog zum nach außen gerichteten „Transsensus". Selbst die Muskelfasern untereinander sind durch spinnengewebsartige, hauchdünne Fasern

30 Vgl. Gestaltpsychologie nach Max Wertheimer 1912 und Wolfgang Köhler 1920.

31 *Nervus Vagus*, zehnter Hirnnerv, bildet den Hauptnerv des *Parasympathicus* mit seinen körperregenerierenden Funktionen des Verdauungsapparats im Ruhetonus des Herzkreislaufsystems. Gegenspieler ist der *Sympathicus*, der den Körper in die Aktionsbereitschaft z.B. für Angriff oder Flucht versetzt.

separiert. So ist das Fasziensystem in seiner Vielschichtigkeit bis in die Mikroebene mit dem Fruchtfleisch einer Orange und seinen vielen Häuten vergleichbar. Die Qualität der feinen, fast zerbröselten Klangschwingung, welche dem *Intersensus* zugänglich wird, beschreibt Gisela Rohmert in folgendem Vergleich:

„Das Eigentliche (der Farbaspekte des Klangs) ist die Brechung und nicht das Licht – sondern was und wie es mit ihm geschieht."[32]

Der *Intersensus*[33] leitet den Klang durch den Körper hindurch. Damit ist er ein in unserem alltäglichen Leben unbekannter Sinn. Wir erkennen Vibrationen vor allem als Grundvibrieren in Fahrzeugen. Im Bus oder im Fahrstuhl teilt der Intersensus als kinästhetischer Sinn mit, ob wir passiv bewegt werden und in welche Richtung die Beschleunigung verläuft. Feinere Bewegungen, die aus dem Körperinneren selbst stammen, sind uns zumeist unbekannt. Unsere Gewebe sind druckbelastet und ihre Fasern sind untereinander verklebt. Stimmklang bietet analog zum *Lösungsprinzip in der Bewegung* für den Körper auch ein Potential zur inneren Lösung und Entschlackung der Gewebe. Damit das Gewebe vollständig erschlossen wird, muss der Klang genug hochfrequente Anteile enthalten, wie sie in Kapitel II.a zur Klanggestalt beschrieben sind. In der kinästhetischen Tiefenwahrnehmung des *Intersensus* empfindet sich der Körper als transparenter Raum, der an die Umwelteinstellung durch den *Transsensus* angebunden ist. Der *Intersensus* steht ebenso wie der *Transsensus* in einer Wechselbeziehung zum Klang, indem er z.B. ein Empfinden von Lautstärke als Verräumlichung des Klangs an Stelle von angespanntem Muskelpressen setzt. So verwandelt sich das Fühlen in einen Spürsinn,

32 Interview vom 22.10.06 mit Gisela Rohmert zum „Klangbegriff des Lichtenberger Modells".

33 Die Sensorien des „Intersensus" sind u.a. Golgi-, Vater-Paccini-, Ruffini-Rezeptoren und interstitielle Rezeptoren mit freien Nervenendigungen (machen ca. 80% der Rezeptoren aus, finden sich im gesamten Gewebe).

der den Körper durchquert und überschreitet. Der Transparenzcharakter des resultierenden Klangs zeigt das oft zitierte „per-sonare", d.h. *hindurch-klingen*, in neuem Licht.

„Der Klang schmeckt sich selbst"

Schmecken orientiert sich an der Stofflichkeit. Als oraler Sinn wirkt es nahe liegend zum Singen. Aus der Belcantotradition sind Begriffe wie „Klang schmecken und trinken" oder „Klangsüße" überliefert. Tatsächlich kann sich der Klang als Geschmacksempfindung zeigen. Häufig genannt werden „metallisch", „säuerlich" oder „milchig-sahnig". Umgekehrt kann über Geschmacksempfindungen – hier reicht das bloße Erwähnen der Begriffe – die Stimmfunktion beeinflusst werden. „Sauer" verbessert die *mediale Kompression* bei Unterfunktion, „salzig" erhöht die Klangdurchlässigkeit der Zunge, „süß" bindet die Zunge an den sog. „Vordersitz" an und „bitter" befreit den Zungengrund von der Tendenz, den Kehldeckel nach unten zu drücken. Doch dies sind nur einige technische Tricks. Generell gilt auch beim Geschmack, dass das Ganze im Klang mehr ist als die Summe seiner Teile. Wenn die Zunge sich am Geschmackssinn orientiert, wird sie aus ihrem motorischen Handlungskörper erlöst. Im Allgemeinen ist sie durch das Sprechmuster ständig in ihre motorische Handlungsfunktion gedrängt. Auch vom Fühlen als sinnlicher Qualität ist die Zunge beim Sprechen abgeschnitten. In der frühkindlichen Entwicklung, d.h. zu der Zeit, in der noch alle Gegenstände zum Mund geführt werden zur Erforschung der Stofflichkeiten, finden wir zusätzlich eine starke Koppelung der Zunge mit Händen und Augen. Die sensorische Zwillingsschwester der Zunge aus dem motorischen Zungenkörper heraus zu entwickeln, knüpft an die Erfahrungen dieser ersten Lebensmonate an. Die Konsonanten erscheinen aus dieser Perspektive als Helfer für die Tonisierung der Klangzunge. Besonders „m, n, und l" so wie stimmhaftes „r und s" können im Zungenkörper selbst als kräftigend erfahren werden. Die Zunge wird so in die Lage versetzt, sich selbst halten zu können, d.h. sie nimmt eine schwebende Position im Mundraum ein. Der resultierende Klang verbindet sie mit dem harten und weichen Gaumen zu einer klingenden Einheit, welche den mulmig matten Klang der Mundhöhle auflöst. Die Artikulation funktioniert nun auf der Basis von sog. „konsonantalen Stromschnellen“, die nach Gisela Rohmert mit geformtem Speichel sinnliches Artikulieren erlauben. Außerdem folgt die Zungenbewegung dem Lösungsprinzip des *Transsensus*, d.h. die berührungsintensiven Konsonanten werden aus der Ablösungsbewegung der Zunge erzeugt. Die freie sensorische Zunge des Geschmacks schließlich wirkt als klanglicher Schalter zwischen den unteren Teilen des Ansatzrohrs wie Kehlkopf und Lunge und den oberen Teilen wie den Kopfräumen. Sie löst sich aus der Handlungsmotorik der durch Beißen und Stützen geprägten dominanten Unterkiefermuskulatur, indem sie auch ihre muskuläre Basis im Mundboden über den *Intersensus* verklanglicht und somit der Vibrationsqualität der Stimmlippen und der Resonanz der knöchernen Kopfräume entgegenkommt. So wie das Fühlen der Zunge sich aus dem druck- und handlungsorientierten[34] Befühlen herauslöst, löst sich der Geschmackssinn aus dem Beschmecken heraus. Dabei leistet die Zunge eine klangliche Verbindung zu den inneren Organen. Der Geschmackssinn im Klang verbindet sich mit der autonomen Welt der Gedärme. Ein schmeckender Klang zeichnet sich durch starke Aufrichtung und gleichzeitig fein zerstäubte Anbindung an den tiefen Bauchraum aus.

„Der Klang riecht sich selbst“

An erster Stelle sei hier gewarnt vor der einfachen Gleichsetzung von Klang im Nasenraum und „Sitz der Stimme“[35]. Diese gesangstechnische Konstruktion geht an der Tiefe des Nasenraums bis ins Schädel-

34 Willkürliche Handlung entspricht dem Alphanervensystem der Skelettmuskulatur.

35 Sog. „Sitztechniken“ forcieren das Klingen des Nasenraums z.B. über den „i“-Vokal mit Bauchmuskelaktivität und Atemstütze als „Sitz der Stimme“.

zentrum vorbei und ebenso an der instinkthaften Anbindung des Riechens in tief liegende Funktionskreisläufe des Gehirns[36], d.h. sie hat nichts mit einem riechenden Klang zu tun. Der Geruchssinn löst im Klang eine umfassende Vernetzungsreaktion aus. Fast erscheint das Riechen wie ein klanglicher Gemeinsinn, der alle Kanäle gleichzeitig informiert, und dabei das sensorische Nervensystem des Klangs im gesamten Körper als Klanggestalt aufscheinen lässt. Das Riechen hat eine unmittelbare Anbindung zur Erinnerung verschiedener Zustände. In seinem umfassenden Vermögen scheint es auch dem unvermittelten emotionalen Erleben am nächsten. Der Pulsationscharakter des riechenden Klangs fügt sich stark, aber leicht und verräumlichend, in die Helligkeit seines Vibrationsreichtums hinein.

„Der Klang sieht sich selbst"

Gelingt es, das Auge aus seiner Eingebundenheit in mentale Verkettungen und richtungsgebundene Absichten herauszulösen und es selbst in seiner Räumlichkeit zu erleben, erfährt der Klang eine enorme Verfeinerung der Brillanz. Sprühend bis farbig schillernd differenziert sich die Schleimhaut der *Glottis*[37] zu höchster Intensität. Auf diesem feinen Grund wird eine neue Kontrastbildung des Klangs möglich: Das Chiaroscuro wird differenzierungsfähig.

Dass insbesondere die Augen in ihrer Selbstwahrnehmung für die Feinstauflösung aller scharfen Anteile des Klangs sorgen, scheint vor dem Hintergrund des visuellen Primats der modernen Gesellschaft und der exakten Wissenschaften zunächst erstaunlich. Wo bleibt die Fähigkeit der visuellen Trennschärfe im Klang?

Sie liegt in der Umkehrung der Verwendung des Sehens nicht als einem analytischen Sinn, sondern als einem synthetisch gestaltbildenden Sinn. Bei guter Ausprägung des inneren Sehens wird die

36 Z.B. das sog. „limbische System" siehe Kapitel II.a und II.b.1.

37 *Glottis vocalis*: Die von den seitlichen Stimmbändern in der Mitte des Kehlkopfs gebildete Stimmritze.

Klanggestalt als unmittelbares Schwingungsbild meist in schwarz-weißen Konturen oder Körnungen[38] visualisiert. Da der Sehsinn mit seiner Fähigkeit zur Distanzierung leichter in das *Prinzip der Lösung* findet als beispielsweise der Tastsinn, kann das innere Auge ein gutes Orientierungsorgan werden, um der Klangschwingung im Organismus zu folgen.

„Sensorium commune – Einheit der Sinne"

Ein sängerischer „Supersinn" im physiologischen Sinne wird von vielen modernen Gesangsrichtungen angestrebt, der es erlaubt ohne Anstrengungen zu singen und dabei keine bewusste Aufmerksamkeit mehr für die Technik des Körpers benötigt. Wie wir in diesen Ausführungen immer weiter erkennen werden, ist Stimmklang ein übergeordneter Orientierungsreflex, den wir nach und nach in seinen physiologischen und anthropologischen Dimensionen entdecken können. Es liegt nahe, diesen als Ergebnis einer Rückkoppelungsschleife zu definieren, die von einer echten Vernetzung der angeregten Sinnesorgane getragen wird. Gisela Rohmert betrachtet als Schaltstelle für diese Vernetzung der Klangsinnlichkeit und der Körperspannung eine Instanz im Hirnstamm, die sog. *Formatio reticularis*, d.h. „netzartige Gestalt". Sie wird von den eintretenden Sinnesreizen in einer entsprechenden Qualität gestimmt, die über die Organe des *Transsensus* und *Intersensus* den Muskeltonus im gesamten Körper dieser Erscheinung anpasst. Je nach Aufmerksamkeit und Wahrnehmungsfähigkeit werden bestimmte Reize ausgewählt, die mit ihrer spezifischen Qualität wiederum die Auswahl der folgenden Reize beeinflussen. Beim Singen ergibt sich die Qualität eines spielerischen Folgens in Gestalt einer Orientierungsreaktion auf anregende Klänge. Ohne zusätzliche Anstrengungen wird die Körperspannung an die Reizstruktur angepasst. Diese „Voreinstellungsreaktion" ist Teil des allgemeinen physiologischen Orientierungsreflexes in der Natur der

38 Siehe „Synästhesien" im nächsten Abschnitt und „*Iconosensus*" in II.b.1.

Tiere und Menschen. In der stimmphysiologischen Praxis verwenden wir dafür den Begriff der „Antizipatorik". Die *Formatio reticularis* befindet sich im ältesten Teil des Gehirns, welches funktional auf der Stufe des Reptiliengehirns steht. So lässt sich die Einfachheit dieser Reaktionen verstehen, die auf einer Ja-Nein-Ausrichtung beruhen. Nach Gisela Rohmert ist die *Formatio reticularis* der Sitz eines gemeinen Sinns oder „sensorium commune" der Klangwahrnehmung. Auf dieser Ebene des Gehirns können wir vom gemeinschaftlichen „Pool" der Sinnesfunktionen sprechen, der den bewussten Ausrichtungen der Sinne in intentionaler und analytischer Ausrichtung vorausgeht. Die reziproke Passage einer *Kritik der Sinne*, wie in Kapitel I.b besprochen, schöpft ihre basalen synthetischen Qualitäten aus dieser vorbewussten Form des „sensorium commune" in seiner antizipatorischen Ausrichtung einer Orientierungsfunktion.

Die Voraussetzung für ein bewusstes „sensorium commune" ist ein *Neokortex*[39], der sich passiv verhält in Bezug auf die intentionale Planung von technischen Handlungen. Dafür wird sein Wahrnehmungsverhalten aktiv, d.h. sein Potential *Synästhesien* bewusst werden zu lassen und psycho-physische Zustände zu unterscheiden, erlaubt eine bewusste Orientierung am Klang. Dafür verantwortlich ist die große Verteilungsstelle der Sinnesreize im Zwischenhirn, der *Thalamus*, der auf unspezifische Weise, das Großhirn in einer Gesamtreaktion aktivieren kann – als würde man in einem dunklen Raum das Licht einschalten. Dies sind Erfahrungswerte, mit denen ich an die Forschungen von Richard E. Cytowic[40] anknüpfe, der herausfand, dass nur zehn Menschen von einer Million echte bewusste *Synästhesien* haben. Bei ihnen finden keine assoziativen Vorgänge statt, die die

39 „Großhirnrinde" als Ort der bewussten Sinneserfahrungen und Handlungsintentionen.

40 Richard E. Cytowic „Farben hören, Töne schmecken – Die bizarre Welt der Sinne", München 1996; S.201; amerikanisches Original „The Man Who Tasted Shapes. Abizarre Medical Mystery Offers Revolutionary Insights into Emotions, Reasonings, and Consciousness", New York, 1993.

Wahrnehmungen verschiedener Sinne verknüpfen, sondern sie synästhetisieren unmittelbar, d.h. auf einen akustischen Reiz folgt unmittelbar ein visuelles Erleben, oder ein taktiles; hierbei gibt es alle möglichen Variationen, die bei jedem unterschiedlich veranlagt sind. Cytowic geht davon aus, dass das limbische System, welches für die Übersetzung von Wertigkeiten verantwortlich ist, bei den meisten Menschen die unmittelbaren Synästhesien unterdrückt, so dass sie nicht in die bewusste Verarbeitung des *Neokortex* vordringen können. Das *limbische System*[41] ist ein sehr alter Teil des Gehirns Es besteht aus verschiedenen Strukturen, die eine Funktionseinheit im Zwischenhirn bilden. In der Hauptsache liegt es direkt über dem Stammhirn – und übt dort eine Kontrolle über die eindringenden Reize aus. Weitere Strukturen liegen zwischen *Thalamus* und primär sensorischem Kortex, wo eine Entscheidung über das Bewusstwerden der verschalteten sensorischen Reize stattfindet. Cytowic ordnet das limbische System dem Bereich der Emotionen zu. Er propagiert eine neuronale Theorie des Bewusstseins, welche dem limbischen System den Vorrang gegenüber dem *Neokortex* einräumt.

Der Stimmklang bespielt das Gehirn in einer Qualität, die unmittelbare synästhetische Reaktionen provoziert, deshalb macht es Sinn, sie in die Entstehung der Klanggestalt mit einzubeziehen. Wichtig ist dabei vor allem, dass der Klang in den Sinnen die Wahrnehmung eines stofflichen Gehalts auslöst. Wir erleben ihn als feucht oder trocken, warm oder kühl, rau oder glatt, statisch oder bewegt usw. Diese Stofflichkeit erscheint unvermittelt in den Wahrnehmungsorganen. Sie zu beachten, erlaubt einen klanglichen Spürsinn zu entwickeln, der nicht von Werturteilen geprägt ist. Klang zeigt sich als eine eigene, wertvolle Substanz, zu der sich eine

---

41 „Grand lobe limbique" nach Broca 1878: „Ein Ring aus Hirnwindungen, der Balken, Zwischenhirn und Basalganglien; umrandet und gewissermaßen eine Übergangszone zwischen Neokortex und Hirnstamm darstellt." Vgl. Peter Duus in „Neurologisch-topische Diagnostik", Stuttgart 1987; S. 273.

Beziehung aufbauen lässt, die ein Entwicklungspotential in sich birgt. Gisela Rohmert sagt zur Schwierigkeit der Stimmklangwahrnehmung in der Musik:

> „Die Musik zerschellt an unseren Einfallstoren (den Sinnesorganen). Wir können uns nur noch analytisch oder geschmäcklerisch auf sie beziehen."[42]

Die reflexiven Klangsinne zeigen durch den Stimmklang ihre Performanz. Dabei sind sie als Wahrnehmungsorgane nicht mehr dem Handlungsnervensystem untergeordnet, sondern sie reagieren unmittelbar als Spielpartner des Klangs. Sie geben uns ein praktisches Beispiel, an dem sich eine reziproke Passage der Sinne in einer „auditiven Wissenschaft" orientieren kann. In der klanglichen Handlungseinheit der Sinne wird der Kehlkopf selbst zum Wahrnehmungsorgan. Dies soll im folgenden Kapitel näher beschrieben werden.

---

42 Interview mit Gisela Rohmert am 22.10.06 zum Thema „Entstehung des Klangbegriffs im Lichtenberger Modell".

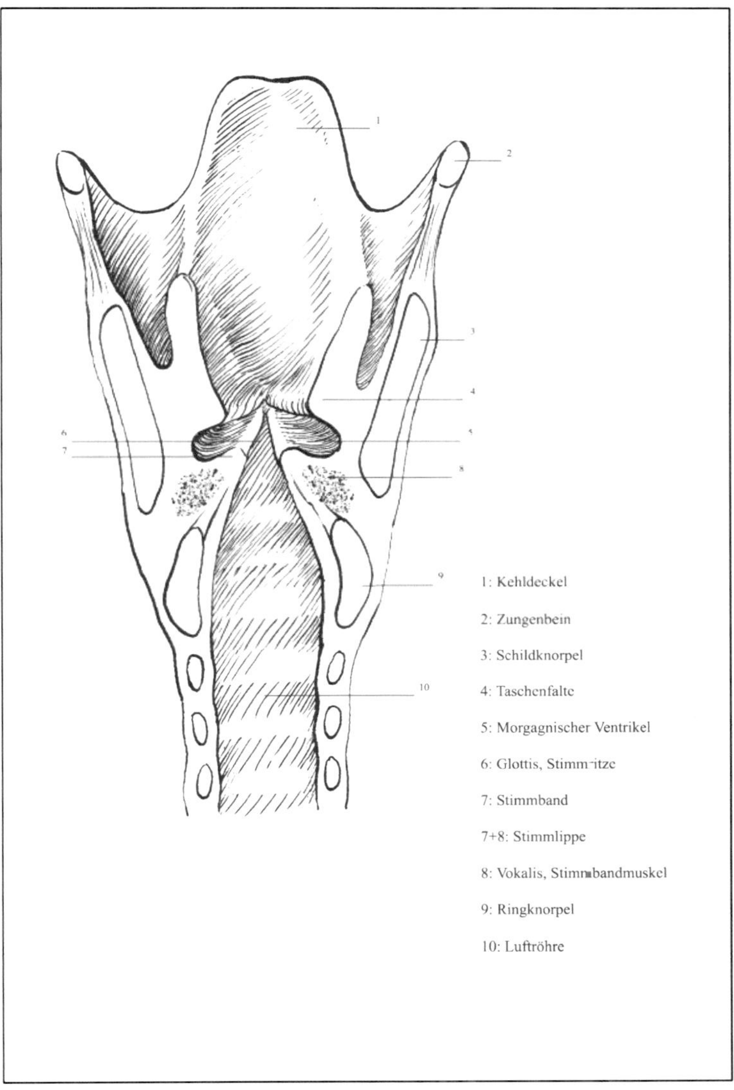

Abb. 2: Kehlkopf Frontalschnitt von hinten betrachtet

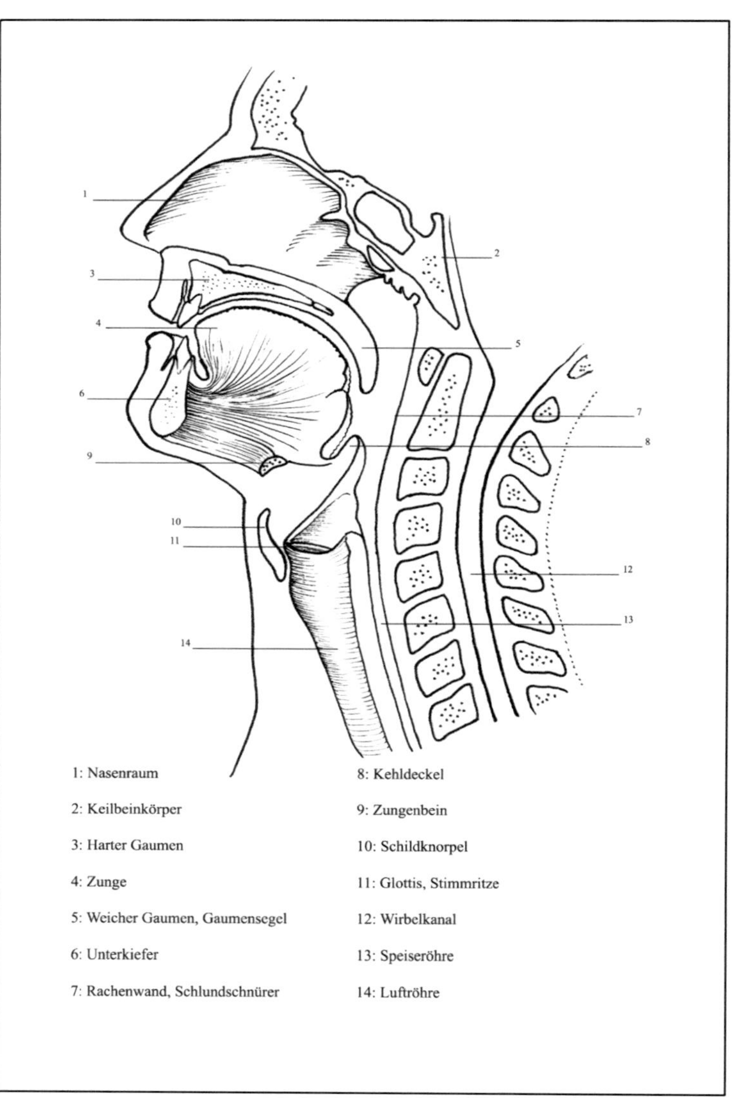

Abb. 3: Medianebene Kopf und Hals

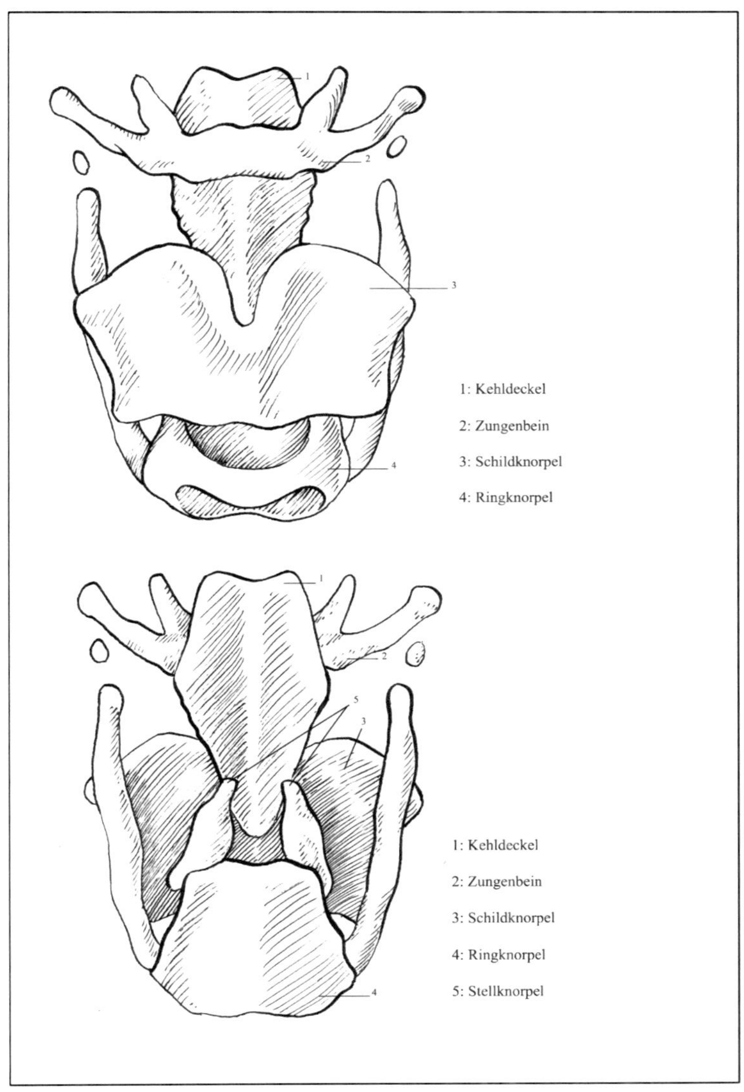

Abb. 4: Kehlkopfknorpel

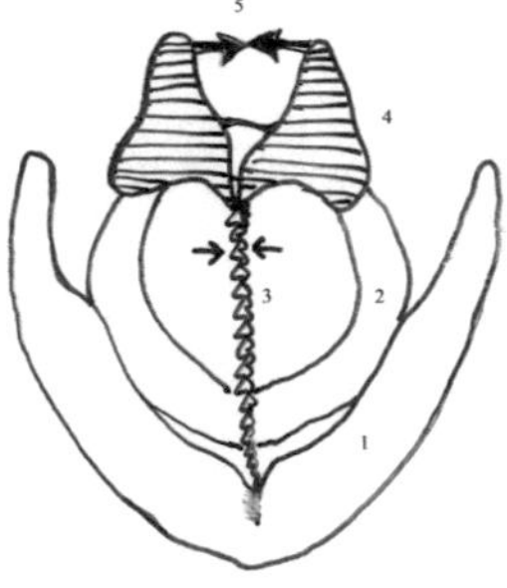

Phonationsstellung, völlige Adduktion:

1: Schildknorpel

2: Ringknorpel

3: Stimmlippen

4: Stellknorpel

5: Transversus + Obliquus, völlige Adduktion

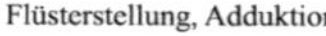

Flüsterstellung, Adduktion

1: Schildknorpel

2: Ringknorpel

3: Stimmlippen

4: Stellknorpel

5: Lateralis, Adduktion

6: Flüsterdreieck, offen

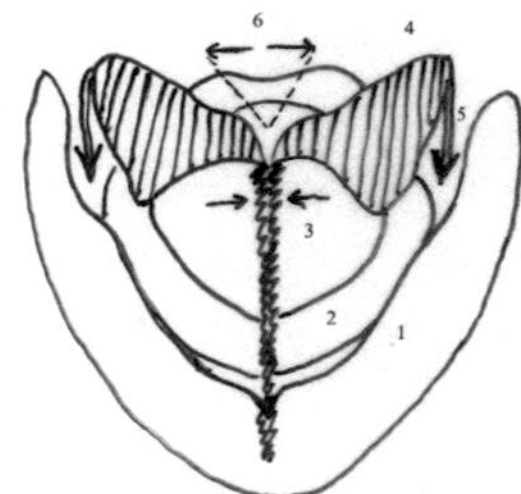

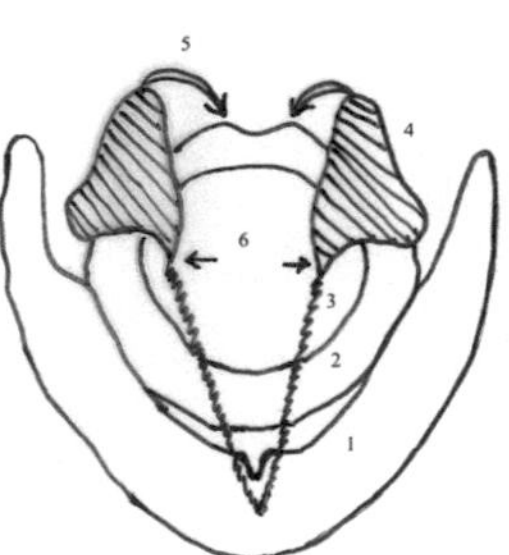

Atemstellung, Abduktion

1: Schildknorpel

2: Ringknorpel

3: Stimmlippen

4: Stellknorpel

5: Posticus, Abduktion

6: Glottis, Stimmritze offen

Abb. 5: Kehlkopffunktionen

2. DER KÖRPER DES STIMMKLANGS

„Singing is an adjustment between mind and movement."[43]

Die folgenden Kapitel beschreiben eine funktionale Theorie des Stimmklangs. Funktional in dem Sinn, dass sich alles im Körper der Phonierenden unmittelbar auf den Kehlkopf bezieht. Der Kehlkopf als Zentrum im Bewegungsablauf reagiert auf alle Bewegungen von Kopf, Rumpf und Extremitäten. Zentrale Stimulationen des Klangs im Kehlkopf führen nach dem Prinzip der funktionalen Einheit letztlich zum gleichen Ergebnis wie periphere Stimulationen des Körpers, beispielsweise an den Extremitäten, wenn sie sich in gleicher Weise an den Gesetzmäßigkeiten der Klangschwingung ausrichten. Diese klangliche Durchdringung von peripher und zentral, die sich auch in der Körperempfindung abbildet, erlaubt eine Einfachheit des Singens als Errungenschaft eines funktionalen Verständnisses des Kehlkopfes in seiner Vernetztheit mit dem Organismus. Das Verhältnis von Händen und Kehlkopf wird im folgenden Abschnitt mitbehandelt – das der Füße im dritten Abschnitt, da es sich zum Verständnis der *Diaphragmenkette* eignet. Die anatomisch-physiologischen Beschreibungen des Körpers in diesem Kapitel sind an seiner Klanglichkeit ausgerichtet und betonen damit die für die Schwingung entscheidenden Partien. Im Zentrum steht der in das Phänomen des Klangkörpers verwandelte Körper. Sprache wird dabei zum intersubjektiven Wahrnehmungsorgan. Fünf Entwicklungsfelder ergänzen und vertiefen mit Anwendungen aus der Praxis die drei Abschnitte.

Der Kehlkopf als Tänzer

Im Zentrum bewegt sich das Schwingungsorgan selbst – der Kehlkopf[44]. Er ist ein Abbild[45] der Verhältnisse im gesamten Bewegungs-

---

43 G.B. Lamperti „Vocal Wisdom", Urtext von 1893 transcribed by William Earl Brown mit Lillian Strongin (Hg.), New York 1931/1957; S. 75.

44 Siehe Abb. 2-5.

apparat des Körpers. Egal ob Bewegung oder Fixierung im Kopf oder im Rumpf stattfindet – der Kehlkopf muss darauf reagieren. Insbesondere die Hände sind von frühester Kindheit an in ihren Qualitäten mit den Eigenschaften des Kehlkopfs vernetzt. Die entwicklungspsychologische Durchdringung von Gestik, Mimik und Lautäußerungen hat auch eine klangliche Ebene – wie in Kapitel II.b gezeigt werden wird. Finger und Kehlkopf bilden eine klangliche Einheit, die sich zum einen auf der Grundlage des Tastsinns im vorangegangenen Abschnitt II.a.1 verstehen lässt und zum anderen auf den Eigenschaften des Kehlkopfs, die mit bestimmten Qualitäten des „Folgens" in der Bewegungsorganisation gekoppelt sind.

Seiner Grundstruktur nach lässt sich der Kehlkopf als ein Gelenk verstehen: Auf einem ringförmigen Knorpel sitzt ein schildförmiger. Der *Schildknorpel*[46] ist durch seinen Vorsprung, welcher in manchen Fällen „adamsapfelartig" vergrößert ist, leicht zu tasten. Im Zentrum des Gelenks verlaufen die *Stimmbänder*, welche von der Spitze der Vorsprungseinkerbung in der Mitte des Schildknorpels über zwei *Stellknorpel* im hinteren Teil mit der *Siegelringplatte des Ringknorpels* verbunden sind. Über den Stimmfalten befinden sich die phylogenetisch älteren und sehr unspezifisch ausgeprägten *Taschenfalten*. Sie geben einen dumpfen Laut von sich, wenn sie im Fall von Überdruck im Rumpf bei Stoß- und Schlagbewegungen abrupt schließen. So wie das Gelenk in äußeren Bewegungsabläufen zur Stabilisierung des Rumpfes bei Druck- oder Unterdruckreaktionen – relativ zur Umgebung – mitwirkt, steuert es nach innen gerichtete oder innere Bewegung in Gestalt eines *Doppelventils*[47] aus *Stimm- und Taschenfalten*, welches drei Grundfunktionen verwaltet:

Die *Schutzfunktion* vor dem Ersticken, die *Atemfunktion* und die *Stimmfunktion*. In der Schutzfunktion schließen die Taschenfalten

45 Vgl. Walter Rohmert (Hg.) „Grundzüge des funktionalen Stimmtrainings", Köln 1984; S.122.

46 Siehe Abb. 4.

47 Siehe Abb. 2, 3.

verbunden mit den Reflexen der Schlundschnürer in der Rachenwand, die gemeinsam mit der äußeren Kehlkopfmuskulatur den Kehlkopf hochziehen, über das Gaumensegel den Nasenraum abschließen und die Zunge nach hinten wulsten. Reflexe verlaufen, wenn sie einmal ausgelöst sind, immer unidirektional. Auch erhöhter Druck auf die Rachenwand beim Singen kann einen Würge-, Schluck-, Gähn- oder Hustenrefelx auslösen. Häufig geschieht dies, wenn Schlundschnürer und äußere Kehlkopfmuskulatur aktiv in die Tonhöhenbildung eingreifen. Wenn sich beim Atmen die Stimmlippen – auch gelegentlich durch kalte oder heiße Luft oder Außer-Atem-Sein bewusst spürbar – in einer fast reibungslosen Ventilbewegung zeigen, so ist es letztlich die Phonation oder Stimmgebung als differenzierteste der Funktionen, in der die Stimmlippen in einem von relativem Sog geprägten Milieu, d.h. in einem relativen Unterdruck zum Brustraum, ihr volles Potential entfalten. Der relative Unterdruck erklärt sich dabei nicht aus einer gesteuerten Aktivierung der Einatmungsmuskulatur des Brustkorbs, sondern ist im Schwingungsprozess der Stimmlippen selbst begründet. In gleicher Weise wie bei einem Gebirgsbach bilden sich bei Strömungen in engen Röhren[48] oder vor Hindernissen Strudel aus, die bewirken, dass nur ein Teil des Wassers weiterströmt, der Rest bildet rückläufige Verstrudelungen, die im Fall der Stimmlippen die Schwingung von der Unterseite mit ihrer Sogqualität antreiben. Wichtig für die Balance des Stimmlippenschlusses ist die sog. *mediale Kompression*, d.h. der Verschlussdruck, mit dem die Stimmlippenschließer – *Lateralis, Transversus und Obliquus*[49] – und der Stimm-

48 In jedem Fall gilt hier der „Bernoulli-Effekt", d.h. bei Strömungen in engen Röhren werden die Wände (hier die Stimmlippen) zueinander gezogen.

49 Der ausführliche Name für Stimmlippenschließer leitet sich von der Verbindung des Ringknorpels mit den Stellknorpeln her: „Musculus cricoarythenoideus" hinzu kommt die Lagebezeichnung wie seitlich „Lateralis", hinten „Posticus", quer „Transversus" oder schräg „Obliquus". Abb. 5 zeigt ihre Funktionen. Um den Lesefluss zu erleichtern verwende ich in diesen Fällen häufig die verkürzten oder eingedeutschten Namen.

lippenöffner – *Posticus* – die Glottis in Phonationsstellung bringen. Alle diese Muskeln zählen zur inneren Kehlkopfmuskulatur. Sie bilden den sog. „Stellapparat" der Stimmlippen und sollten im reibungsarmen Schwingungsverlauf auf die Strömungsmuster in der äußeren Schicht der Stimmlippen ansprechen. Der Stimmbandmuskel selbst – *Vokalis* – bildet gemeinsam mit dem Schild- und Ringknorpel verbindenden Muskel – *Circothyreoideus* oder kurz „CT" – den sog. „Halteapparat". Der *CT* setzt als einziger der inneren Kehlkopfmuskeln außen am Kehlkopfskelett an und sorgt für die Balance des Kehlkopfgelenks, wenn der *Vokalis* mit seiner ganzen Masse in Schwingung gerät. Damit unterstützt der *CT* die binnenmuskuläre Verformungsautonomie des *Vokalis*. Dies läuft älteren Theorien entgegen, die den *CT* als Tonhöhenmuskel annehmen, der den *Vokalis* wie ein Gummiband in die Länge zieht und ausdünnt. Viele klassische Stimmbildungsmethoden laufen noch nach diesem Muster ab, das allerdings langfristig zu einer Ermüdung und Überdehnung des Gewebes führt und mit dem hohen Schwingungspotential der hier besprochenen Praxis nicht vereinbar ist. Verschwistert mit der Stützmuskulatur fungieren die Taschenfalten, die im relativen Unterdruck stets leicht geöffnet bleiben, im besten Fall als verstärkende Raumkonturierung von oben für den Schwingungsprozess der echten Stimmlippen. Zwischen Stimmlippen und Taschenfalten bildet sich ein kleiner Raum aus – *Morgagnischer Ventrikel*, der eine resonierende Eigenfrequenz um 3000 Hz zeigt, die ihn mit der Außenohrresonanz verbindet. Im Abschnitt über Diaphragmenkette und Klangkörpergestalt werden wir dieses Verhältnis von Taschenfalten und Stimmlippen in der Schwingung noch weiter verfolgen.

Entwicklungsfeld 1: Orientierung an äußerer Bewegung

Die Phonation kann ihrem Wesen nach wie ein innerer Tanz beschrieben werden. Dieser Tanz des Kehlkopfs bildet den Tanz des Körpers ab. Beim Singen werden Gestaltbilder angeregt, die denen von tänzerischen Bewegungen entsprechen. Diese Aussagen gelten in erhöhtem Maße für Tanz und Gesang, bei denen der oben erwähnte

Transsensus mit dem *Intersensus* eine Einheit[50] bildet. Kulturhistorisch gesehen finden sich weltweit Formen, bei denen Tanz und Gesang stets verbunden sind. Erst die Moderne hat beide zu Einzeldisziplinen des künstlerischen Ausdrucks stilisiert. So sind auch die Kehlkopfmuster von Tänzern und Sängern in entgegengesetzter Weise spezialisiert. Bei Sängern führt die Überbetonung der in Kapitel I.a von Jürgen Forchhammer beschriebenen „Atemstütze“[51] meist zu einer gestischen und mimischen Fixierung auf eine bewegungsunflexible, konstruierte Mittelachse. Bei Tänzern – und dies betrifft sowohl das klassische Ballet wie viele Formen des Modern Dance – dient der Kehlkopf dem Abstützen der flexiblen Beweglichkeit des Rumpfes. Wir sehen ihn hochgezogen und fest eingespannt in die Halsmuskulatur, wobei er sich oft stark nach außen abdrückt und abbildet. Die Taschenfalten sind aktiv, die Stimmlippen nicht schwingungsfähig an die Wand gedrückt. Tänzerstimmen klingen oft steif und hauchig. Wird die Adduktion, d.h. Annäherung, der Stimmlippen durch übermäßigen Druck erzwungen, klingen sie schrill und eng. Dies liegt allein in einem Training begründet, das ursprünglich nicht vorsah, dass Tänzer auf der Bühne ihre Stimme hören lassen. Im modernen Theater werden Tänzerstimmen mehr und mehr gefordert. Der Stimme wird so im zeitgenössischen Tanz ein neues Interesse entgegengebracht. Im Weiteren verfolge ich die Schnittstelle von Tanz und Gesang im Kehlkopf und seinen physiologischen Regelkreisen in Bezug auf äußere Bewegung.

---

50 Diese Einheit ist darauf begründet, dass die Steuerung der äußeren wie der inneren Bewegung nicht über das System der Willkürmotorik läuft, sondern durch das sog. *Gammanervensystem* vermittelt wird. Glaser bezeichnet die Qualität dieses Steuerungssystems auch als das *Lösungsprinzip in der Bewegung*, welches sich durch seine dehnfähige und gleitende Balanciertheit auszeichnet. Alle Bewegungen, die auf diesem Lösungsprinzip aufbauen, werden als völlig mühelos erlebt. Sie folgen dem Prinzip einer natürlichen Aufrichtung, bei welcher sich der Grundtonus des extrapyramidalen Systems durchsetzt, sobald der Handlungsdruck wegfällt.

51 Siehe auch Entwicklungsfeld 3 und 4.

Diese Überlegungen dienen als Ausblick für eine Pädagogik, die beide Disziplinen in sich vereint. Der Tanz verweist von seiner Sehnsucht her auf den unermüdlichen Bereitschaftstonus des *Transsensus* – der Gesang auf das *Durch-klungensein*, das „Per-sonare" des *Intersensus.*

Phänomenologisch beschreibt Bernhard Waldenfels in einem Aufsatz zu Tanz als Anthropologie „sich bewegen" [52] als einen reflexiven Vorgang, bei welchem sich die Verhältnisse umkehren, wenn wir von der Anstrengung bei aktiver Bewegung zum Bewegen als Zustand umschalten. Dann bewegen wir uns selbst, indem wir die Eindrücke der ortsverändernden Dinge auf uns erleben und dabei unserem Körper in der Qualität der Bewegung folgen. Waldenfels zur Folge liegt in dem „Ich-bewege-mich" stets der Zusammenhang, dass der Körper sich als Ganzes bewegt und nicht in einzelnen Gliedmaßen und Teilen. Da „ich" und „mich" sich voneinander unterscheiden, reicht das *Sich-bewegen* über den Körper des „Ich" hinaus. Dies meint Glaser mit der Erweiterung des Gestaltkreises durch den *Transsensus.* Vom Betrachter oder Zuhörer aus wahrgenommen, geschieht diese Erweiterung durch eine Umkehrung der Verhältnisse: Es wirkt so, als ob der Tanz den Raum bewegt. Die konkreten Bewegungen des Körpers treten dabei in den Hintergrund.

Auf diesen fließenden Bewegungen aufbauend ergibt sich ein Zugang zum Tanz, der der Natur des schwingenden Kehlkopfs entspricht. Von ihnen ausgehend kann auch jede Form der Alltagsbewegung neu ausgerichtet werden. Am Ende des Abschnitts zu Pulsation und Diaphragmenkette werden das Gehen und der Fuß nochmals aufgegriffen.

Erfahren wir Singen als eine „Bewegung ohne Bewegung", erleben wir den Tanz dieses reflexiven Bezugs in der Qualität von anitizipierten Bewegungen. Die Bereitschaft, den Arm zu heben, ist bereits eine Information im Stimmklang – auch wenn keine Aktion folgt. Im Gegenteil hat die reine Vorwegnahme ohne folgende Ausführung das

52 Bernhard Waldenfels „Sichbewegen" in „Tanz als Anthropologie", Gabriele Brandstetter/Christoph Wulf (Hg.), München 2007.

größere klangliche Potential in der Praxis. Die mental tonisierte Vordehnung[53] des Muskels ohne folgende Bewegung erzeugt optimale Schwingungsbereitschaft. Außerdem kann die Bewegungsinformation im Stimmklang das natürliche Bewegungsspektrum völlig überschreiten. Die Mannigfaltigkeit lässt mehrere Arme und Beine zu so wie Bewegungen, die real nicht ausgeführt werden können, obwohl sie gehört werden können. Dies ist keine theoretische Vorstellungswelt und keine Projektion irrealer Phantasien, sondern alle Prozesse sind sinnlich wahrnehmbar im Körper wie im Klang. Auch wenn die Hände der Singenden sich kaum bewegen, erleben sie eine intensive klangliche Beteiligung – ebenso die Füße. Der Stimmklang betanzt die Körper der Singenden und der Hörenden. Auf die einfachste Formel gebracht bedeutet dies: „Stimmklang ist Bewegung“.

Die Hände sind nicht nur in ihrer spezialisierten Lateralität prägend für den Stimmklang. Phylogenetisch hängt die Phase der Entstehung der echten Stimmlippen zusammen mit der Opponierungsfähigkeit der Daumen, welche im Hängen und Klettern an Bäumen einen enormen Vorteil gegenüber den Primaten brachte, und sich später auch beim Gebrauch von Werkzeugen weiter differenzierte. So kann die Eingliederung und Flexibilität der Daumen, vor allem im Daumengrundgelenk ein deutliches Abbild vom Innenleben des Kehlkopfs geben. Die Daumen lassen sich funktional übertragen auf die Stellknorpel, die mit ihrer Drehbarkeit auf der Ringknorpelplatte das Öffnen und Schließen der *Glottis*[54] bewirken. Alle Bewegungen der Hände je nach Orientierung an Druck oder Sog, Festhalten oder Ablösen haben unmittelbar die gleiche Ausrichtung im Kehlkopf zur

53 Das Bereitschaftspotential im Skelettmuskel folgt im Eutonus – optimal schwingungsfähige Spannung – den Gesetzen der *isometrischen Kontraktion*, d.h. heißt Veränderung der Kraft bei konstanter Länge. Dies ist eine Adaption der Skelettmuskulatur an das optimale Arbeitsverhalten des Stimmbandmuskels, *Musculus vocalis*.

54 *Glottis vocalis*: Die von den seitlichen Stimmbändern in der Mitte des Kehlkopfs gebildete Stimmritze.

Folge. Dies gilt genauso auf der Ebene der Tastsensorien der Fingerkuppen. Ihre Bereitschaft, Vibration wahrzunehmen, löst dasselbe im Kehlkopf aus. Ebenso hat die Dehnungsbereitschaft in den Muskeln der Hand den analogen Effekt auf den Stimmbandmuskel.

Die Hände können als Reflektoren vor das Gesicht gehalten werden, um beim Singen die rückströmende Qualität des Klangs zum Kehlkopf zurück zu erfahren. Dies unterstützt die Rückkoppelung und letztlich die Selbstorganisation des Klangs. Allerdings kommt es dabei wesentlich auf die Qualität der Hände an. Eine abprallende Reflektorqualität erzeugt eine Schärfe im Klang, die ermüdend auf den Kehlkopf wirken kann. Werden die Hände dagegen vibrationssinnlich oder beginnen sie mit ihrem Gewebe zu hören, erzeugt die Rückkoppelung eine Transparenz, die sowohl die Hände als auch den Kehlkopf verwandelt. Ähnlich wird der Klang völlig anders reagieren, wenn eine Hand auf der anderen liegt, ein Arm wie ein fremder im anderen oder eine Hand auf dem Rücken einer anderen Person – und dies wird sich je nachdem verändern, ob das Verhältnis von Druck oder Sog, von „einander folgen“, „bei sich bleiben“, Transparenz etc. geprägt ist. Günstig wirkt es sich auf den Klang stets aus, wenn das *Prinzip der Lösung* über die Extensoren, d.h. die Streckmuskeln, oder über eine Vorstellung von „Dehnen ohne zu Dehnen“ angesprochen wird. Ein anderer Weg bei der Arbeit mit den geballten Fäusten geht von der Kraft, die als Tonus und nicht als Druck erlebt wird, hin zum Erleben des Gewebes der Faust als Raum für die Klangschwingung. *Transsensus* und *Intersensus* können hierbei anschaulich gemacht werden.

Entwicklungsfeld 2: Orientierung an innerer Bewegung

Ebenso wie es eine dominante und eine subdominante Hirnhemisphäre gibt, sind auch die beiden Hälften des Kehlkopfes anatomisch und physiologisch asymmetrisch ausgebildet. Von daher gibt es Funktionsvorlieben, die die eine oder andere Seite der Stimmlippen stärker schwingen lassen. Dies manifestiert sich meist sehr deutlich im Sprechmuster und überträgt sich von dort aus auch auf den Stimmklang beim Singen. Ein sehr häufiges Muster zeigt, dass eine Orientierung an der Sprache oder der Tonhöhengenauigkeit die rechte Stimmlippe analog zur Rechtshändigkeit bevorzugt – eine Orientierung am Stimmklang dagegen lässt die linke Seite stärker schwingen. Generell schwingt die linke Seite, wenn sie die Erlaubnis bekommt, meist feiner und voller als die rechte. Interessant ist, dass dieses Seitenverhältnis sich bei den meisten Linkshändern nicht umkehrt. Wir können hier von Anpassungsleistungen an die dominant rechtshändige Welt ausgehen. Die individuellen Ausprägungen der Schwingungsmuster im Kehlkopf sind hoch komplex, insbesondere, wenn man die Ausprägungen der Stellknorpel und ihrer Bewegungsmuster zueinander betrachtet. Wenn wir die Verhältnisse von aneinandergelegtem rechtem und linkem Daumen bei verschiedenen Menschen betrachten, bekommen wir eine Ahnung von der Vielfalt dieses Phänomens. Letztlich findet in der Arbeit am Stimmklang eine Angleichung der beiden Stimmlippen in der Schwingung statt. Das Ergebnis ist eine insgesamt flexiblere und freiere Vibration als in jedem der asymmetrischen Schwingungsverläufe.

Wichtig ist hierbei, dass die physiologische Bewegung im Kehlkopf an der Schleimhautummantelung der Stimmlippen ansetzt. Nach der sog. *„Body-Cover-Theorie“* mit den Funktionseinheiten *„Cover-Transition-Body“* dominiert die Oberflächenschwingung das darunter liegende Gewebe, d.h. die Flatterbewegungen von Schleim und Schleimhaut an der Oberfläche – *Cover* – informieren und gestalten das Schwingungsverhalten des darunter liegenden Muskels – *Body*. Das Bindegewebe – *Transition* – der umkleidenden Membran des Stimmbandmuskels ist auf diesem in hohem Maße frei verschieblich. Dies erhöht die Vielfalt der übertragenen Bewegungsqualität von der Faszie zum Muskel. Dieses Bindegewebe – *Lamina propria* – bezeichnen wir auch als das *„Stimmband“* – *Ligamentum vocale*. Nach Hirano[55] hat es drei Schichten, die alle spezifische

55 Vgl. Minoru Hirano „Clinical examination of voice“, Wien/New York 1981.

Schwingungseigenschaften aufweisen. Die äußerste Schicht – *Lamina superficialis* – besitzt sehr lockeres Bindegewebe, das von eher wässrigen Eigenschaften geprägt ist. Sie enthält einen mit Flüssigkeit gefüllten Raum – *Reinkeraum*. Wenn keine Schwellungen oder dehydrierte Mangelzustände vorherrschen, zeigt die äußere Schicht des Stimmbands sehr helle, flirrend wässrige Schwingungseigenschaften. An den *Reinkeraum* grenzen Verdickungen aus elastischen Fasern, die das Gewebe der mittleren Schicht – *Lamina intermedia* – prägen. Sie macht die eigentliche Dehnbarkeit der Stimmlippe aus. Diese Funktion erfüllt sie aber nur, wenn es nicht um einseitige Längendehnung, sondern eher um Volumendehnung in der Schwingungsamplitude selbst geht. Die beiden äußeren Schichten sind locker verschieblich auf der tiefen Schicht – *Lamina profundis*. Sie bildet die eigentliche Muskelfaszie, indem sie mit einem straffen Netz aus kollagenen Fasern, den Stimmbandmuskel – *Musculus Vocalis* – umspannt. Alle Schwingungsinformationen aus der schwirrenden Oberfläche werden von ihr direkt zu den Sensorien des Muskels weitergeleitet. Allein angesprochen wirkt sie klanglich rauer und matter als die äußeren Schichten. Der Klang kann von rau über mehlig wie bei einer weinerlichen Stimme schließlich in völliger Transparenz den Vokalismuskel in volle Schwingung versetzen. Die tiefste Schicht des Stimmbandes erfüllt damit eine grundlegende Koordinationsfunktion in Kommunikation mit den anderen Körperfaszien, wie wir am Ende des Abschnitts zu Klangkörper und *Diaphragmenkette* verstehen werden.

Besonders an dieser Ausrichtung des Stimmklangs ins Gewebe ist die deutlich zu hörende Anbindung der Unterseite der Stimmlippen in die Phonation. Die schrundig verdickte Unterseite gleicht schwieligen Händen, die den erwähnten Druck aus dem Rumpf abfangen muss. Ihre Verklanglichung gleicht einem Deicheinbruch von der Oberfläche in die Tiefe des körperlichen Gewebes. Eine unmittelbare Auswirkung ist die Verschmelzung der Luftröhre mit den Stimmlippen zu einer Funktionseinheit, die in jeder Tonlage eine ausgeprägte Körperresonanz erlaubt. Wenn wir in die Tiefe der Schwingung eintauchen, entdecken wir vielschichtige Phänomene wie sie in der systematischen

Physik von komplexen Schwingungen und der Chaostheorie verfolgt werden. Schwingung auf dieser Ebene wird in der Theorie nur noch fassbar in einer hochkomplexen Pendelbewegung, die ständig neue – und nie dieselben – Orte durchquert. Die Stimmlippen werden zu einem Flugorgan, bei dem nicht mehr das Volumen der Luft und ihre Führung von Wichtigkeit sind, sondern ihr vielströmiges Verstrudeln an lebendigen Engstellen und die Rückkoppelung der klanglichen Vibration und Pulsation selbst an den Schwingungsschichten. Wir befinden uns hier im Energiezentrum der Klangvibration. Diese Schwingung erinnert an das charakteristische Schwirren von Insektenflügeln, die wir als Stimulation der Vibration im Stimmklang aufsuchen können: Die Heuschrecke wirkt mit ihrem elektrisch anmutenden gepulsten hochfrequenten Sirren auf die Funktion der *Lamina profundis* in Bezug auf das Atemventil, die Biene stimuliert mit ihrer Gerichtetheit der Vibration die Anbindung an das Gewebe, die Grille richtet mit der gesamten Sängerformantreihe die körperliche Proportion auf die klanglichen Proportionen aus, der Schmetterling führt in die komplexe Schwingung der Stimmlippen und hat das höchste Schwingungspotential. Kinästhetisch können wir analog die Kräfte von Elektrizität, Magnetismus und Gravitation in der Berührungsqualität einer „Fast-Berührung" des schwingenden Spalts im Zwischenraum der Stimmlippen abfragen.

Der inneren Beweglichkeit des Phonationsorgans scheinen keine Grenzen gesetzt zu sein. Das Bindegewebe ist reichlich mit Wahrnehmungsorganen für den *Intersensus* ausgestattet. Der Stimmbandmuskel ist mit einer zopfartigen Faserstruktur und dicht liegenden Organen des *Transsensus* extrem verformungsbereit. Bereits in der arbeitswissenschaftlichen Grundlagenforschung des Lichtenberger Modells erwähnt Peter Jakoby[56], dass alle Leistungen der Stimmfunktion wie Tonhöhe, Dynamik, Vibratorhythmus, Vokal und Brillanz von der inneren Kehlkopfmuskulatur gesteuert werden müssen. Das

56 Vgl. Walter Rohmert „Grundzüge des funktionalen Stimmtrainings", O. Schmidt (Hg.), Köln 1984; S. 186ff

Eingreifen von äußerer Hilfsmuskulatur in die Grundsteuerung der Phonation[57] bezeichnet er als unphysiologisch. Interessant ist, dass der Begriff „physiologisch“ hier für die größte Freiheit und Mannigfaltigkeit in der Lautgebung steht. Dieser komplexe Schwingungsprozess führt letztlich zu einer Vernetzung des Organismus, die eine vollständige Vereinfachung der Phonation mit sich bringt. Wenn wir zunächst von zwei grundlegenden Registern ausgehen, die ihren Übergang sowohl in der Männer- als auch in der Frauenstimme in etwa im großen Sekundintervall über und unter dem eingestrichenen „c“ zeigen, können wir schließlich zu einem Einheitsregister übergehen. Bei gleich bleibender Körperresonanz wird uns eine breitere Schwingungsform, die mehr vom Vokalismuskel aus seiner Masse heraus angesteuert wird, als „Brustregister“ erscheinen. Dagegen wird uns eine schmalere Schwingungsform, die mehr von den Schleimhauträndern ausgeht, als „Kopfregister“ anmuten. Die Integration der Schleimhautschwingung in das Brustregister erlaubt ein durchgehendes Legato. Die freie Anbindung eines Vokalis, der nicht überdehnt ist, sondern in seiner vollen Masse schwingt, bringt die volle dynamische Schwellfähigkeit in das Kopfregister – auch in der zweigestrichenen Oktave. Diese Qualitäten zeigen eine eigene Entwicklungsdynamik. So ist es letztlich eine Frage der vollständigen Entwicklung der inneren Bewegungsgestalt im Kehlkopf, die den Eindruck von Registern aufhebt.

Der Kehlkopf zwischen innerem Organ und Wahrnehmungsorgan

Die Schwierigkeit für ein modernes Verständnis der Bewegung des Kehlkopfes – mit dem zugrunde liegenden Leistungsanspruch unserer Zeit – liegt darin, dass die Qualität der Stimmgebung selbst nicht der Willkürmotorik unterliegt. Der Kehlkopf zählt von seiner Benervung

57 Phonation als Begriff für „Stimmgebung“ gilt für Singen und Sprechen gleichermaßen.

aus betrachtet zu den Eingeweiden, d.h. die innere Kehlkopfmuskulatur wird autonom innerviert[58]. Einsatz und Absatz, Tonhöhe, Vokal und alle sprachlichen Laute können bewusst kontrolliert werden – doch der Kern der Stimmgebung selbst, der Stimmklang, entzieht sich dem willentlichen Zugriff, weil er nicht auf der Basis einer alltäglichen Handlungsorientiertheit angesprochen werden kann.

Beim Singen stößt schon das dynamische An- und Abschwellen schnell an die jeweiligen Leistungsgrenzen. Die Koppelung der Orientierung von hoch und tief in der Notation der Töne im Fünfliniensystem, hat sich ebenfalls in unseren Singgewohnheiten niedergeschlagen: Herunterdrücken des Kehlkopfs für tiefe Lagen oder Hochschieben des Kehlkopfs und Langziehen der Stimmbänder über die vordere Kehlkopfmuskulatur für hohe Lagen, wie wir es häufig bei Chorsopranen mit kollektiv lang gezogenem Hals sehen können. Letztlich zeigt sich: Der Nuancenreichtum der Klangfärbung im klassischen Liedgesang beispielsweise erfordert jahrelanges Training, um wirkliche Kunstfertigkeit zu erreichen. Häufig bleibt die Abhängigkeit der Gestaltung an technische Belange der Atmung, des Legato, der Tonhöhensteuerung und der Vokalfärbung im Vordergrund.

Für die Sprechstimme ergibt sich das Dilemma der Doppelbotschaften: Ist jemand z.B. verängstigt und möchte aber anderen Mut zusprechen, wird der ängstliche Klang der Stimme die Bedeutung der Worte aushöhlen. Im Alltag begegnen wir in unzähligen Nuancen diesem Widerspruch zwischen dem Ausdruck im Stimmklang, der die psychische und physische Befindlichkeit einer Person widerspiegelt, und dem gewollten Ausdruck in der Bedeutung der Worte. Auch wenn wir der Bedeutung der Worte folgen wollen, reagieren wir immer auch auf der unbewusst durch den Klang gesteuerten Ebene mit. Kleine

58 *Nervus laryngeus recurrens*, einem Ast des zehnten Hirnnerven, *Nervus Vagus*, welcher als Hauptnerv des *Parasympathicus* die inneren Organe innerviert.

Kinder folgen unmittelbar dem Ausdruck im Stimmklang, dem sie die Wortbedeutung unterordnen.

Der Kehlkopf als das Stimmorgan selbst stößt hier auf die organbedingten funktionalen Grenzen seiner reflexiven Beweglichkeit im Klang. Wir erleben uns umzingelt von vegetativen Primärreflexen wie schlucken, würgen, husten, gähnen und räuspern, die überlebensnotwendig für Verdauung und Atmung sind. Hinzu kommen die Reflexe der Affekte wie lachen, schluchzen, wimmern, stöhnen, ächzen und seufzen, die alle grundlegend in die Funktion der Stimmgebung eingreifen. Wir können sie in der Stimmbildung in antizipierten Formen als Stimuli für bestimmte Gestalten der medialen Kompression einsetzen. „Wimmern" bewirkt eine feine Ordnung im Stellknorpelareal. In ihrer normalen Funktionsweise sind alle Kehlkopfreflexe verkettet mit den beiden Grundängsten[59] Fallen und Ersticken. Die augenscheinliche Vielfalt der stimmlichen Äußerungen endet in einem Dilemma von Abhängigkeiten.

Die Schwierigkeit, den Stimmklang aus den primären Kehlkopfreflexen zu lösen, deutet auf die vegetative Schwäche der Moderne: Zugang zur Welt unserer Organe ist uns nur dann beschert, wenn Unwohlsein und Schmerzen uns auf eine Störung hinweisen. Die autonome Ebene der Organe ist uns unangenehm, sogar unheimlich, denn sie erscheint uns gefährlich und unberechenbar. Die Organe verschwinden bestenfalls hinter ihrer Wohlfunktion. Anweisungen aus dem klassischen Gesangsunterricht wie das „Auf-dem-Atem-Singen" und nicht „Auf-der-Kehle-Singen" beschreiben diese Organverdrängung. Aus dieser Perspektive verwandeln sich die organischen Schwierigkeiten in ein Problem der Orientierung. Es wird deutlich, dass wir auf der Ebene des einfachen Stimmklangs ausgeliefert sind an Mechanismen, die wir in den alltäglichen Praktiken des Körpers nicht

59 Perinatale Grundmatrix I-IV: Sie prägen unsere Grundängste vor, während und nach der Geburt in traumatischer Form. Zu ihnen zählen Fallangst und Erstickungsangst. Vgl. Stanislav Grof „Geburt, Tod und Transzendenz", Reinbek bei Hamburg 1991; S. 106-124.

wahrnehmen. Auf dem Weg, den Kehlkopf aus den Halteschlingen der primären Reflexe bei der Phonation zu befreien, kommt der Stimmklang als Abbild aller Bewegungen und organischen Prozesse zu Hilfe. Eine klangorientierte Stimmpädagogik kann diese Lücke in der Wahrnehmung füllen.

Die Herausforderung besteht darin, die Schutzfunktion und die Atemfunktion des Kehlkopfs mit allen ihren Verkettungen durch den Stimmklang als Instrument – von der Art eines Seismographen – neu zu verstehen. Gymnastische Atemübungen, die dem Singen vorausgehen, führen nicht zu diesem klanglichen Verständnis, denn die Gesangsfunktion wird hierbei von der Atemfunktion[60] gesteuert. Im Allgemeinen erscheint die Dominanz der Schutzreflexe am Kehlkopf zunächst unüberwindlich, weil sie nicht nur Nahrungsaufnahme und Verdauung unterstützen, sondern ganz stark in die eigene Beziehung zur Umgebung verwoben sind – d.h. sie äußern sich in Stimmungen und Gestimmtheiten.

Am Beispiel der Arbeit mit der Zunge, welche die Auswirkungen der Schutz- und Atemfunktion wie ein Körper im Körper abbildet, lässt sich eine neue Wahrnehmung entwickeln. In diesem Kontext sagt Gisela Rohmert:

> „Da jede Art von Schutzmaßnahmen in unserem Körper von sublimen Angststrukturen gesponsert wird, neigen Gaumen, Rachen, Kehlkopf und vor allem die Zunge dazu, die Schutzmuster nicht mehr ganz loszulassen, auch wenn ein auslösender Anlass fehlt: Permanenter Zungenwurzeldruck, Tendenz der Kehlkopfanhebung, Schlundenge, Gaumenversteifung und zudem eine ebenfalls vom Schluckvorgang betroffene Fixierung der Kiefergelenke, Versteifung der Nackenmuskulatur, Vertäubung der Ohren und Versteifung des Zwerchfells [...] sind die Folge."[61]

60 Vgl. Entwicklungsfeld 4.

61 G. Rohmert „Die Verwandlungskraft der Zunge – von der Motorik zum Gewebeverhalten"; erschienen in „Mitteilungsblatt des Vereins zur Förderung der Stimmpädagogik durch Funktionales Stimmtraining" Heft 1/2005.

„Die Erstickungsangst ernährt sich von Kehlkopfverschluss und Atemstillstand. Die Fallangst nährt sich vom Unvermögen, Tiefe und lebendige Räumlichkeit in uns selbst zu erleben, frei von organischer Dichte und Druck. Die Zunge zeigt so in ihrem Verhalten unser ganzes psychisches Konzept (eingeschränkte Erlebnisfähigkeit, Beziehungslosigkeit, programmiertes Verhalten). Ihre Abhängigkeit betoniert unsere psychischen Abhängigkeiten. Erst ihre Unabhängigkeit erlöst uns aus den Verhaftungen und emotionalen Programmen. Ihre motorische, sensorische und psychische Eigenständigkeit und Selbstverantwortung ist abhängig von der Fähigkeit, sich von der Dauerbelastung der Schutzmuster zu lösen, von der Geschmacksabhängigkeit, vom Fühlen (Gier = Schlingmuster) und von einer belastenden Verantwortung für Vokale.“[62]

62 Ebd.

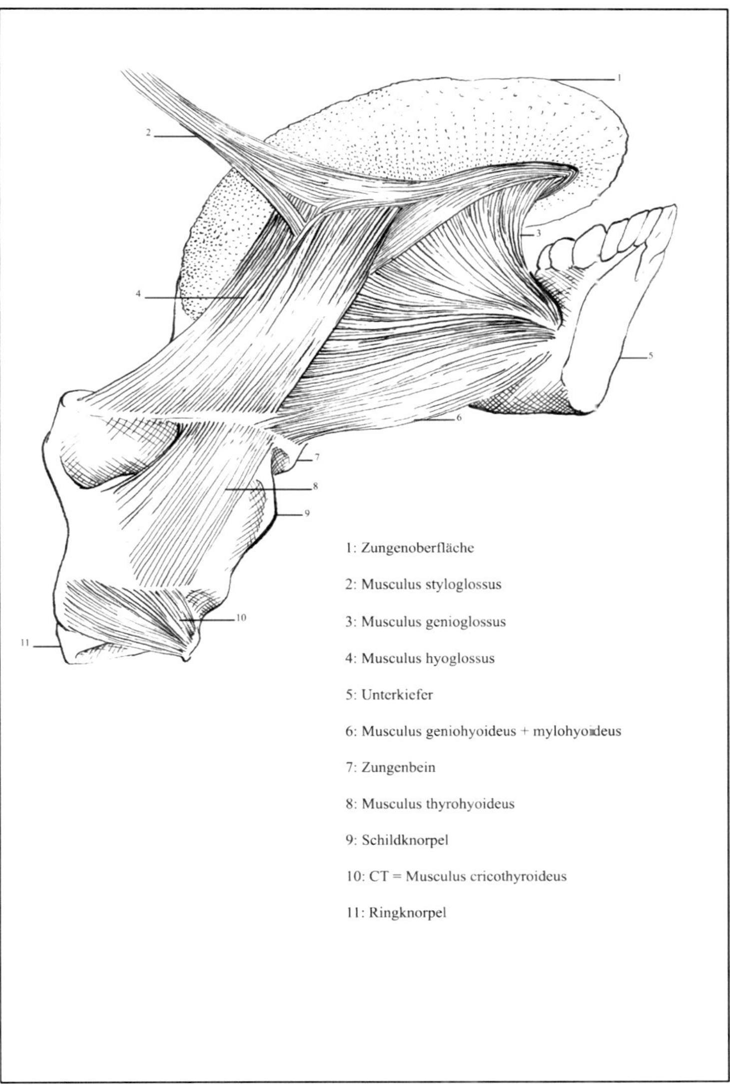
1: Zungenoberfläche
2: Musculus styloglossus
3: Musculus genioglossus
4: Musculus hyoglossus
5: Unterkiefer
6: Musculus geniohyoideus + mylohyoideus
7: Zungenbein
8: Musculus thyrohyoideus
9: Schildknorpel
10: CT = Musculus cricothyroideus
11: Ringknorpel

Abb. 6: Zunge

Entwicklungsfeld 3: Zunge, Atmung und Vokal

An der Schwierigkeit, die Zunge zu verklanglichen, zeigt sich eine antrainierte Handlungsaktivität, deren Abdruck in Muskeln und Organen nur sehr begrenzt schwingungsfähig ist. Das ständig aktive Artikulationsmuster im vorderen Zungenteil ist mit der fortwährenden Bereitschaft zu schlucken im hinteren Zungenteil wie an einen dunklen bleiernen Schatten gefesselt. Im Alltag bewegen wir uns nicht aus der Macht der Reflexe heraus. Im Gegenteil lehnen wir die Zunge an ihre eigene Schutzfunktion im Zungengrund an und bekräftigen dieses Schutzbedürfnis noch durch Andrücken an den Gaumen, die Zähne oder den Mundboden. Sehr stark zeigt sich dabei häufig die Koppelung der Zunge an den Unterkiefer, der im Schutzreflexmuster die Funktion von Beißen verkörpert. In diesem Fall ist auch die Artikulationsbewegung der Zunge auf die fixierten Wege des Unterkiefers beschränkt. Wird die Zunge z.B. durch einen unangenehmen Geschmack, Veränderungen in der Zahnreihe oder kleine Verletzungen in ihrer Gewohnheit gestört, beginnt sie unruhig im Mundraum herumzuirren. Sie zeigt plötzlich, wie gering ihr Vermögen ist, sich selbst wahrzunehmen. Der fehlende Zugang zum Intersensus durch diese Schwäche in der Propriozeption lässt das gesamte Zungengewebe erschlaffen. So entsteht eine Zunge, die in der Mitte durchhängt, „Löffelzunge“ – und im hinteren Teil durch einen Lymphstau angeschwollen ist. Die eigentliche Fähigkeit der Zunge, sich selbst aufzurichten, da sie aus einem Muskelgeflecht gebildet wird, welches sich ohne Stützskelett in jede Richtung bewegen kann, dessen Verformungskompetenz physiologisch keine Schranken gesetzt sind, kommt nicht zum Zuge. Die alltägliche Artikulation trainiert diese Freiheit nicht. Durch die Dominanz der Schutzfunktion im Schluckmuster stellt sich diese Frage nicht. Da der Schluckakt ca. 2000 Mal am Tag vollzogen wird, ist er archaisch übermächtig. Aber auch die feineren Funktionen von fühlen im Vorverdauen und von schmecken kennen das Sprechen nicht. Durch spezialisierte Aktionen kompensiert die Sprachmotorik die organischen Funktionen als einen Überhang von Defiziten. Der Organismus zerfällt in der Zunge in einzelne

Funktionen: Atmung, Verdauung und Motorik stehen sich in einem Interessenkonflikt gegenüber. Dieser Zustand ist nicht schwingungsfähig.

Doch die Umbruchstellen zwischen den spezialisierten Funktionen sind für die Stimmpädagogik interessant. An diesen Stellen lässt sich das handlungsfixierte Muster der Zungenmotorik destabilisieren. Es wird möglich Übergänge zu schaffen für eine umfassende Neuorganisation durch Rückkoppelung. Diese Form der Selbstorganisation der Funktionen der Zunge ist auf eine entwickelte Sensorik angewiesen. Das sensorische Übergewicht der Zunge wird durch die Innervierung mit vier sensorischen Nerven gegenüber nur einem motorischen repräsentiert. Pädagogisches Geschick weckt das sensorische Potential der Zunge. Befindet sie sich beispielsweise in der Mundhöhle, ohne sich anzulehnen und wird dabei nur von Speichel umspült ohne Luftzwischenraum, beginnt sie von selbst Tonisierung durch Sog aufzubauen. In diesem Zustand, der an die Sensibilität einer Seeanemone erinnert, ist ihre Sensorik hellwach und koppelt sich sehr leicht an die vegetativen Funktionen an. Die Zunge kommt zur Ruhe wie in der Befriedigung durch einen überaus angenehmen Geschmack. In dieser gleichschwebenden Balance erlebt die Zunge ihren eigenen Puls und ihre Koppelung mit dem Rhythmus der Nervenflüssigkeit, dem *Kraniosakralrhythmus*.

Jetzt wird die Kreuzung von Atmung und Speiseweg in den Funktionen der Zunge plötzlich interessant: Die kompetente Wahrnehmung für das Zungengewebe schafft einen inneren Zugang zur Atmung. In ihrer rein motorischen Funktion stimuliert die nach vorne hängende Zunge das Heben des Brustkorbs, die nach hinten gedrängte eine Atembewegung ins Becken und die Drehung nach rechts oder links den jeweils gegenseitigen Lungenflügel. Als Atemhilfsmuskel ist die Zunge ähnlich wie beim Schluckreflex gebläht und unflexibel. Klanglich kooperiert sie mit dem Gaumensegel als Dämpfer. Energie in Gestalt von hohen Frequenzen wird abgepuffert. Die sensorische Zunge dagegen kreiert einen klanglichen Zugang zur Atmung über den

Intersensus. Wenn man im alten Belcanto[63] von einem Sammeln der Energie in der Lunge sprach, war damit sicherlich kein Atemstau mit geblähtem Brustkorb und fixierten Bauchmuskeln gemeint. Sondern die Lunge bewegt sich frei in ihrer stofflich eigenen Vibration gegen den Brustkorb. Dieser Vorgang verbessert den Gasaustausch in den Alveolaren[64] und führt damit zu einer physiologischen Reduktion des Atemvolumens. Die reiche Vibration des Lungengewebes sorgt für einen drucklosen Einsatz der Phonation und für eine mühelose Versorgung der Stimmfalte mit schwingenden Luftpartikeln. Der *Intersensus* des Lungengewebes ist mit der sensorischen Zunge gekoppelt. Wir erleben eine Atmung, die der Schwingung folgt. Eingebettet in Vibration und Pulsation benötigen wir keine Pädagogik der Atmung, welche die Atmung in isolierten Trainingseinheiten in einen Stützmechanismus verfestigt. Entwicklungsfeld 4 zur *Diaphragmenkette* wird sich nochmals mit der Integration der Atmung beschäftigen.

Die Veränderung der sprachlichen Artikulation folgt den Prinzipien von *Transsensus* und *Intersensus*. Der Tonus der Zunge erreicht Vokalunabhängigkeit und Rhythmisierung durch konsonantale Stromschnellen im flüssigen Milieu des Mundraums. Konsonanten sind diesem Prinzip folgend lösungsbereite Verdichtungen von vibrierendem Speichel zwischen der Zunge und ihren Spielpartnern Gaumen, Zähnen und Rachenwand. Bezogen auf die Vokale ist die Zunge ein hochspezilisierter Klangfilter, welcher die Vokale in der Reihenfolge „i,e,a,o,u" in einer Wellenbewegung relativ zum Gaumengewölbe erzeugt. Die vom Druck auf den Vokaltrakt befreite Vokalschwingung vertikalisiert sich als freier Formant. Bereits in der arbeitswissenschaftlichen Grundlagenforschung des Lichtenberger Modells, gab es

63 Vgl. G.B. Lamperti in „Vocal Wisdom", S. 108f. „Incorporated Breath".

64 Lungenbläschen.

ausführliche Vokalstudien[65]. Man widerlegte das klassische *Formattheorem*[66], das besagt, dass Vokale sich aus tonhöhenunabhängigen konstanten Frequenzmustern zusammensetzen. Auch eindeutige Abhängigkeiten von der Resonanz des Ansatzrohrs und der Zungestellung konnten nicht abgeleitet werden. Die Grundtonabhängigkeit der Vokalformanten vor allem in höheren Lagen der Frauenstimme, in deren Verlauf es zu zahlreichen Überlagerungen kam, wies solche Unschärfen auf, dass man die Weiterführung der Untersuchungen in dieser Art nicht für sinnvoll erachtete. Erst die Einbeziehung der Binnenmuskulatur der Zunge ermöglicht heute ein Verständnis der Vokalschwingung, das weder an eine fixierte Stempelbeziehung der Zunge mit fixen Raum-Lage-Verhältnissen zum Vokaltrakt noch an ein Modell mit fixierten Vokalformanten gekoppelt sein muss. In der Praxis orientiere ich mich folgendermaßen: Die Zunge erfährt Binnendehnungen, wenn sie Vokale artikuliert, die sich nicht als Dehnung von einem Pol zum andern, sondern als einfache Schwingungsinformation auf den Klang übertragen.

Auf der Grundlage von Vokaldehnungen können wir die räumliche Ausprägung der Vokale untersuchen. Das Spiel zwischen „i" und „u" erzeugt eine Längendehnung der Zunge, Changieren zwischen „e" und „o" bewirkt eine Dehnung in der Vertikalen einer stromlinienförmig aufgerichteten Zunge wie bei einem Fischleib. Beide Vokalpaare enthalten jeweils dieselbe Grundfarbe, die unterstützend ihre Färbung über das gesamte Ansatzrohr von Kehlkopf, Mund, Nasenrachenraum und Mittelohr ausbreitet. Meist nehmen wir diese Färbung leicht hinter dem Rachen wahr als eine Art „Schattenvokal". Für das im Spektrum allein stehende „a" bietet sich „ä" als Spielpartner an. Eine horizontale

65 Vgl. D. Maurer „Was ist das Physikalische des Vokals?" in „2. Kolloquium Praktische Musikphysiologie", Walter Rohmert (Hg.), Bd. 27 in der Dokumentation Arbeitswissenschaft, Köln 1991; S.165-187.

66 Ausgehend von der tiefen männlichen Sprechstimme gibt es einen größeren konstanten Bereich der Vokalformanten, der sich aber nicht auf höhere Sprechstimmen übertragen lässt und bei der Singstimme endet.

Dehnung von der tief gestellten Mitte in die Breite der Wangen zeigt die dritte räumliche Dimension der Zunge. Die fließende Verformbarkeit der Zunge kann diese spezifischen Dehnungen zur unabhängigen Unterstützung der Vokalartikulation integrieren. Die Stimmlippen formen den Vokal mit und sind einbezogen in die Vokaldehnungen. Besonders die horizontale Dehnung läuft dem Stimmlippenschluss entgegen und ist eine besondere Herausforderung für eine drucklose Annäherung der Stimmlippen in der Phonation. Auch die Tonisierung der Mundlippen spielt in dieser Weise mit. Generell können alle Schichten im Körper Vokalbedeutung annehmen, wenn sie sich in ihrer Schwingungsgestalt Zunge und Kehlkopf annähern. So können wir ein fluktuierendes Vokalmodell einbeziehen, das die Vokalerkennbarkeit aus dem Verhältnis der ersten drei Formanten[67] eines Klangs ableitet. In der Lichtenberger angewandten Stimmphysiologie verwendet man „u-o-u“ für das Training im Kopfregister und „a-o-a“ für das Brustregister.

Die Auswirkung dieses Entwicklungsfeldes zeigt: Die Zunge findet zu einer schillernden und flexiblen Gestimmtheit in relativer motorischer Ruhe. Ein Empfinden von Unabhängigkeit und Freiheit wirkt sich positiv auf die psychische Gestimmtheit aus. Eine Sänger- oder Sprechstimme kann so weit balanciert sein, dass sie unabhängig ist vom primären Zugriff der Reflexe auf die Klangbildung im Kehlkopf. Im Gegenteil kann sich ein antizipatorisches Verständnis der Reflexe ähnlich wie beim Kehlkopf als Tänzer so auswirken, dass sich das reflektorische Energiepotential in den Klang entlädt anstatt in die Reflexaktion. Bleibt der primäre Zugriff der Reflexe allerdings unhinterfragt, wird die Stimme nur begrenzt leistungsfähig sein und über einen verstärkten Aufwand von äußerer Hilfsmuskulatur funktionieren müssen, um Tonumfang, Schwellfähigkeit für dynamische Unterschiede und innere Beweglichkeit zu erzeugen.

67 Vgl. Michael E. Edgerton „The 21st-Century Voice – Contemporary and Traditional Extra-Normal Voice“, The Instrumentation No.9, Maryland/ USA, Oxford/UK 2004; S. 153f.

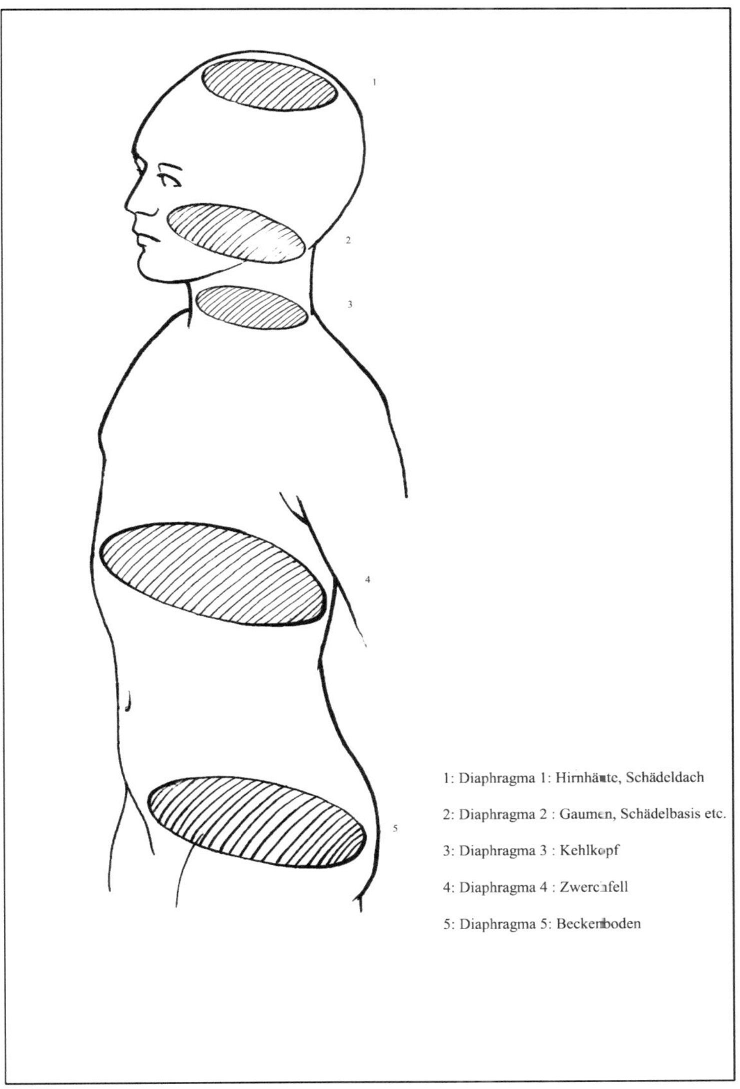

Abb. 7: Diaphragmen

Klangkörpergestalt: Kehlkopf und Diaphragmenkette[68]

Als ich die Sängerformanten zum ersten Mal in ihrer Eigenart erlebte, war dies sehr konkret – quasi materiell:

„Der erste Sängerformant bildete eine Art bronzener Klangschale um meinen ganzen Schädel herum. In ihm befand sich der zweite Sängerformant in einer dunkleren kugeligen Gestalt, die wie die stachelige Schale einer Esskastanie in alle Richtungen strahlte. Ein silbriger Pfeil durchkreuzte diese beiden ineinander liegenden Phänomene von schräg oben – der dritte Sängerformant. Von einem gesungenen Klang zum nächsten bauten sich diese drei Gestalten der Reihe nach auf. Ihre Wahrnehmung ersetze die Wahrnehmung meiner Körpergestalt wie ein neuer Körper.
Später nahm ich sie wahr als gleißend leuchtende, hellblaue Kugeln, die von den Köpfen der Singenden aus sich nach oben verkleinerten."[69]

Diese Art der Klanggestaltwahrnehmung, welche sich mit der Körperwahrnehmung verbindet, ist in der Stimmklangpraxis eine normale Syntheseleistung des Nervensystems. Es handelt sich demnach um Wahrnehmungsphänomene, die sich bei der intensiven Arbeit mit Klang unweigerlich einstellen. Sie geben uns exakte Rückmeldung über das Stadium unserer Selbstverklanglichung (*Autosonifikation*). Nach und nach wird unsere Wahrnehmung für die Schichtungen und Strukturen dieser inneren Gestalt immer präziser. So können wir einzelne Körperpartien im Klang ansteuern, wie z.B. die verschiedenen Hirnhäute. Auffällig an der Feinausprägung dieser Phänomene ist, dass sie sich mit fortschreitender Entwicklung verändern, obwohl sie nicht beliebig sind, sondern häufig sogar intersubjektiv übertragbar werden als Zustandsformen des Nervensystems. Die Veränderung hat zum einen sicherlich mit der wachsenden Vernetztheit der Klangkörper-

68 Begriff geprägt von Gisela Rohmert. Zum besseren Verständnis dieses Kapitels wird ein ausführlicher Anatomie-Atlas empfohlen.

69 Erfahrungen der Autorin in der ersten Zeit mit der Stimmklangarbeit nach dem Lichtenberger Modell 1992/ 93.

gestalt zu tun – zum andern mag es sich um eine Adaptionsleistung des Nervensystems handeln, welches sich an die bekannten Reizmuster gewöhnt und damit neuen Erscheinungen den Vorrang gibt. Diese Überlegungen werden in Kapitel II.b zum Thema der Fremdheit in der Klangbeziehung weitergeführt.

Um den Begriff der Klangkörpergestalt als solchen verstehen zu können, ist es zunächst wichtig, sich mit der Angleichung und Vernetzung der einzelnen Körperebenen zu beschäftigen, die sich in der Phonation allmählich zu einer einheitlichen Gestalt ausprägen. Wiederkehrende Bauprinzipien vom Scheitel bis zur Sohle erlauben dem Kehlkopf in einer physiologischen Angleichung der Körperebenen, sein Schwingungsmuster auf den gesamten Organismus zu übertragen. Von diesem Moment an können wir verstehen, wie Pulsation und Vibration im Klang zu einer einheitlichen Gestalt zusammenkommen, die den ganzen Körper in das am Kapitelanfang beschriebene Phänomen des „Chiaroscuro" vernetzt.

Eine wesentliche Rolle in der Einheit von Kehlkopf und Körper in Klanggestalt bzw. als deren Klangkörper ist die Angleichung aller parallel zum Kehlkopf laufenden Zwischenböden oder „Diaphragmen"[70] im Körper.

Diese Diaphragmen sind die Querverstrebungen des Körpers, die Engstellen zwischen den Körperhöhlen und -beuteln bilden. In ihnen befinden sich kleine Ventil-, Ringmuskel- oder Durchschlupföffnungen für die wichtigen Versorgungsleitungen im Organismus. Der Kehlkopf mit seinem Doppelventil aus dem Taschenfaltenringmuskel und dem darunter liegenden echten Stimmlippenventil bildet ein Diaphragma in der Gestalt einer doppelten Sanduhr. Muskelzüge und Knochenöffnungen einer bestimmten Körperetage bilden gemeinsam ein funktionales Diaphragma, das die pulsatorische Qualität dieser Köperregion bestimmt. Mit der Aufrichtung innerhalb des ersten Lebensjahres vertikalisiert sich die Pulsationsbewegung im gesamten Organismus. So verteilt sich die Summe des Pulsationsdrucks der verti-

70 *Diaphragma* – griechisch – heißt „Scheidewand".

kalisierten Röhren im Organismus auf die horizontalen Engstellen der jeweiligen Diaphragmen einer Körperebene. Stanley Keleman beschreibt in seinem Buch „Verkörperte Gefühle“ diese Körpergestalt:

> „Es gibt einen Bauplan des Körpers. Die verschiedenen Röhren und Schichten, Beutel und Diaphragmen spielen zusammen und geben uns ein Gefühl für uns selbst. Die Muskulatur lässt Empfindungen von Rhythmus, Enthaltensein, Halten, Loslassen, Verkürzen und Längerwerden entstehen. Knochen verleihen uns Druck- und Zuggefühle. Die Eingeweide rufen Empfindungen von Anschwellen, Völle, Entleeren hervor; leere und verdichtete Räume lassen je andere Gefühle entstehen.“[71]

Diaphragma 1[72]:
Schädeldach und Hirnhäute bilden das oberste Diaphragma. Es enthält die neuronale Pumpe des *Kraniosakralrhythmus*, dem Puls des Zentralnervensystems in der Liquorflüssigkeit vom Gerhin im Schädel – *Kranium* – bis zur pferdeschweifartigen Auffächerung des Rückenmarks im Kreuzbein – *Os sakrum.* In Ruhe dauert eine Pulswelle des *Kraniosakralrhythmus* in etwa 3 Sekunden. Der Stimmklang kann diesen Rhythmus auch beleben und beschleunigen. Alle drei Hirnhäute umkleiden Gehirn und Rückenmark. Die sehr faserige harte Hirnhaut – *Dura mater* – ist die äußerste Schicht. Sie klingt sehr hell und strahlend. Ihr Klang kann sich wie eine Art Goldhelm um den Schädel legen. Ihr liegt von innen die spinnengewebsartige transparente zweite Hirnhaut – *Arachnoidea* – an, die durch Bindegewebsfasern mit der inneren Hirnhaut verbunden ist. Diese Fasern durchspannen den darunter liegenden Liquorraum – *Subarachnoidealraum* – wie Leinen, die von einem transparenten Seidenfallschirm zum Körper reichen. Der

71 Stanley Keleman „Verkörperte Gefühle – der anatomische Ursprung unserer Erfahrungen und Einstellungen“, 2. Aufl., München 1995; S.77; englisches Original: „Emotional Anatomy. The Structure of Experience“, Berkeley/ Ca. 1985.

72 Siehe Abb. 3 und 7.

Klang der *Arachnoidea* ist dunkler als bei der *Dura mater.* Ihr Klangraum wirkt unbegrenzt und erscheint mit seiner feinen fluiden Pulsationsbewegung poetisch bis geheimnisvoll. Die innere oder weiche Hirnhaut – *Pia mater* – umkleidet direkt alle Windungen des Gehirns, das gesamte Rückenmark und bildet die Nervenscheide um alle vom zentralen Nervensystem entspringenden Nervenäste. Der Klang der *Pia mater* führt direkt ins Körperinnere. Er zeigt starke vegetative Qualitäten wie Pulsation, Dehnbarkeit und Verräumlichung.

Diaphragma 2[73]:
Die Knochenräume des Schädels geben eine ausgeprägte Architektur vor, nach der sich die übrigen Körperproportionen ausrichten müssen, soll es zu einer vollständigen Verklanglichung des Organismus kommen. Knochenporen und Knochenhäute sind hochsensible Schwingungsträger. Im Allgemeinen werden stets die Nase und ihre Nebenhöhlen erwähnt. Doch besonders im Verbund mit den Gängen und Höhlen des Ohres wird klar, dass der zentrale Schwingungskörper das Keilbein[74], *Os sphenoidale*, in der Schädelmitte ist. Indem es durch das Pflugscharbein – das *Vomer* als unterem Teil der Nasenscheidewand – mit einer Art Kiel ausgestattet ist, reitet es auf dem harten Gaumen, *Os palatinum*, und zählt so zu den Queretagen des Körpers. Dieses Reiten ist eine Art sehr langsames Schaukeln, das dem Rhythmus der Nervenflüssigkeit, dem *Kraniosakralrhythmus*, unterliegt. Beim Singen beschleunigt sich das Schaukeln des fledermausähnlichen Knochens im Schädelzentrum. In seiner Mitte wiederum befindet sich das kleinste Diaphragma – *Diaphragma sellae.* Es zählt zu einigen membranigen Diaphragmen aus harter Hirnhaut und dient als Deckelchen über der Hypophyse im Hypophysensattel des Keilbeins. Hinter dem Hypophysensattel schließt das Hinterhauptsbein mit dem sog. *Clivus* oder Abhang an – einer stark abfallenden Knochenformation, die den vorderen Rand des *Foramen magnum*, des

73 Siehe Abb. 1, 3, 6 und 7.

74 Siehe Abb. 3 Keilbeinkörper mit Keilbeinhöhle.

Hinterhauptlochs, bildet. Das Zelt des Kleinhirns, eine Ausfaltung der harten Hirnhaut hinter dem Keilbein, verläuft ähnlich. Das erwähnte Bauprinzip einer ebenen Fläche, hinter der sich eine abfallende Fläche anschließt, lässt sich auf allen anderen Ebenen des Körpers wieder finden.

Die tiefer angelegten Querschichten des Körpers sind muskulärer Natur. Gisela Rohmert fasst sie zusammen im Begriff der *Diaphragmenkette*. Diese Zwischenböden treten als Unterteilungen und obere und untere Begrenzungen der Körperhöhlen auf. Während die Höhlen im Klang sich eher auflösen, indem sie den dunklen Anteil des klanglichen Raums hervorbringen, erscheinen die Diaphragmen im Klang als hell schillernde Membranen, welche gestaltbildende Schwingungsträgerinnen sind. Sind diese Membranen im Körper gut vernetzt, erfährt die Klangkörpergestalt eine enorme Aufrichtung, die sich auch in einer Aufrichtung der Muskulatur und in einer Entblähung und Streckung der konkreten Körperräume äußert. Es entsteht ein Zustand, in dem die gesamte Klangkörpergestalt zu einem einzigen Diaphragma verschmelzen kann.

Als vorderer Teil des zweiten Diaphragma ist die Einheit von Mundboden, Zunge, Gaumen und Gaumensegel angelegt. Zunge und Gaumen zeigen deutlich die Gestalt einer hinten abwärts geneigten Fläche. Als in sich einheitliches *Diaphragma oris* lassen sie den Hohlraum des Mundes völlig verschwinden. Sie bilden durch den knöchernen Teil des harten Gaumens einen Übergang von muskulär definierten Räumen zur knöchernen Architektur des Schädels und können so mit dem oben beschriebenen Diaphragma des Keilbeins eine Funktionseinheit bilden. Auf etwa gleicher Ebene befinden sich die Trommelfelle. Als schräg im Hörgang liegende Membranen können sie zu den Diaphragmen gezählt werden. Das klangliche Verschwinden der Mundhöhle und die gleichzeitige Ankoppelung der Ohrräume bildet eine Vernetzung des Nasenraums[75] mit dem gesamten Körper.

75 Dies bedeutet, dass der Nasenraum nicht durch „Sitztechniken" erschlossen werden kann, sondern als Unterdruckraum die Proportionen für den Rumpf

Der Nasenraum als muskelloser Raum kann sich nicht aktiv verformen und gibt damit die Schwingungsproportion in seiner knöchernen Gestalt vor.

Diaphragma 3[76]:
Die zuletzt beschriebene Einbindung von Ohr- und Nasenraum in den Klang löst eine physiologische Rückkoppelungsschleife aus, die den Kehlkopf ohne aktiven Aufwand etwas sinken lässt. In dieser tiefen Phonationsstellung[77] weist der Kehlkopf eine Kippungstendenz auf, bei der die Hinterseite tiefer hängt. In dieser kahnartigen Formation liegt das beste Schwingungszentrum im hinteren Drittel etwa an der Spitze des Flüsterdreiecks[78]. Wenn wir z.B. wiederholt von 1-5 zählend flüstern, können wir eine helle Spur im hinteren Drittel des Kehlkopfs hören, die sich im Verbund mit den beiden darüber liegenden Diaphragmen aufrichtet und leicht pulsiert. Diese Spur verklanglicht auch die Stellung der beiden Stellknorpel zueinander. Schließen wir in der vollständigen Phonationsstellung das Flüsterdreieck, entscheidet die balancierte *mediale Kompression* der Stimmlippen über die pulsatorische Qualität des Kehldiaphragmas. Die Stellknorpel werden zueinander gezogen. Auch jetzt ist ihre Beziehung in der Schwingung zu hören. Die von Schleimhaut umkleidete Bindegewebsschicht der Stimmlippen schwingt besonders im hinteren Drittel des Kehlkopfs sehr frei und schnell in der Durchlässigkeit einer „offenen Berührung". Die äußerst verformungsbereiten Stimmbandmuskeln bilden einen Ring, der die Stimmlippen mit dem knorpeligen Kehlkopfskelett verbindet. Soll die Schwingung von den Stimmlippen als Primärquelle

---

vorgibt. Weicht das aktive Druckmuster in der Rumpfmuskulatur einer schwingenden Proportionierung der Diaphragmenkette, erscheint der Nasenraum von selbst im Klang.

76 Abb. 2-5 und 7.

77 Vgl. ebd. „Der Sänger auf dem Weg zum Klang" und ebd. „Grundzüge des funktionalen Stimmtrainings".

78 Siehe Abb. 5.

auf den ganzen Körper übertragen werden, muss von einer physiologischen Annäherung der anderen Körperebenen ausgegangen werden – im Optimalfall von einer völligen Angleichung der Schwingungsmuster aller parallel zu ihnen verlaufenden Schichten.

Die schrundig verdickte Stimmlippenunterseite in Folge von Druck- und Schlagbelastung aus dem Rumpf macht die Anbindung an die darunter liegenden Resonanzräume schwierig und ist abhängig von der gesamten Körperspannung. Das über den Stimmlippen liegende Paar der Taschenfalten unterstützt im Idealfall die Schwingungsgestalt der Stimmlippen durch eine raumbildende Tendenz, die Vibration und Pulsation in ihrer einfachen Ringmuskelqualität zulässt. So spielen die Muskulatur des Schultergürtels und der Zug der Luftröhre an Kehlkopf und Rachenwand eine wichtige Rolle im Kehlkopfdiaphragma. Die Schulterblätter zeigen sich wie vergrößerte Stellknorpel, die Schlüsselbeine wie verknöcherte Stimmlippen, deren Balance zueinander in Entwicklungsfeld 4 weitergeführt wird. Die Taschenfalten bilden außerdem die Aktivität der äußeren Rumpfwände ab und reagieren auf Druckbelastungen der Arme und Beine beim Stoßen, Heben, Kicken etc. Sie sind der Zielpunkt des „appoggio“ oder der sog. „Atemstütze“, die ebenfalls in Entwicklungsfeld 4 besprochen wird.

Diaphragma 4[79]:

Bekannt unter dem Begriff „Diaphragma“ ist das Zwerchfell. Es unterteilt den Rumpf in Brustraum und Bauchraum. In seiner Grundstruktur besteht es aus einer schmetterligsförmigen Mittelsehne, die von einem nach unten in die Rumpfwände einstrahlenden Muskelkranz umgeben ist. Der hintere Teil trägt sehr starke Muskelzüge, die zur Lendenwirbelsäule ziehen. Während der Hauptteil des Zwerchfells eher waagerecht im Rumpf liegt, zieht der hintere Teil deutlich nach unten. Die Vereinfachung der klanglichen Resonanzräume und ihrer zugehörigen Körperwände durch das Schwingungsverhalten der Diaphragmen im Brust- und Bauchraum wird in Entwicklungsfeld 4

79 Siehe Abb. 7.

beschrieben. Das Zwerchfell haftet mit seiner von Schleimhaut umkleideten Faszie direkt an der Faszie der Lunge durch einen Unterdruck im dazwischen liegenden Spalt. So hat die Schwingungsqualität des Zwerchfells einen direkten Einfluss auf die Atmung. Da der Zwerchfellmuskel selbst über keine sensorischen Afferenzen verfügt, sind es die Vibrationswahrnehmungsorgane in den Faszien selbst, d.h. die Organe des *Intersensus*, die für eine Regulation der Atmung bei der Phonation sorgen. In gleicher Weise wie die innere Kehlkopffunktion entzieht sich das Zwerchfell dem direkten Zugriff der Willkürmotorik. Als hoch reagibler Muskel jedoch, reagiert es in der Phonation auf ein breites Spektrum von Stimulationen sofort.

Diaphragma 5[80]:
Der Beckenboden als untere Begrenzung des Rumpfes besteht ebenfalls aus einem vorderen *Diaphragma urogenitale*, welches höher liegt als das hintere *Diaphragma pelvis*. Gisela Rohmert prägte den Vergleich der weiblichen Genitalien mit Kehlkopf und Ansatzrohr: Hierbei kommt vor allem die Paarigkeit von Stimmlippen und Schamlippen zum Vorschein – ebenso wie die Verdoppelung der Lippenpaare auf beiden Ebenen[81]. Im Fall der männlichen Genitalien verwendet Rohmert die Analogiebildung zwischen der Erektionsfähigkeit[82] des Penis und der Aufrichtung der Zunge – sowie der

80 Siehe Abb. 7.

81 Im Fall der weiblichen Genitalien setzte sie die Analogiebildung folgendermaßen fort: Ovarien – Innenohr, Eileiter – Eustachische Röhre, Uterus – Mundraum, innere Schamlippen – Stimmlippen, äußere Schamlippen – Taschenfalten.

82 Eine Verbindung zur Freudschen Trieblehre ist hiermit nicht gemeint. Im Rohmertschen System dominiert eher die Weiblichkeit der Phonationsorgane. Analogien zu Schwellfähigkeit und Aufrichtung des Phonationsapparats finden sich auch in der weiblichen Genitalphysiologie. Dieser anatomisch-physiologische Vergleich zwischen Phonationsorganen und Genitalorganen ist sehr differenzierungsbedürftig, da die Genitalien

Aufrichtung aller Körperräume durch die Tonisierung der Diaphragmen und der gesamten Diaphragmenkette. Entscheidend ist das Entstehen einer klanglichen Androgynie in der Verbindung der Schwellfähigkeit des männlich konnotierten Brustregisters mit der Schleimhautsensibilität der weiblich konnotierten Kopfstimme. Diese Übertragung der dynamischen Schwellfähigkeit der Kehlkopfmuskulatur, welche sich in der Anbindung an *Transsensus* und *Intersensus* aus der Sensibilisierung der Schleimhautumkleidung der Stimmlippen ergibt, auf die Verhältnisse des Beckenbodens ist per se weder weiblich noch männlich. Das verklanglichte Becken ist ein flexibles androgynes[83]. Wenn der Klang sich bis tief ins Becken ausschwingt, erfährt er eine enorme Aufrichtung in der Pulsation. So geschieht die klangliche Tonisierung und Proportionierung der Rumpfwände in einer unaufwändigen Selbstverständlichkeit.

Ein leichtes Ausbalancieren des Schwingungskörpers auf dem Vorderfuß unterstützt die Diaphragmenkette. Ein leichtes Ausschwingen der Ferse, wie ein minimales Schweben im Fall, erinnert an die flexible Tiefstellung der hinteren Diaphragmenflächen. Sogempfinden in den Längs- und Quergewölben der Füße baut die Pulsation von der Basis her auf. Das Knie wiederholt mit seinem inneren Bau einer zweigeteilten Gelenkscheibe die Gelenkfunktion des Kehlkopfs. Die Hüftgelenke sind analoge Vergrößerungen des Unterkiefergelenks (siehe Zunge). Wesentlich ist die Knochenleitung in Becken, Beinen und Füßen, die die Vibration der Klangenergie – stimuliert von den Sehnenzügen der im *Transsensus* gleitenden Muskulatur – potenziert. So „tragen" die Füße im wörtlichen Sinn diese vielsaitige Membran

teilweise sympathisch innerviert sind, wohingegen die innere Kehlkopfmuskulatur rein parasympathisch benervt ist.

83 Schleimhautsensibilität und Schwellfähigkeit des Stimmbandmuskels folgen nach Gisela Rohmert dem alchemistischen Prinzip der „Unio mystica", d.h. der Durchdringung des „weiblichen geflügelten Prinzips" mit dem „männlichen der Glut".

des Körpers. Gehen und Wiegen können wie ein Saitenspiel im pendelnden Wechsel der Körperseiten der Phonation erlebt werden.

Entwicklungsfeld 4: Pulsation und Atmung

Wenn wir die Verklanglichung der Diaphragmenkette wirklich verstehen wollen, müssen wir uns nochmals der räumlichen Komponente des Klangs zuwenden: Vibrato und Pulsation. Keleman beschreibt Pulsation als Kraft, die vom inneren Bewegungsfluss zur Fortbewegung führt:

> „Innere Beweglichkeit oder Motilität dagegen resultiert aus den Stoffwechselvorgängen des Lebens. Die Erregbarkeit der Zellen, ihre Fähigkeit zur Ausdehnung und Polarisation [...] sind Beispiele für diese Motilität. [...] Da gibt es ein Längerwerden, ein Sich-Strecken, und sein Gegenteil, die Kontraktion. Diesen Urrhythmus finden wir bei allen Lebewesen – vergröbert und groß beim Herzen und mikroskopisch klein bei einzelnen Zellen. Dieser Rhythmus hat ein Rotations- oder Drehmoment; die Bewegung des Lebens gleicht einem Korkenzieher, sie vollzieht eine sich windende Verlängerung und eine sich drehende rückläufige Bewegung – wie bei einem Gummiband. Dieses Sich-Winden, Pulsieren, Dehnen und Schrumpfen dient einerseits als Miniaturpumpe, um Nährstoffe in Umlauf zu halten, andererseits ist es als Antriebskraft zu verstehen.“[84]

Dies ist die Kraft der Pulsation als innere Bewegung, der Bewegung der Zellen und Eingeweide, zu denen auch der Kehlkopf zählt. In der äußeren Bewegung, die schließlich zur Aufrichtung und zum Gehen innerhalb des ersten Lebensjahres führt, sind es die Qualitäten von „Ausgreifen“, „Zu-sich-Heranholen“ und „Von-sich-Wegstoßen“. Wenn wir nun den Körper vereinfacht mit einer großen Rahmen-

84 Keleman, Stanley „Verkörperte Gefühle – der anatomische Ursprung unserer Erfahrungen und Einstellungen“ 2. Auflage, München 1995; S.30; englisches Original „Emotional Anatomy. The Structure of Experience“, Berkeley/Ca. 1985.

trommel vergleichen, können wir testen, welche Bewegungsqualitäten im Moment der Schwingung diese erhalten oder verstärken und welche sie abdämpfen und zum Stillstand bringen. Wir bemerken, dass alle gerichteten Berührungen oder Ablösungen im Sinne von (be-)greifen, heranholen und wegstoßen die Membran dämpfen. Unsere Gewebe sind häufig versteift und halten die Pulsation fest. Im Klangverständnis können wir fragen: Welche Berührung ist anregend? Dies ist zum Einen die vibrationssensible, tastende Berührung, die wir am Anfang des Kapitels zur Hand besprochen haben, d.h. keine Pulsationswahrnehmung ohne Vibrationssinn in *Transsensus* und *Intersensus*, und zum Anderen sind es die Übergänge oder Zwischenräume der erwähnten Bewegungsqualitäten, die zur natürlichen Aufrichtung führen. Pulsation benötigt den lebendigen Zwischenraum. Sie ist das Oszillieren des Klangs zwischen den Polen und das verbindende Element in der Klangbeziehung, wie wir in Kapitel II.b entfalten werden.

Das Vibrato ist der Sonderfall einer sehr schnellen Pulsation von 5-8 Hz. Es ist ein sehr komplexer Parameter, der die physiologische Pulsation mit den übrigen Ebenen der Klangschwingung verbindet. Durch seine leichte Frequenzschwankung dient es der Raumorientierung und der Verdeutlichung klanglicher Phänomene wie Vokal und Sängerformanten. So dient es der Tragfähigkeit (auch gegenüber einem Orchester) und der Verräumlichung der Stimme. Es umspielt dabei das zeitliche Auflösungsfenster des Hörorgans und stimuliert das Gleichgewichtsorgan. Seine rhythmischen Amplitudenschwankungen erlauben der Stimme dynamisch an- und abzuschwellen. Außerdem zeigt es die innere Geschwindigkeit des Klangs und unterstützt damit das Legato. Hier ist ein physiologisches Vibrato beschrieben, das unabhängig vom Genre oder Fach in jeder entwickelten Stimme seine Berechtigung hat. Es wirkt unaufdringlich in der Stimme wie ein emulgierendes oder katalysierendes Element. Das Tremolo einer überanstrengten Opernstimme ist hier nicht gemeint. Ebenso nicht die Gewohnheit vieler Jazz- und Popstimmen am Ende der Phrase etwas zu zittern oder zu beben. Dies sind aufgesetzte Vibratotypen, die sehr stark den kulturhistorischen Moden unterliegen und verknüpft sind mit dem Parameter der Emotion in der Klangbeziehung, wie in Kapitel II.b besprochen wird.

Aus dem klanglichen Zusammenhang der Faszien und Diaphragmen so wie dem Kehlkopf und den Bauchorganen als vibrierend pulsierenden Röhren ergibt sich notwendigerweise eine Orientierung der Atmung an der Schwingung dieser Eingeweide. Dies läuft einer Steuerung der Atmung über eine Atemstütze, die sich nach einer willkürlichen Anspannung der Bauchmuskulatur ausrichtet, entgegen. Wenn „appoggio" als Atemstütze in der klassischen deutschen Gesangspädagogik – siehe Forchhammer I.a – so übersetzt wurde, dass wir einen festen Druck der Luft auf die fast geschlossenen Stimmlippen erzeugen müssen, sehen wir allein im Verhältnis der Stimmlippen als Unterdruckventil zu den Taschenfalten als auf Überdruck reagierendem Ringverschluss, eine Abkehr von der physiologisch günstigen Phonationsfunktion. Übermäßiger Druck aus der Lunge öffnet die Stimmlippen und drückt sie gegen die Wände. Mit viel Aufwand aktivieren wir von außen zuschnürende Hilfsmuskeln, um dennoch einen effektiven Stimmschluss zu erzielen. Der Druck auf die Taschenfalten drängt die Phonation in den primären Verschlussreflex des Kehlkopfs hinein. Die Reflexbereitschaft ist allgemein erhöht. Dies betrifft vor allem Würgen, Schlucken und den Schreckreflex als komplexe Reaktion des Körpers, die auch das Zwerchfell mit einbezieht.

„[Keleman] [...] zeigt die Schreck-Stressreaktionen als Kontinuum, innerhalb dessen sich Segmente fortschreitend versteifen und Körperräume zusammengedrückt werden. Der Halt der tiefen Schichten der gestreiften Skelettmuskulatur wird ersetzt durch die Kontraktion der glatten Eingeweidemuskeln und schließlich durch einen tiefen Spasmus des Neuralrohrs, der zu Empfindungs- und Bewusstlosigkeit führt. Das Schreck-Stresskontinuum macht deutlich, dass sich der Organismus zunächst nach oben zieht und damit seine obere von der unteren Hälfte trennt, sich aus dem Bauch-Beckenraum in die Brust, das Zwerchfell, die Kehle und das Gehirn hochzieht."[85]

In der Verkörperung der Atemstütze können wir viele Anteile beobachten, die Keleman in dem vorangegangen Zitat beschreibt. Die Körperwände werden komprimiert und aktiv nach oben gezogen. Die Folgen sind Versteifungen und Segmentierungen in Körper und Klang, die nicht mit einer ausgeglichenen durchgehenden Pulsation vereinbar sind. Die Pulsation wird zurückgehalten oder besetzt Muskelpartien im Ansatzrohr oder Gesicht. Die Folge ist ein früher Verschleiß[86] des Phonationsapparats. Auch die Übersetzung von „appoggio" in Atemrückhaltekraft durch Aktivierung der Einatmungsmuskulatur im Brustkorb während der Phonation hat eine Trennung der Körperräume wie oben beschrieben zur Folge. Nur die Druckverhältnisse in der Glottis erscheinen günstiger, sind aber auch nicht von der inneren Wahrnehmung gesteuert. Folgen wir dagegen der inneren Schwingungs- und Pulsationsbewegung, zeigt sich das alte Verständnis der Stütze als überholt. Brustbein und Schlüsselbeine als vergrößerte Wiederholung der Stimmlippen bilden mit den Schulterblättern als Stellknorpeln den Kehlkopf nach. Die großen Rückenfaszien von *Musculus trapezius* und *Musculus latissimus dorsi*, die wir beim ersten Blick auf muskuläre Modelle des Körpers wie große über den Rücken gespannte Drachen erkennen, bilden die Schlundschnürer nach. Die *Linea alba* verläuft als dicke Bindegewebssehne in der Mitte der Faszie des zentralen Bauchmuskels zwischen Brustbeinspitze und Schambein. Wird sie

85 Stanley Keleman „Verkörperte Gefühle – der anatomische Ursprung unserer Erfahrungen und Einstellungen" 2. Auflage, München 1995; S.96; englisches Original „Emotional Anatomy. The Structure of Experience", Berkeley/Ca. 1985.

86 Das vorzeitige Ende vieler Sängerkarrieren um das 50. Lebensjahr wird im Rahmen von stimmphysiologischen Fragestellungen, wie sie in der arbeitsphysiologischen Studie des Lichtenberger Modells bearbeitet wurden, häufig diskutiert.

leicht tonisiert[87] durch eine kleine Annäherung von Brust und Becken, in die auch der horizontal verlaufende Taillenschnürer oder *Musculus transversus abdominis* balancierend einstrahlt, beginnt im Antagonismus die Streckmuskulatur in der tiefen Rückenmuskulatur im Zusammenspiel mit dem Gleichgewichtssinn den Körper im Klang aufzurichten. Der Körper bildet die Strömungsverhältnisse im Kehlkopf nach. Das Zwerchfell liegt in der pulsierenden Einschnürung der Taille wie die Stimmlippen im Kehlkopf. Seine innere Pulsationsfähigkeit entscheidet über die strömende Aufrichtung des Klangs. So wie die Ausatemfokussierung den Schwingungsablauf hemmt, stört auch eine Ausrichtung an einer forcierten Einatemstellung des Brustkorbs die natürliche Einheit von Brust- und Bauchraum, in die das Zwerchfell als aufrichtender und beschleunigender Raumteiler eingelassen ist. Die Diaphragmen sind dann optimal schwingungsbereit, wenn sie um eine sog. „physiologische Nulllage" pendeln dürfen, die keine Richtung per se vorgibt. Schließlich ist der zusammenhängende Übergang von Brust- und Bauchraum beim Singen erst über eine Kaskade von Lösungsreaktionen möglich, die aus den Mechanismen des Schreck-Stressreaktionsmusters heraus führen. Eine tief sitzende Spannung im vorderen Bereich des Zwerchfells, d.h. im Bereich der Brustbeinspitze und darunter – Bereich des Sonnengeflechts oder „Plexus solaris" – verhindert meist die Übertragung der Schwingung in den Bauchraum. Erst wenn diese vornehmlich von einem sympathischen Nervengeflecht versorgte Stelle durchlässig wird in der Qualität von innerem Rieseln und zunächst warmem Strömen einer feinen Pulsation, kann die Gewebeschwingung zuverlässig Brust- und Bauchraum verbinden. Ist der parasympathische Zusammenhang im Klang erschlossen, verwandeln sich die Rumpfwände. Ich möchte sie beschreiben wie einen leuchtenden Flimmersaum, der sich in sich drehend von den Grenzen des alltäglichen Körpergefühls ablöst. Dies

87 Ein sehr kleiner, paarig angelegter dreieckiger Muskel über der Schambeinkante – *Muskulus pyramidalis* – erzeugt diese feine Tonisierung.

beschreibt einen Gewebeklang und keine Einzelgestalten von Sängerformanten mehr wie im eingangs erwähnten Zitat.

Entwicklungsfeld 5: Gewebe und Parasympathicus

Alle Gewebe haben eigene Klangcharaktere. Feinporiger Knochen klingt anders als Schleimhaut – etwa im Verhältnis von feinstkörnig summend zu etwas schlierig. Schleimhaut kann viele Qualitäten in sich haben – und verwandelt sich sehr schnell in der Schwingung von rau zu glatt, von trocken zu feucht etc. Bindegewebe kommt in sehr verschiedenen Typen im Körper vor. Die Sehnenplatten der Diaphragmen enthalten reichlich kollagenes Bindegewebe. Unter der Berücksichtigung dieses schwingenden Gewebes komme ich zurück auf die anfängliche Beschreibung der klanglichen Verschmelzung der Diaphragmenkette zu einer einzigen Gestalt. Wenn die klanglichen Oberflächen dieser inneren Membranen zunächst unzugänglich und fest erscheinen – so zeigen sie eine erste Veränderung, indem sie eine Brüchigkeit und Rauigkeit bis hin zu einer Rissigkeit anklingen lassen. Dies ist die Folge der Verklebung der kollagenen Fasern im Binnengewebe der Membranen. Kollagene Fasern umspannen die einzelnen Körperschichten wie Netze. Sie sind an sich nicht elastisch und reagieren auf übermäßige Belastungen mit Verformungen ähnlich dem Gewebe eines abgetragenen und ausgebeulten Kleidungsstücks. Vor allem wenn das Gewebe dehydriert ist, verlieren die kollagenen Fasern ihre Verformungsgeschmeidigkeit[88]. Sie ähneln dann langen Nudeln, die in Blöcken aneinanderkleben und nicht ganz durchgekocht sind. Sie klingen stumpf und dämpfend. Das ganze Spektrum solcher anklingenden Oberflächenqualitäten zeigt, wie sehr sich der Körper häufig im sympathischen Innervationsbereich befindet. Erst wenn der Klang Anzeichen von sämigen, aufgeschäumten oder zumindest leicht

88 Sog. „Tixotropie" von Ida Rolf, 1977: Bindegewebe ist eine kolloidale Substanz wie Butter oder Stärke und kann sich bei Zufuhr von Engergie von einer festen in einen flüssigere Form verwandeln, d.h. „Gel-zu-Sol" Konzept.

befeuchteten Stofflichkeiten zeigt, überwindet er die Oberfläche und dringt allmählich ins Gewebe vor. Feinste Vibrationen dringen zwischen die verdichteten Fasern und beginnen sie zu lösen. Dann tauchen echte Stofflichkeiten in der Klangwahrnehmung auf wie weiches Wachs, zähflüssiger Schaum, Honig oder Sahne. Diese werden schließlich transparent wie Gelatine oder gallertartiges Gewebe. Dann ist die Gewebeebene des Klangs erreicht. *Transsensus* der Muskulatur und *Intersensus* der Faszien stehen in Balance.

Im Verständnis der Körperpulsation sind die inneren Organe wichtig für die Qualität des Klangs. Vor allem die Därme sind sehr großzügig mit Membranen umkleidet und ausgekleidet. In ihnen kreuzt sich die Übertragung der parasympathisch ausgelösten Darmbewegungen in ihrer rhythmischen Qualität mit der Vibrationswahrnehmung der Klangschwingung durch den *Intersensus*. Polyrhythmie und Feinstschwingung – Pulsation und Vibration – dies ist die innerste und eigenste Sprache des Kehlkopfs. Hier wird die parasympathische Benervung[89] der Phonationsmuskulatur sinnfällig.

Als größter Nerv des *Parasympathicus* tritt der *Nervus Vagus* mit seinen weit durch den Organismus hindurchziehenden Funktionen im Klang hervor. Neben der motorischen Steuerung von Kehlkopf und Rachen, empfängt er auch die Berührung der Klangvibration am Trommelfell, im Außenohr, Zungengrund, Kehlkopf und Rachen – sowie in den Brust- und Bauchorganen. Der weit in den Organismus verzweigte Nerv, der nur im Hörgang an die Oberfläche tritt, schleust die sensible Rückkoppelung auf auditive und kinästhetische Klangberührung in die Tiefe der Eingeweideperistaltik. Als Fortsetzung der Orientierungsreaktion des Klangs in den angeregten Sinnen macht der *Nervus Vagus* Resonanzprozesse möglich, von denen wir bislang nur eine Ahnung haben. Auch die *Lamina profundis* im Kehlkopf sollte hier nochmals als Steuerungs- und Vernetzungseinheit erwähnt

89 *Nervus laryngeus recurrens*, einem Ast des zehnten Hirnnerven, *Nervus Vagus*, welcher als Hauptnerv des Parasympathicus die inneren Organe innerviert.

werden. Die Klangkörpergestalt kann nun sehr einfach werden – wie eine einzige vielstimmig schwingende Membran erscheint die Diaphragmenkette.

Die Klangqualität selbst gibt Aufschluss über die Gestimmtheit z.B. der Zunge. Indem der Klang die Sinnesorgane bespielt, ordnet er sie über die Sensorik neu. Dieses Wechselspiel erscheint fast unbegrenzt differenzierbar und schafft allmählich Zugang zu den Wirkmechanismen der Reflexe und Affekte, wodurch der Klang sowohl in der Sing- als auch in der Sprechstimme immer unabhängiger von ihnen wird. Mit der Qualität von *Transsensus* und *Intersensus* wird der Kehlkopf selbst zum Wahrnehmungsorgan für eine Klanggestalt, die die Grenzen von innen und außen aufhebt. *Transsensus* und *Intersensus* entspringen aus einem Zustandsnervensystem, welches hochsensibel für Schwingung ist. Die vegetative Balance wird verschoben zu Gunsten eines Ruhetonus ausgehend vom *Parasympathicus* und seinen regenerativen Eigenschaften. Der *Sympathicotonus* von Handlungsbereitschaft muss sich dem Zustandsnervensystem unterordnen. Ein übergeordneter Orientierungsreflex entsteht. Der Lernprozess für die Singenden besteht darin, sich bewusst am Zustand ihrer verkörperten Wahrnehmung zu orientieren, um diesen immer wieder abrufen zu können.

Es wird deutlich, dass diese frei schwingende Unabhängigkeit der körperlichen Resonanzräume in ihrer Vernetzung als „Klangkörpergestalt“ eine nachhaltige Beziehungsqualität zum Körper mit sich bringt.

II.b Stimmklang und Bedeutung

Aus den vorangegangenen Betrachtungen, Stimmklang als eigenständiges Phänomen wahrzunehmen, ergibt sich auch ein anderes Verhältnis von Stimmklang und Bedeutung. Stimmklang dient nicht mehr nur als Bedeutungsträger von Sprachbedeutung, Affekten oder musikalischen Aussagen, sondern der Klang der Stimme selbst bildet in sich Proportionen, die bedeutsam sind. Stimmklang folgt hierbei Prinzipien, die sich aus der Natur des Körpers ableiten, die Einbindung unserer mentalen Struktur in die Körperlichkeit zeigen und neue Bezüge von Geistigkeit und Lebendigkeit eröffnen. Die Verbindung dieser Prinzipien mit der im Folgenden erörterten „Qualität des Fremden" zeigt, wie das Mentale durchquert und überschritten wird in weiterführende Erfahrungsräume. Der Kehlkopf als autonom benervtes Steuerungsorgan des Klangkörpers erhält in der Gemeinschaft mit den Sinnesorganen die Möglichkeit, sich im Stimmklang selbst wahrzunehmen und zu regeln. Die Einheit der Sinne erlebt den Klang als übergeordnete Gestalt in einer stofflich durchdringenden Qualität. Die Gegebenheit, dass der Stimmklang sich den Sinnesorganen als Substanz mit einer bestimmten Feuchtigkeit, Dichte, Temperatur, Rauigkeit, Geschwindigkeit etc. zeigt, erlaubt es, ihn an Hand dieser Orientierungsmöglichkeiten weiter zu entwickeln. Diese Weiterentwicklung stellt in der pädagogischen Praxis die Frage nach einer Beziehung zum Stimmklang als solchem, der von den äußeren Bedeutungsbezügen durch Sprache, Musik und Ausdruck losgelöst ist, und einem „Sprechen über Klang", welches die Klangbeziehung mitteilbar macht. Dieser weiterentwickelte Klang kehrt das alte Verhältnis von Klang und Bedeutung um und führt in seiner Eigenart an neue Bedeutungsqualitäten heran, welche bestehende Wahrnehmungsgrenzen überschreiten, indem sie ein „Sich-Bewegen" über diese Grenzen als Verwandlung der eigenen Wahrnehmungsstruktur erlebbar machen.

1. BEZIEHUNG ZUM STIMMKLANG

„It is the inherent quality of your tone (not your sputterings, gaspings, hiccoughings, gruntings, wheezings, rattlings, smearings, tremblings, scoopings, slidings, sobbings, cacklings, raspings, bellowings, etc.) that makes the beauty of your song.
You cannot be sure of the effect you intend to produce until you are conscious of the reactions that prepare you to make it. Therefore the necessity of teamwork of your subjective and objective powers."[1]

Fremdheit

Das bewusste Hervorbringen qualitätsvoller Klänge – wie Lamperti es hier anspricht – ist ein langwieriger Prozess, der sich vor allem in der Beziehung zum Stimmklang zeigt. Als körperliche Techniken[2] in Erprobung stoßen Singen und Sprechen sehr schnell an physische Grenzen. Die „freie Stimme" ist Wunsch und Überforderung zugleich. In den Anfängen definieren sie sich möglicherweise über ein körperliches Gefühl von Öffnung, welches jedoch von außen wahrgenommen deutlich seine Begrenzung zeigt. Im Fall des Stimmklangs sind die technischen Grenzen des Systems nur etwas schwerer zu erkennen als z.B. beim Tanz. Doch der Klang selbst gibt Aufschluss über die Performanz der Wahrnehmungsorgane. Eine genaue Widerspiegelung

---

1 G.B. Lamperti in „Vocal Wisdom"; S. 80.

2 Vgl. Marcel Mauss „Die Techniken des Körpers" in „Soziologie und Anthropologie" Bd. 2, München 1975.

der Verhältnisse durch die betreuenden Gesangspädagogen ist hierbei von großer Wichtigkeit. Erst die Verinnerlichung dieser kompetenten Beobachtung ermöglicht eine Kooperation der subjektiven und objektiven Kräfte – wie sie Lamperti im oben zitierten Beispiel erwähnt. Um deren Begrenzung durch Gewohnheit und Ängste aufzulösen, muss es möglich sein, den eigenen Klang wie einen fremden zu hören. Die Erstickungsangst behandelt den Klang wie einen eindringenden lebensbedrohlichen Fremdkörper. Die Fallangst verhindert, dass der Körper sich dem Klang als lebendiger Raum erschließt, indem er sich neu organisiert und damit fremd wird. Der Körper erscheint ummantelt von Schutzmechanismen, die ihn als abgeschlossenes „Ich“ konstituieren. Dieses Subjekt scheut die Fremdheit als unangenehmen von außen kommenden Erkenntnisreiz oder als destabilisierende inwendige Veränderung. *Transsensus* und *Intersensus* sind dem so begrenzten Subjekt nicht zugänglich – weder bewusst noch unbewusst. Die Struktur dieser „Per-sönlichkeit“ – abgeleitet von „per-sonare“, d.h. *durchklingen* – ist nicht verbunden mit ihrer eigenen Hörsphäre, da sie sich von ihr nicht berühren lässt, und deshalb auch nicht klanglich transparent.

Im Weiteren folge ich der Frage, wie klangliche Begrenztheit ein Ansporn werden kann, sich in unbekanntes Gebiet zu erweitern. Wie kann Neugier auf Fremdheit ein Motivationsgrund für klangliche Entwicklung werden?

Dies ist der Ansatzpunkt für eine Gesangspädagogik, die nicht auf mimetischer Nachahmung beruht, sondern auf Anregung zur Wahrnehmung fußt. Die Pädagogen ermuntern die Lernenden, den Klang fremd werden zu lassen. Als Hilfestellungen geben sie Anleitungen zur Klangverfremdung. Ist diese Veränderungsbereitschaft erreicht, kann sich Fremdheit im Stimmklang erst wirklich entwickeln. Bald ist nicht mehr die Pädagogin oder der Pädagoge das Gegenüber, sondern der Klang selbst wird zum *Alter Ego*, d.h. der fremde Klang wird als Erweiterung der wahrgenommen Gestalt und als andere Form der Aufmerksamkeit erlebt. Physiologisch stimuliert Fremdheit hierbei den Orientierungsreflex, der der Einheit der Sinne beim Singen zugrunde liegt. Indem der Klang die Sinnesorgane berührt, verbinden sich Aufmerksamkeit und sinnliches Erleben. Ein Sprung aus der Fremdheit in eine teilnehmende Wahrnehmung geschieht, welche ihre Sinnesorgane als Veränderliche der Entwicklung durch den Stimmklang preisgibt. Synergetische Prozesse wie Rückkoppelung, Destabilisierung und Aufbauen einer neuen Ordnung können erst in diesem Stadium stattfinden. Empathie für sich selbst und für das Alter Ego erlaubt es, die Auflösung der alten Klanggewohnheiten nicht als bedrohlich zu erleben, sondern als Entwicklungsprozess in die fremde Klanggestalt. Verwunderung überwiegt den Eindruck der Schwächung und Verletzung beim Ablösen der alten Muster. Indem sich die klangliche Gestalt erweitert und den Körper als transparentes Instrument bespielt, empfinden sich die Singenden als Teil einer größeren Kraft. Es ist plötzlich nicht mehr entscheidend, mit „meiner Stimme in meine Kraft" zu kommen, sondern eine übergeordnete Erfahrung von Wahrnehmung zeigt sich: „Ich singe mit der Kraft der Stimme ..." In diesem Sinne enthält Singen als ein Sich-Bewegen eine reflexive Komponente, die nicht possessiv, d.h. „Besitz ergreifend" ist, sondern eine physiologische Rückkoppelung ins Nervensystem und damit umfassende Resonanz erlaubt. Das „Ich" des Stimmklangs erlebt sich als offen, indem es sich als stets veränderlich in seiner Kontingenz wahrnimmt. Es bezieht ein „Ich-als-ein-Anderer" mit ein. Es adaptiert die Klanggestalt als ein Phänomen, das per Gesetz der Schwingung Gegensätze nicht auflösen muss, sondern zwischen den Polen oszilliert. Insofern ist das Andere als das Fremde konstitutives Element der Klanggestalt. Wir hören es wie eine Stimme in oder hinter der Stimme. Das klangliche „Ich" ist und ist nicht. Es ist traurig und fröhlich, indem es zwischen schluchzen und lachen pulsiert. Intersubjektiv ist es in dem Sinn, dass es „Ich" und „Du" in der Stofflichkeit seiner Berührung überwindet. Da Wahrnehmungsorgane zunächst nur an der Beschaffenheit der Reize orientiert sind, bilden sie eine klangliche Interkorporeität – Wertung und Geschichten, die Einzelne mit den Reizen verbinden, sind dabei sekundär. Aus Fremdheit wird klangliche Freiheit im Sinne des *Transsensus* und *Intersensus*. Ist diese sinnliche

Rückkoppelung ausgebildet, besteht eine spielerische Beziehung zur Fremdheit des klanglichen Ereignisses. Klanglicher Reichtum und Vielfalt sind die Folge. Interpretation kann auf diese Weise stets neu geschehen in jedem Moment.

Validität und Iconosensus

Die Wertschätzung dieses Klangereignisses kreiert Bedeutung der Klangqualität, die sie in Beziehung zum Subjekt setzt. Die Validität dieser Beziehung erlaubt es, Ängste abzubauen, die das Gewebe und die mentale Einstellung zum Singen blockieren. Vertrauen in die gute Wirkung des Klangs ist die Grundlage jeder Entwicklung und damit auch jeder Stimmpädagogik. Der Klang kreiert neue Zustände der Selbstwahrnehmung. Diese sprechen eine Sprache, die dem Gewebe bekannt ist. Das Interesse an den Zuständen ist stark, weil diese angenehm sind. So entwickelt sich eine unmittelbare Beziehung zum Stimmklang. Diese Beziehung gibt dem Klang auf verschiedenen Ebenen eine Bedeutung. Die Bedeutung ist zum einen abhängig von den persönlichen Bedürfnissen, wie z.B. ein bestimmtes Repertoire singen zu können, eine gesundheitliche Verbesserung zu erreichen, in schwierigen Situationen mit sich selbst in eine andere Beziehung treten zu können oder einfach über eine vitale Sprechstimme zu verfügen.

Zum anderen gewährt die Klangbedeutung Zugang zu einem Bereich von inneren Bildern, die vom alltäglichen Bewusstsein nicht erreicht werden können. Die Klangschwingung selbst öffnet diese innere Erlebniswelt. Empfindungen tauchen gemeinsam mit inneren Bildern auf, die variabel aber nicht beliebig sind. Sie sind weder mental konstruierbar, noch sind sie emotional erzeugt[3]. Die Bilder der

3 Sie zählen nicht zum Bereich der Archetypen, denn dieser wäre viel zu scharf blickend in seiner Kategorisierung. Eher sind sie vergleichbar mit den Qualitäten, die der „felt sense“ von Eugene T. Gendlin hervorbringt. Wobei es nicht notwendig ist, prozesshafte Filtrierungsschritte zu durch-

Klangbedeutung werden unmittelbar durch das Schwingungserlebnis im Körper wach und zeigen sich unvermittelt ohne zeitliche Verzögerung zur auslösenden Klanggestalt. Dabei sind sie auch keine willentlichen Visualisierungen der Klanggestalt. Im Gegenteil verhindert ein Arbeiten mit vorgegebenen Bildern oder eine Ausrichtung an fixierten Metaphern die Ausprägung des inneren Klangsehens. Ein Begriff für diese unmittelbare Bedeutungsqualität des Stimmklangs, den Gisela Rohmert gewählt hat, ist „Empfindungsbilder". Da sie als bildhafter Abdruck eines entwickelten *Intersensus* im Bewusstsein auftreten, benenne ich den Sinn, der sie hervorbringt als „*Iconosensus*".

Gestimmtheit und Emotion

Emotion ist ein wichtiges Thema im Zusammenhang der Klangbeziehung. Vielfältige Wahrnehmungsperspektiven auf den Bereich der Emotion lassen sich vom klanglichen Geschehen ableiten. Ich beschränke mich an dieser Stelle auf die wichtigsten Felder in der Praxis der Stimmbildung.

Die erste unausweichliche Voraussetzung besteht darin, dass Stimmklang unmittelbar die Gestimmtheit wiedergibt. Die Färbung dieser Gestimmtheit zeigt die Beziehung zur Umwelt durch Reizbewertung, Handlungsvorbereitung und Kommunikationsbereitschaft als Absicht oder Reaktion. Außerdem zeigt sie die selbstbezügliche Gestimmtheit als Selbstregulation auf neurophysiologischer und hormonaler Ebene und als Reflexion und Kontrolle der Gefühle. Diese aufgezählten Funktionen von Emotionen sind Teil der Strukturierung der Emotionspsychologie von Klaus R. Scherer[4]. Auch die Primaten-

laufen bis sie sich zeigen. „Felt sense" ist ebenfalls keine Emotion nach Gendlin.

4 Klaus R. Scherer „Enzyklopädie der Psychologie, Bd. 3, Psychologie der Emotion, Serie IV, Motivation und Emotion", 1990; S. 4, Abb. 1 „Organismische Subsysteme in Beziehung zu Funktionen und Komponenten von Emotionen".

forschung[5] bezieht sich auf diese Art Stimmungsmitteilung über den Stimmklang. Für die Stimmpädagogik bietet es sich an, den Bereich der Gestimmtheit als persönliche oder private Emotion der Singenden oder Sprechenden zu bezeichnen, unter welche sich von den oben genannten Funktionen Reizbewertung, Systemregulation, Kommunikation von Reaktion, Reflexion und Kontrolle einordnen lassen. Die Funktionen der Handlungsvorbereitung und der Kommunikation von Intention zielen bereits in den Bereich des interpretatorischen Ausdrucks von Emotion – oder der stimmlich-emotionalen Handlung. Diese nach innen und nach außen gewandten Bereiche gilt es in der Stimmpädagogik an Hand der Beziehung zum Stimmklang zu klären:

Emotion leistet einerseits die Beziehungsfunktion zum Klang, doch andererseits tritt sie in der Praxis als klanglicher Engpass auf. Ist die emotionale Gestimmtheit zu dominant, verändert sie den Klang in Richtung einer starken Färbung, welche die Flexibilität des physischen Potentials beschränkt. Ebenso äußert sich eine starke Klangbewertung als Hemmnis. Der Kehlkopf ist in reflexhafte Funktionskreisläufe der Affekte eingebunden. Weinen, lachen, wimmern, schluchzen, würgen, ächzen, stöhnen, seufzen etc. setzen direkt an der Glottis an. Um ihn optimal als Instrument einsetzten zu können, muss er sich beim Singen von den direkten Affekten lösen. Emotion als auf reflexhaften Affekten basierende vermittelte Form des Selbst- und Fremdbezugs ist damit keine Klang fördernde Eigenschaft und führt auch nicht zur Klangbeziehung.

Gisela Rohmert befürwortet eine wertungsfreie Beziehung zum Klang, d.h. eine Art von aufmerksamer Neutralität dient als Grundlage für das Arbeiten mit einem Stimmklang, der nicht durch emotionalen Druck verformt wird. Klangliche Fortschritte befragt sie nach der Qualität von angenehm oder unangenehm, um sie in Beziehung zu den Singenden zu bringen.

---

5 Vgl. Julia Fischer „Tierstimmen" in Kolesch/Krämer (Hg.) „Stimme" Frankfurt a.M. 2006; S. 177 und Steven Mithen „The singing Neanderthals", London 2006.

Eine weit verbreitete Schwierigkeit besteht darin, dass musikalisch-klangliche Empfindung häufig mit Emotion gleichgesetzt wird. Diese Art der „gefühlsseeligen" Wahrnehmung von Musik und Klang klammert meist den Faktor der Fremdheit aus. Hierbei ist keine echte emotionale Beziehung zum Klang gemeint. Für die Art der differenzierten Betrachtung von Stimmklang in dieser Arbeit ist es notwendig, Empfindung unmittelbar an den Sinnesorganen anzusetzen, ohne in reine Reizempfangsschemata[6] zu verfallen. Diese Art der Empfindung führt zur Klangbeziehung, Empfindungsbilder des erwähnten *Iconosensus* sind Ausdruck ihrer Qualität. Sie kreieren erste Formen von Klangbedeutung. Emotionale Beziehung zum Klang spielt in die Empfindungsbereitschaft hinein. Demnach ist eine Entkoppelung der persönlichen Emotionalität der Singenden von der Emotionalität im Ausdruck günstig für klangliche Empfindungsqualität und technische Freiheit. So kann sich das erweiterte „Ich" des *Transsensus*, welches die Grenze zur Fremdheit überschreitet, entwickeln. Die Struktur der Emotionen des klanglichen Ichs unterscheidet sich von den persönlichen Emotionen durch ihre Nacktheit. Das klangliche „Ich" ist ein ausgeliefertes, das sich nicht in einen schützenden Mantel aus persönlicher Emotion hüllt.

Emotionaler Ausdruck im Klang

In der Emotionsforschung von Klaus R. Scherer findet sich eine anschauliche Brücke, die die Qualität emotionaler Zustände ins Klangliche übersetzbar macht. Scherer führt sie in einer Tabelle zur

6 Vgl. funktionale Wahrnehmungspsychologie in der Nachfolge von Helmholtz aufbauend auf Reiz-Reaktions-Schemata, in „Die Lehre von den Tonempfindungen als physiologische Grundlage für die Musik", Hermann von Helmholtz, Braunschweig 1863.

„propositionalen Struktur der Affekte“[7] von Rainer Krause auf. Hier werden für die einzelnen Affekte einfache polare Beschreibungen gebildet, die sich in den einfachen Paaren „ich – du“, , weg von – zurück zu“ bzw. „hinaus – hinein“ ausdrücken. So ist Ekel ein „Du-hinaus-aus-mir“, Wut ein „Du-weg-von-mir“, Angst ein „Ich weg von Dir“ und Trauer ein „Du-zurück-zu-mir“. Das „Du-weg-von-mir“ von Wut und Schreck unterscheidet sich in der Ausrichtung auf Kampfbereitschaft auf der einen und im Hinwenden zum Schmerzempfinden auf der anderen Seite. Auf der Ebene dieser einfachen Polarisierungen lassen sich Zustände im Zwischenhirn als Beziehungsfähigkeit durch Rhythmisierung von Schwingungspolen mit klanglichen Zuständen verbinden. Der Klang kennt dieses Spiel von „hin und weg“ in seiner Pulsation. Einfache Emotionen wie „Du weg von mir“ als Ausdruck von Wut oder Schmerz – oder „Du zurück zu mir“ als Ausdruck von Sehnsucht lassen sich direkt von der Schwingung transportieren in ihrer polaren Qualität von Sein und Nichts. Die Verstärkung des jeweiligen polaren Anteils im bedeutungsgebundenen Ausdruck reicht bereits aus, um klanglich Emotion zu vermitteln. So wird eine Schwingungsqualität erreicht, die einerseits die körperlich-seelische Einheit der Singenden mit der grundlegenden Ebene des Seins oder Nichtseins verbindet – und andererseits den Freiheitsgrad hat, jegliche emotionale Färbung anzunehmen. Im Zwischenraum der Pole bildet sich ein emotionales „Chiaroscuro“ heraus.

Der übergreifende Koordinator für das rhythmische Geschehen im Klang ist das Vibrato. Es wird als sängerisches Vibrato mit einer Frequenz von 5-8 Hz beschreiben. Peter-Michael Fischer bezeichnet es auch als die „natürliche Technik“ des „komplexen Vibrato“ – das „Endziel“[8] der sängerischen Entwicklung. Vibrato ist aber auch in der

7 Klaus R. Scherer „Enzyklopädie der Psychologie, Bd. 3, Psychologie der Emotion, Serie IV, Motivation und Emotion“, 1990; S.640, Abb. 2 „Die propositionelle Struktur der Affekte“ von Rainer Krause.

8 Peter-Michael Fischer „Die Stimme des Sängers“, s.o.; S.300f.

entwickelten Sprechstimme bekannt. Die angewandte Stimmphysiologie nach Gisela Rohmert entwickelt es sowohl in der Singstimme als auch in der Sprechstimme. Grundlegend muss es von der Vibration unterschieden werden, welche die Gewebeschwingung der hohen Frequenzen darstellt. Vibration zeigt weniger die innere Koordination einer Stimme an als deren Energiegehalt. Ein Reichtum an hohen gewebekompetenten Frequenzen ist Voraussetzung für eine gleichmäßige Pulsation und damit auch für ein ruhiges vernetztes Vibrato. Da das Vibrato auch mit der räumlichen Gestalt des Stimmklangs zu tun hat, wirkt es auch auf der Ebene des Gleichgewichtsorgans. Hier strahlt es in das kinästhetische Hören hinein und ist mit auslösend für das *Prinzip der Lösung* des *Transsensus* in einer Aktivierung der Extensoren – oder Streckmuskeln.

Liebe ist das einfachste Beispiel für das Verhältnis von Klang und Emotion. Die unbedingte Zuwendung der klanglichen Qualität durch *Transsensus* und *Intersensus* wird als liebevoll wahrgenommen. Hier können wir nochmals an die Berührungsqualitäten der Pulsation anknüpfen. „Fest-halten", „be-greifen", „weg-stoßen", „an-halten" sind als gerichtete Qualitäten von Beziehungsmustern nicht schwingungsfähig. Im oszillierenden Zwischenraum der Pole kann direkt an den klanglichen Ausdruck von Liebe angeknüpft werden – egal ob es inhaltlich um sexuelles Begehren oder Vergeistigung geht. Schwieriger ist die Darstellung von sozialer Liebe, da sie wieder die Verwickelung von persönlichen Vor- und Ablieben enthält. Ironie ist für Sänger die schwierigste Qualität, da der Stimmklang sich von seiner Rückbezüglichkeit vom Körper lösen muss – dies mindert das Ausdruckspotential von der Basis aus. Ekel weist ähnliche Probleme auf – ist aber durch den klaren Bezug von „hinaus aus mir" doch klanglich mitteilbar. Das Vibrato in seiner phasenverschiebenden[9] Pulsationsdichte, seiner mikrotonalen Schwankung und seiner dynamischen Ausprägung ist klangliches Ausdrucksmittel, welches die Gestimmtheit, Emotion,

9 Das Vibrato verschiebt die Schallwellen zusätzlich gegeneinander. Die entstehenden Schwebungen machen den Klang vielgestaltiger.

Beziehung in reflexiver und fremder Form, die Motivation und letztlich jede Qualität von Zuwendung oder Ablehnung in Kommunikation mit den Rhythmen des Zwischenhirns[10] in einer Art von innerem Magnetismus abbildet. Es ist ein Magnetismus mit den wechselnden Polen einer Schwingungsbewegung.

Pulsation wird zum Bedeutungsträger als Polarisation oder Schattierung in einer Auflösung der Gegensätze: Hell-dunkel, rau-glatt, männlich-weiblich, Sinn-Sinnlichkeit kommunizieren im Stimmklang miteinander in unmittelbarer Wirkung. So ist das klangliche Selbst in voller Konsequenz stets „chiaroscuro", „androgyn" und „bedeutungssinnlich". Nach der Forschung von Gisela Rohmert steht auch der Kehlkopf selbst physiologisch in der Phonation in einem Zustand zwischen „öffnen und schließen", „einatmen und ausatmen", „lachen und weinen", „bewusstem Einsatz und autonomem Schwingungsvorgang". Zusammenfassend lässt sich formulieren, dass klangliche Pulsation und das Vibrato, als übergeordneter Koordinator, als Träger der klanglichen Emotion wahrgenommen werden. Sie folgen dabei einer differenzierten Ja-Nein-Schattierung. Entscheidend ist, dass die Emotionen den Klang nur einfärben, aber nicht in seine grundlegende Gestalt eingreifen. Dann entwickelt sich ein freiheitliches Wechselspiel von Klang und seelisch-körperlichem Sein. Der *Iconosensus* bildet hierbei eine gute Orientierung. Wichtig ist es die Fragen der emotionalen Zusammenhänge im interpretierten Text auf ihre Polarisierungen hin zu klären.

Emotionaler Ausdruck in der Mimik

Wesentlich für den klanglichen Ausdruck von Emotion ist, dass die Bewegung der Mimik ebenfalls in den Klang eingreift. Interessant ist hierbei, dass die nervale Steuerung der Mimik[11] für willkürliche bzw.

10 Vgl. „limbisches System" in Kapitel II.a.1 „Sensorium commune – Einheit der Sinne".

11 Vgl. Klaus R. Scherer „Enzyklopädie der Psychologie Bd. 3" s.o.; S. 363.

unwillkürlich-spontane Äußerungen von Emotion durch den jeweils entsprechenden Nerven geschieht, welcher für den artikulatorisch kontrollierten bzw. den nicht vorher bestimmten Stimmklang verantwortlich ist. So geschieht die willkürliche Innervation der Gesichts- und Artikulationsmuskulatur über den *Nervus facialis*[12]. Es handelt sich um eine Steuerung über die pyramidalen Bahnen, welche den über Eindrücke erworbenen Ausdruck wiedergeben kann. Unwillkürlicher emotionaler Ausdruck der Mimik folgt ebenso wie die angeborenen Lautäußerungen den phylogenetisch älteren extra-pyramidalen Bahnen. Hierfür ist im Gesichtsbereich der *Nervus Trigeminus*[13] verantwortlich. Seine Funktion gilt als einleitend für instrumentelle Handlungen. Diese scheint sich zu decken mit dem Prinzip der Antizipatorik für „Sich-Bewegen" im Klang. Vom Trigeminus versorgt werden die zum Singen wichtigen Spann- und Balancemuskeln im Bereich von Mittelohr, Gaumensegel und Kiefergelenk, wie z.B. *Musculus tensor tympani, Musculus tensor veli palatini, Musculus pterygoideus medialis und lateralis*. Dominiert die facial innervierte Muskulatur bei der Stimmgebung, kommt es zu einer Abspaltung von der Schwingungsfähigkeit z.B. der Spaltung von Handlungsaktivität und Sensorik der Zunge. Diese Art der bewussten Emotionalisierung von Stimmklang muss infolgedessen mit technischen Einbußen und Stimmverschleiß rechnen. Echte Klangbeziehung als einfache Form der Reizauswahl gehorcht dem Prinzip der Schwingung. Schwingungsorientierte Mimik folgt der Orientierungsreaktion des Stimmklangs. Der *Nervus Trigeminus* ergänzt auf dieser Ebene die Funktion der Sinnesnerven und des *Nervus Vagus*. Klangbedeutung wird abschließend in diesem Kapitel nochmals über den Bereich von Fremdheit und Emotion hinaus besprochen.

---

12 7. Hirnnerv; auch: *Facialis, facial* innerviert.

13 5. Hirnnerv; auch: *Trigeminus, trigeminal* innerviert.

2. „SPRECHEN ÜBER KLANG“

„Inzwischen gelingt es mir mehr und mehr die normalerweise nach außen gerichteten Sinnestentakel einzuziehen, aus dem Druck in einen Sog umzulenken, auf die Sinnesorganhöhlen zu beziehen. Dehnungsrezeptoren kreieren eine Empfindung von innerer Großräumigkeit und Resonanzverschmelzung. Sinnesorgane und deren Höhlen werden dann zu einem großen lebendigen Vibrationsorgan. Die Entfaltung der Feinsensorik bildet ein Resonanzbett, das auch die Kehlkopffunktion mit einbezieht. Dieser Zustand innerer Verbundenheit wirkt sich übergreifend aus: Die neue Lebendigkeit d.h. die sensorische Wachheit reduziert Kritik, Absicherung und Emotionalisierung. Sie schafft Vertrauen und Selbstbewusstsein.“[14]

Mit diesen Worten von Gisela Rohmert beginnt der eigentliche „Hörblick“ in die Praxis. Ich berichte hier über meine individuelle Unterrichtssprache, d.h. die Art und Weise, wie in der angewandten Stimmphysiologie des Lichtenberger Modells nach Gisela Rohmert gesprochen wird und wie ich Sprache in meinem Verständnis einer angewandten Stimmanthropologie weiterentwickle.

Ein wichtiger Aspekt der Stimmpädagogik nach dem Lichtenberger Modell liegt in der Rolle der Pädagogen selbst. Diese beruht auf dem Wissen über Klang, das sie besitzen und ihrem jeweiligen Vermögen, dieses zu vermitteln. Wissensformen[15] des Klangs bilden jeweils eigene Sprachtypen heraus. Im Rahmen des Artikels „Funktionaler

---

14 Gisela Rohmert „Mit verwandelten Sinnesorganen singen (sprechen und musizieren)“ in „Mitteilungsblatt des Vereins zur Förderung der Stimmpädagogik durch Funktionales Stimmtraining“, Heft1/2006; S. 7.

15 Holger Schulze „Wissensformen des Klangs. Zum Erfahrungswissen in einer historischen Anthropologie des Klangs“ in „Musiktheorie – Zeitschrift für Musikwissenschaft“, Laaber Verlag Laaber 2007; S. 347-355.

Stimmklang – ein Prozess mit Nachhallligkeit"[16] habe ich die methodischen Entwicklungsstadien dieser klangorientierten Stimm-, Gesangs- und Instrumentalpraxis herausgearbeitet und möchte sie an dieser Stelle auf das Wesentliche zusammenfassen.

Üblicherweise arbeitet Stimmpädagogik mit den Mitteln der Nachahmung von der Lehrerin zur Schülerin. Diese bezeichne ich als *„mimetische Methode"*. Arbeitsweisen, die Funktionskreisläufe und deren Wirkungen mit einbeziehen, die unabhängig vom Ausdruck der Lehrerin funktionieren, bezeichne ich als *„wirkungsorientierte Methode"*. Das Lichtenberger Modell war in seiner Anfangsphase der arbeitswissenschaftlichen Erforschung neuer Prinzipien für den Stimm- und Instrumentalunterricht eine *„wirkungsorientierte Methode"*. Ein einfaches Beispiel hierfür ist die für die Phonation günstige Tiefstellung des Kehlkopfs, welche im Hängen der Arme an einer Stange durch eine Einatemtendenz der Stimmlippen erzeugt wird. Die Lehrer setzten diese Übung ein wegen ihrer guten Wirkung auf die Stimme, d.h. um ein idealtypisches Ziel zu erreichen. Die Schüler müssen dabei nicht den Zusammenhang der Übung begreifen, noch müssen sie die resultierende Veränderung der Klanggestalt am Kehlkopf und in seiner klanglichen Vernetzung zum restlichen Organismus erfassen. Sondern „wirkungsorientiert" heißt: „Was wirkt ist gut." Allerdings stand von Anfang an ein Funktionsbegriff im Zentrum der Lichtenberger Pädagogik, der den Anspruch hatte die Integration aller Übungen in die Funktionsweise des Kehlkopfs zu untersuchen und zu erklären. So können wir die Entwicklung des Lichtenberger Modells von einer *„wirkungsorientierten funktionalen Methode Typ I"* zu einer *„prozess- und vernetzungsorientierten funktionalen Methode Typ II"* von heute beschreiben. Dies ermöglicht einen Stimm-, Gesangs- und Instrumentalunterricht, der direkt auf die Kommunikation des Klangs mit dem Gewebe, d.h. die klangliche

16 Ulrike Sowodniok „Funktionaler Stimmklang – ein Prozess mit Nachhallligkeit" in „Funktionale Klänge", Sound Studies Bd. 2, Georg Spehr (Hg.), Bielefeld 2009; S.101-126.

„Selbstorganisation" im Sinne synergetischer Funktionsabläufe, eingeht. *„Prozess- und vernetzungsorientierter Unterricht"* hat keinen schematisch erfassbaren oder im Vorhinein fixierten Ablauf – ebenso gibt es auch keine „Übungen" im engeren Sinne von Abläufen, die sich ständig gleich wiederholen sollen, um sekundäre Muster auszuprägen. Sondern diese Art des Unterrichtens folgt in direktem und strengem Sinn den Prozessen von Klang, Körper, Reaktionen und bewussten Reflexionen in der Wahrnehmung der Schüler. Am Ende des Kapitels werde ich den *„prozess- und vernetzungsorientierten Unterricht"* in drei Felder an Hand der sprachlichen Perspektiven auffächern:

- Klang und seine Eigenschaften
- Aufmerksamkeit und Wahrnehmung
- Beziehung zum Klang

Zunächst zeige ich zwei praktische Beispiele aus dem Unterricht, die wichtige Fragen, Antworten und Perspektiven zum Teil auch in Dialogform enthalten:

„Die Ohren im Klang"

Eine aktive Einbeziehung der Ohren in den Stimmklang ist anfangs eine Seltenheit, auch wenn sie nicht schwierig zu erreichen ist. Da der Ohrraum in den üblichen Gesangsmethoden nicht vorkommt, ist auch unter Profis eine aktive Beteiligung des Ohrs am Stimmklang meist unbekannt.

Die Lernenden werden gebeten zu hören. Wo ist die Aufmerksamkeit dieses Hörens – in diesem Raum, im Körperinnenraum oder bei den von draußen kommenden Geräuschen? Dann werden sie angeleitet mit den Handflächen über die Ohrmuscheln zu streichen, ganz leicht, als wollten sie nur die Härchen darauf berühren. Was hören sie jetzt? Häufig wird das streichende Geräusch wie eine Berührung am Trommelfell empfunden. Wie ist das Hören nach dem Streichen? Wie ist jetzt das Verhältnis von Hören im Raum, im Körperraum und von draußen? Nach einer kleinen Weile bildet sich ein auditives

Kontinuum, das Berührung, Außen- und Innenraum zulässt als ein einziges kinästhetisches Hören. Jetzt ist es möglich, die Stimme hinzuzunehmen und einzelne Klänge auf angenehmen Tonhöhen mit dem Vokal „a, o oder u" auszuhalten, so dass die Qualität des Hörens erhalten bleibt. Dies ruft in vielen Fällen eine fremde Wahrnehmung der Stimme hervor. Sie klingt anders, fühlt sich anders an. Interesse für Fremdheit und Veränderungsbereitschaft sollte geweckt werden, falls es nicht ohnehin spontan auftritt. Jetzt können auf Ohrebene Vibration und Pulsation angeregt werden, falls sie noch nicht vorhanden sind und nur neu in die Aufmerksamkeit miteinbezogen werden müssen. Ein leichtes Anlehnen des Knorpelvorsprungs *„Tragus"*[17] über dem Hörgang verstärkt den Hochpassfilter im Außenohr. Beim Singen wird der Stimmklang jetzt heller wahrgenommen. Kann dieses Phänomen auch beim Weglassen der Finger bleiben? Wie verhalten sich rechtes und linkes Ohr zueinander? Welches klingt heller? Gibt es eine Verbindung zwischen den Ohren? Dieses Stimulieren der Wahrnehmung entwickelt nach und nach die Beteiligung der *Eustachischen Röhren* im rechten und linken Mittelohr. Die Klanggestalt des Ohrs wird so immer vollständiger – bis sich beide Ohren in Art von zwei klingenden Trichtern, die sich in der Mitte berühren, gegenüberstehen. Auffällig hierbei ist, wie Helligkeit und Dunkelheit im Klang gleichermaßen zunehmen. Die angeregten Ohren bewirken die für die Phonation günstige Tiefstellung des Kehlkopfs durch Anregung des Prinzips der Lösung über den Hirnstamm. Häufig kommt es im Zuge dieser zunächst unbewussten Reaktion zu vermehrtem Gähnen, welches bei hartnäckigem Andauern das Fortschreiten des Prinzips der Lösung verhindert. Mit dem „alten Kinderspiel" von „Ohr auf – Ohr zu" in schnellem Wechsel kann Pulsation simuliert werden. Jedoch geht es vor allem bei Letzterem mehr um klangliches Erleben als um die konkrete Wirkung. Auch lassen sich diese Anleitungen nicht verstehen wie ein Kochrezept – sie benötigen klangliches Gespür und Erfahrung. Als Stimulationen laufen sie niemals gleich ab, müssen auf Situation

17 Siehe Abb. 1.

und Schülerin abgestimmt werden und sind endlos kombinierbar mit anderen Wegen zur Klangwahrnehmung und Umsetzung – auch wenn die Klanggestalt letztendlich stets den gleichen Gesetzmäßigkeiten folgt.

„Klangkörpergestaltwahrnehmung"

Im Folgenden beschreibe ich einen Dialog zwischen Lehrerin (L) und Schüler (S):

Der Schüler soll einige Klänge in seiner bequemen Lage in der Bruststimme aushalten. Nach seinen Antworten auf die Fragen der Lehrerin wiederholt er dies jedes Mal mit der neuen Ausrichtung, die die Lehrerin in ihren Fragen anregt. Sie gibt die Tonhöhen dabei jeweils in Halb- oder Ganztonschritten auf dem Klavier vor.

L:

Wo ist der Klang? Und wie ist der Klang?

S:

Ich spüre ihn rau und trocken im Kehlkopf. Die Kopfräume sind etwas mehr beteiligt als der Brustraum.

L:

Halte Deine Hände als Reflektoren so, dass der Klang in den Kehlkopf zurückkommt.

S:

Der Klang ist jetzt etwas kräftiger geworden. Der Kehlkopf wirkt entlastet. Wenn ich die Hände etwas seitlich vom Kopf halte, sind auch die Ohren im Klang. Der Klang ist mir jetzt fast etwas zu scharf und laut.

L:

Benutze Deine Hände in der gleichen Haltung, aber gib ihnen die Aufgabe, mit Ihrem Gewebe den Klang zu hören.

S:

Die Hände sind jetzt ganz unauffällig geworden. Sie scheinen transparent zu sein für den Klang. Der Klang ist jetzt glatter, er hat so eine sämige Qualität.

L:

Nimm jetzt die Hände wieder weg und frage weiter, ob dieser klangliche Zustand bleiben kann und was er mit Dir macht.

S:

Der Klang ist jetzt hell und dunkel zugleich. Der Brustraum scheint mehr mitzuschwingen. Der Kehlkopf fühlt sich sehr angenehm an.

L:

Wie ist die Klanggestalt?

S:

Ich kann nur den Klang im Köper wahrnehmen – er füllt jetzt den ganzen Brustraum.

L:

Wir haben in der letzten Zeit sehr viel mit der Körperwahrnehmung beim Singen gearbeitet. Um die Körpergrenzen der Alltagswahrnehmung zu überwinden, möchte ich Dich heute mehr in die Klanggestalt locken. Bitte singe weiter wie eben. Ich werde mich hinter Dich stellen und mit diesen zwei Rasseln (Chicken-Shakes) spielen. Du singst einfach weiter – als gehöre das Rasseln zu Deinem Klang.

S:

Es ist erstaunlich. Die Rasseln haben sich völlig mit meinem Klang verbunden. Als Du aufgehört hast zu rasseln, klang es zunächst als seien sie noch dabei. Außerdem gehen in Richtung der Rasseln von meinem Hinterkopf zwei Streifen nach hinten – als ob er sich nach dort ausdehnt.

L:

Singe weiter und orientiere Dich dabei an diesen Streifen. Was haben sie für eine Körnung? Tauchen weitere Streifen oder Ähnliches im Klang auf? Wie verbinden sich die Körpergrenzen mit diesem Klang?

S:

Die äußeren Streifen bilden jetzt einen hellen Saum, der wie ein „V“ durch die Ohren läuft, um sich im Kehlkopf zu verbinden. Dabei wurzelt er tief im Brustraum. Mein Brustbein erscheint dabei unscharf – irgendwie leicht, fast schwebend.

L:
Nimm noch einmal die hörenden Hände zur Hilfe, halte sie aber diesmal überkreuzt.
S:
Zunächst wurden die Streifen noch vielschichtiger. Jetzt haben sie sich plötzlich aufgelöst. Mir ist etwas schwindelig.
L:
Singe weiter ohne die Hände und frage wie die Qualität des Klangs in etwas Distanz ist – sagen wir bis ca. zehn Meter Entfernung von Dir.
S:
Der Klang strahlt jetzt in alle Richtungen. Vor allem hinten ist er ungewohnt stark. Ich nehme meinen Körper nur sehr diffus, dabei aber als sehr ruhig wahr. Insgesamt ist der Klang aufgerichteter als vorhin.
L:
Nimm die Gestalt Deiner Schulterblätter im Klang wahr.
S:
Sie haben helle Ränder und scheinen ein wenig abgehoben vom Rücken. Dabei sind sie aber sehr deutlich in der Mitte ein wenig zusammengezogen. Als sie sich ein wenig vom Rücken ablösten, richtete sich plötzlich meine Lendenwirbelsäule auf.
L:
Dies ist die Wahrnehmung einer Klangkörpergestalt – so verfahren wir jetzt weiter (zählt andere Körperteile auf ...).

Dieses Beispiel zur Klangkörpergestaltwahrnehmung zeigt eine bereits etablierte Sprache zwischen der Lehrerin und einem fortgeschrittenen Schüler. Zwischen den einzelnen Schritten laufen nicht alle Reaktionen und Äußerungen stets so problemlos ab. Häufig muss nochmals wiederholt werden mit modifizierter Fragestellung. Was ich in diesem Beispiel für die Leser gar nicht wiedergegeben habe, ist die Klangwahrnehmung der Lehrerin, nach der sich alle ihre Fragen und Anweisungen ausrichten. Sie hört in der Methodik einer in Kapitel I.b erwähnten „kinästhetischen Empathie“. Mit ihrem gesamten Organismus bildet sie das klangliche Erleben des Schülers nach. Vor allem die Schwingungsverhältnisse im Kehlkopf zeichnen sich vor ihrem hörenden inneren Auge als feine hell konturierte Strukturen ab. Im erwähnten Beispiel hatte der Schüler anfänglich eine starke Tendenz beim Vokal „a“ die Stellknorpel etwas zu spreizen und nach vorne zu kippen. Bei jeder klanglichen Umstrukturierung brach plötzlich die „mediale Kompression“ zusammen und die Stimme versagte. Es folgte ein gereizter Hustenanfall. Im vorgstellten Stadium hatte der Schüler bereits genügend Selbstwahrnehmung entwickelt, um die Klangberührung im hinteren Teil des Kehlkopfs zuzulassen. So konnte er innerhalb von sechs Jahren eine sehr sonore Sing- und Sprechstimme mit einer hohen freien Klangenergie entwickeln und schließlich selbst professionell als Stimmpädagoge arbeiten.

Grundlagen im Verständnis zwischen Leherein und Schüler sind folgende: Zum einen muss sich die Lehrerin vergewissern, wie weit die Klang- und Körperwahrnehmungen des Schülers gehen und wie seine Beziehung zu ihnen ist. Zum anderen muss sie ein Gespür entwickelt haben, welche Schritte sie als nächstes anregen kann – stets in der Reaktionsbereitschaft den Klang so weiter zu geleiten, wie er sich spontan entwickelt. Außerdem spielt auch eine subtile Privatsprache in den Unterricht hinein, in der Ebenen mitgeführt werden können, die sich noch nicht bewusst dem Klanglichen erschlossen haben.

Wichtig für die pädagogische Haltung der Lehrenden in der angewandten Stimmphysiologie nach dem Lichtenberger Modell ist, dass sie eine unterstützende widerspiegelnde Perspektive einnehmen, die es den Lernenden ermöglicht, eine eigenständige Beziehung zum Klang, der Klanggestalt und dem Klangkörper aufzubauen. In dieser Funktion müssen die Lehrenden einen praktischen Bezug der Lernenden zu den drei oben genannten Punkten mit Hilfe der Sprache herstellen. Im Sprechen laufen alle Fäden der vorangegangenen Kapitel zusammen. Sprache muss einerseits berücksichtigen, dass der Kehlkopf nicht der Willkürmotorik untersteht – also Handlungsanweisungen nur bedingt funktionieren können, und andererseits, dass sie die jeweiligen Gesprächspartner — im Normalfall Lernende, die ihren Stimmklang entwickeln möchten – dort abholt, wo sie stehen.

Sprache muss außerdem die Stofflichkeit des Klangs in den Sinnesorganen mit der Gestalt des Klangs und der Funktion des Körpers verbinden. Im Normalfall haben lernende Anfänger noch keine Sprache für Stimmklang entwickelt, weil dieser üblicherweise nicht als eigenes Phänomen wahrgenommen wird. Nonverbale Gesten haben einen wichtigen Anteil an der Unterrichtssprache. Sie zeigen, wenn klangliche Beziehung und Sprache noch nicht entwickelt sind, unbeabsichtigt auf die zentralen Schwingungsorte des Körpers und sagen in ihrer Bewegungsqualität etwas über die Klangbeziehung aus. Ist die sprachliche Vermittlung ausreichend und die Beziehung zu den oben genannten Punkten einmal etabliert und verinnerlicht, kann der Unterricht bewusst vorwiegend nonverbal ablaufen, d.h. der Stimmklang selbst bildet dann das vermittelnde Glied, da beide Seiten über den Klang alle nötigen Informationen erhalten, die ein Einverständnis über die weitere Entwicklung ermöglichen.

Zum weiteren Verständnis der Praxis erläutere ich die im dialogischen Beispiel verwendeten „drei Grundfragen“ an den Stimmklang:

- „Wo ist der Klang?“
- „Wie ist der Klang?“
- „Was macht der Klang mit mir?“

Die Frage nach dem Ort ist eine Orientierungsfrage. Sie hat per se eine anthropologische Dimension, die es in den folgenden Abschnitten zu Stimmklang, Bedeutung und Freiheit zu entfalten gilt. In der Praxis sollten zunächst einfache Schritte in der Wahrnehmung eingeleitet werden: Die Vibration im Körper zu fühlen ist eine einfache und klare Aufgabe. Der Klang kann aber auch als Gestalt im Raum wahrgenommen werden, oder auf andere schwingende Gegenstände bezogen werden, wie z. B. vibrierende Fensterscheiben oder die Schwingungen des Klaviers, das den Ton angibt. Im dialogischen Beispiel gab es eine aktive Klangstimulation durch Rasseln mit zwei Chicken-Shakes. Oft geschieht die Antwort auch nonverbal oder zumindest teilweise mit

Gesten. Die Bewegung der Hände – auch im Verhältnis zueinander – sagt dabei etwas über die Qualität der inneren Kehlkopfstruktur aus.

Die zweite Frage nach der Qualität des Klangs führt bereits etwas weiter. Hier wird die Stofflichkeit des Klangs in den Sinnesorganen angesprochen. Ein breit gestreutes Vokabular ist dabei möglich, je nachdem in welchen Zusammenhängen Menschen leben und arbeiten: Geräusche aus der Natur oder von Maschinen, die Konsistenz von Essbarem oder Kunststoffen, dies hängt vom Erfahrungsspielraum der Lernenden ab. In manchen Fällen ist weder eine Wahrnehmung des Klangs noch eine des Körpers vorhanden, dann muss die Aufmerksamkeit selbst thematisiert werden. So kann auf Ort und Qualität des Stimmklangs nur eingegangen werden, wenn nicht von vorneherein Werturteile die wahrnehmende Präsenz versperren. Werturteile sind in unseren Gewohnheitsmustern verinnerlicht. Sie haben ihre Berechtigung gefunden als Werkzeuge, mit denen wir unseren Alltag bewältigen. Eine physiologisch ausgerichtete Sprache kann helfen, einen neutralen Ort zu etablieren für klangliche Wahrnehmung. Besonders die Beziehung zur Klangstofflichkeit – siehe nächster Abschnitt – als Experiment oder z.B. als Verschmelzung von Zutaten bei der Zubereitung von Mahlzeiten hilft, die Bewertung loszulassen und die einfache Natürlichkeit klangkörperlicher Prozesse anzunehmen. Es gibt aber auch die Möglichkeit, dass sich der Klang im Organismus kaum abbildet und nur wenig Veränderung zeigt, obwohl schon eine Wahrnehmung für den Klang vorhanden ist. Diese Möglichkeiten führen zur dritten Frage, welche die Beziehung der beiden ersten Fragen zur lernenden Person anspricht: „Was macht der Klang mit mir?“

Diese Frage zielt auf die Tatsache, dass die teilnehmende Wahrnehmung des Stimmklangs die Wahrnehmenden und ihre Sinnesorgane bereits verändert. Generell spielt hierbei die Motivation eine Rolle, Gewohntes zu verlassen und sich auf Fremdes einzulassen. Fremdheit kann als natürlicher Zustand und wichtiger Teil des klanglichen Prozesses vermittelt werden. Dies ist der Moment, in dem das klangliche *Alter Ego* oder auch „die Stimme in der Stimme“ auftaucht.

Manchmal treten hierbei Widerstände und Ängste auf. Sie sollten in geeigneter Form thematisiert werden.

Zusammenfassend komme ich nun zu den drei übergeordneten Punkten des „Sprechens über Klang" im Unterricht:

Klang und seine Eigenschaften

Klang zeigt sich in einer besonderen Form von Stofflichkeit den Sinnesorganen. Die Eigenschaften von Temperatur, Rauigkeit, Bewegung, Feuchtigkeit, Aggregatzuständen etc. spielen hierbei eine Rolle. Den Körper durchklingend, zeigt der Klang seine räumliche Hell-Dunkel-Gestalt – „Chiaroscuro". Vernetzung und Proportion sind wichtige Kriterien, um Körperlichkeit im Klang zu beschreiben. Beschreibung von Zuständen (*Transsensus, Intersensus*) und Empfindungsbildern (*Iconosensus*) nimmt Bezug zur Entwicklung des Klangkörpers. Eine wichtige Spielart sind Begriffe, die einfach nur laut ausgesprochen werden, und dabei unmittelbar eine Veränderung des Stimmklangs bewirken. Die Begriffe können anatomische Bezeichnungen sein wie *„Lamina profundis"* des Stimmbands, d.h. Körperteile werden einbezogen, die wir willkürlich nicht ansteuern können, weil sie sich unserem Alltagsbewusstsein entziehen. Oder sie thematisieren den stofflichen Gehalt des Klangs wie „mehlig" oder „Glasnudel". Sie folgen der Idee einer Handlungsbereitschaft im Organismus der Singenden, die nicht aktiv handelt, sondern den Klang zum Handlungsträger macht. Auch ganze Sätze können so verwendet werden, die z.B. Proportionsverhältnisse im Körper thematisieren. Dies zählt auch zum stimulativ-pädagogischen Ansatz der *prozess- und vernetzungsorientierten funktionalen Methode Typ II.*

Aufmerksamkeit und Wahrnehmungsqualität

Wichtig ist der Grad der Aufmerksamkeit für die Klangwahrnehmung. In welcher Verfassung sind die Sinne und ihre Sinnesorgane? Kann der Klang wahrgenommen werden oder nicht? Ist diese Wahrnehmung von Absichten und Wertungen geprägt oder teilnehmend? Erlebe ich den Klang neu oder fremd? Lasse ich mich vom Klang verändern? Wie verhalten sich dabei Klang und Raum, innen und außen, Körper und Umgebung, Oberflächen- und Tiefensensorik?

Beziehung zum Klang

Wird die Beziehung zum Klang als Zuwendung erlebt, knüpft sie nach Glaser an das Lösungsprinzip in der Bewegung an. Dieses Vertrauen ist nach Gisela Rohmert der Schlüssel, um Ängste, Widerstände und Unberührbarkeit gegenüber der Schwingung abzubauen. Motivation, sich von der Fremdheit des Klangs berühren zu lassen, ist die Folge. Ruhe in der Erregung zu finden, bedeutet technische Unabhängigkeit im körperlichen Zusammenhang und erzeugt einen Zustand von Freude und Freiheit.

Knappe Anweisungen in der Form von Verben wie „lösen, fallen lassen, gleiten etc.“ stimulieren bei den Lernenden ein dem Klang folgendes Verhalten. Ein sparsam dosierter Reichtum von Adjektiven und attributiven Ergänzungen schließt die erwähnte Stofflichkeit des Klangs auf, die sich an einer beschreibenden statt an einer wertenden Wahrnehmung orientiert. Ihr Gehalt kann sowohl reflexiv als auch vorwegnehmend sein. So führt Sprechen über die Klangbeziehung von der Motorik hin zur Sensorik. Formulierungen lassen sich hierbei ableiten wie „es widerfährt mir“ etc. Doch ist Vorsicht damit geboten, diese Sätze in Affirmationen zu fixieren. Dies entspricht nicht der situativen Lebendigkeit des Klangs. Letztlich löst sich die Notwendigkeit im Unterrichtskontext zu sprechen auf, wenn der Einigungsbedarf zwischen Lehrenden und Lernenden völlig vom klanglichen Erlebnis und seiner Entwicklung abgedeckt wird. Sprechen über Klang führt somit aus der Sprache heraus.

3. BEDEUTUNG DES STIMMKLANGS

„If your song does not ‚take possession of you‘, before you start, you are subjectively not ready to sing it. [...]
Cell intelligence (senation in nerve and muscle throughout the body) and atomic power (reactions that pervade the whole body and produce co-ordinated energy) are the two main factors in singing."[18]

In der vorgestellten Praxistheorie vom Kapitel II bietet es sich an, zunächst an der Entwicklung des Klangkörpers zu arbeiten und dann zur Gesangsliteratur oder zu Sprechtexten überzugehen. An dieser Stelle möchte ich den umgekehrten Vorgang vorstellen: Wir können ebenso beim Stück beginnen und von dort den Stimmklang entwickeln im Bedeutungsgefüge des Textes. Der Weg vom Text in die Textur der Stimme ist sogar ein äußerst reizvoller, weil er die Verhältnisse so abbildet, wie wir sie im Leben außerhalb der Unterrichtssituation vorfinden.

Stimmliche Äußerung ist stets kommunizieren. Die unmittelbare Beziehung zum Stimmklang knüpft an Wazlawick[19] an – man kann mit dem Stimmklang „nicht nicht kommunizieren". Diese doppelte Verneinung meint im Positiven, dass Stimmklang immer etwas bedeutet. So wie er alle Organe und Dinge in ihren Stofflichkeiten berührt, bildet er ihren Zustand ab. Er deutet sie und gibt ihnen Bedeutung in einem Kontextbezug, der in seiner Natur von stetiger Kommunikation liegt. Dies gilt es nun im Übergang von stofflichen zu abstrakten Prozessen zu verstehen. An dieser Stelle müssen wir den Weg aus der organismischen Welt des Klangs, den uns die angewandte Stimmphysiologie eingeräumt hat, zurück in die kulturhistorischen

18 G.B. Lamperti „Vocal Wisdom", Urtext von 1893 transcribed by William Earl Brown mit Lillian Strongin (Hg.), New York, 1931/1957; S. 79.

19 Paul Wazlawick „Es ist unmöglich, nicht zu kommunizieren." in „Menschliche Kommunikation", Bern 2011.

Bezüge bahnen, in denen wir Stimmklang als einen Signifikanten[20] wahrnehmen, der sich in klaren Prozessen mit Bedeutung auflädt. Seine eigene changierende Stofflichkeit macht ihn zu einem starken Bedeutungsträger. Die anthropologische Dimension des Stimmklangs als eines übergeordneten Orientierungsreflexes, der den Körper in *Transsensus* und *Intersensus* unterwandert und überschreitet, macht ihn schließlich zum Bedeutungsträger menschlicher Entwicklung per se. In den von Christoph Wulf erwähnten Lebensdynamiken „Vorlauf zum Tod" und „Rücklauf zur Geburt" [21] erweitert Stimmklang den Spielraum menschlichen Erlebens. Er dringt in die tiefsten Schichten des Gewebes vor und eröffnet einen inneren Wahrnehmungsraum als Konsequenz einer profunden Wissenschaft des Körpers. Die Überschreitung der Körpergrenzen in eine innere Welt, die gleichzeitig kraftvoll und subtil ist, rührt an den tiefen Bedeutungen des Lebens.

Da Stimmklang als Medium der Sprache immer hinter ihr verborgen bleibt, scheint der Weg vom puren Stimmklang als Signifikanten direkt in die konkrete Bedeutung unzugänglich und fremd. Wir leben in einer Welt, die immer schon sprachlich ist, in der das Wort als siegreicher, alles prägender Signifikant hervorgegangen ist. Wenn Mladen Dolar über die „Wunde" der Kultur spricht, die die Stimme heilen soll – aber seiner Meinung nach nicht vermag, dann meint er genau diesen Verlust einer vor- oder außersprachlichen Erfahrungswelt (siehe Kapitel I.a). Die Sprache entzieht uns die Wahrnehmung vom Stimmklang, weil sie stets vom bereits Wahrge-

20 Vgl. Ulrike Sowodniok „Stimmklang und Bedeutung. Fünf Perspektiven auf den resonierenden Körper – oder: Wer singt mir, die ich höre in meinem Körper das Lied?" in „Zeitschrift für Semiotik, 1-2, 2012: Situation und Klang" Holger Schulze/Roland Posner/Stefan Debus (Hg.), Tübingen 2013.

21 Christoph Wulf „Der mimetische Körper – Vorlauf zum Tod, Rücklauf zur Geburt" in „Paragrana, Internationale Zeitschrift für Historische Anthropologie" Band 17, Heft 1 „Medien, Körper Imagination" Mark Poster/Christoph Wulf (Hg.), Berlin 2008; S. 107.

nommenen spricht. Roland Barthes, der im aktuellen Diskurs um die Stimme vielleicht zum ersten Mal verstanden wird, tat schon zu Beginn der 1970er Jahre den entscheidenden Schritt, indem er fragte: „Was singt mir, der ich höre in meinem Körper das Lied?“[22] So verschob er den Kontaktstreifen zwischen der Musik und dem ihr in reichhaltigen Attributen schon immer vorauseilenden sprachlichen Signifikanten zu Gunsten des Stimmklangs als „Körnung der Stimme“ oder im Französischen „Grain de la voix“. Ihn faszinierte die Rauheit der Stimme als ihre körperliche Textur in dem Moment, wenn die Sprache auf eine Stimme trifft in einem Lied, z.B. im Klavierlied von Franz Schubert oder Gabriel Fauré.

„Ich werde diesem Signifikanten sogleich einen Namen geben, auf dessen Ebene, wie ich glaube, die Versuchung des Ethos ausgeschaltet – und somit das Adjektiv verabschiedet werden kann: es ist die *Rauheit* (le grain): die Rauheit der Stimme, wenn diese sich in zweifacher Stellung befindet, zweifaches hervorbringt: Sprache und Musik.“[23]

Wenn wir abschließend verstehen wollen, wie wir mit einer Körpertechnik des Stimmklangs künstlerisch im aktuellen kulturellen Kontext arbeiten können, müssen wir an dieser Stelle alle beschriebenen Entwicklungsstufen, die uns eine tiefere Betrachtung und Umsetzung des Stimmklangs ermöglichen, nochmals konkret auf ihre Tragfähigkeit für Bedeutung untersuchen. Als abschließende Zusammenfassung des zweiten Kapitels lassen sich fünf Stufen der Verkörperung des Stimmklangs kristallisieren, die ich im Folgenden auf fünf Körper verdichten möchte: Der äußere Körper, der innere Körper, der empathische Körper, der fremde Körper und der Nicht-Körper.

22 Vgl. Roland Barthes „Die Rauheit der Stimme“ in „Was singt mir, der ich höre in meinem Körper das Lied“, Berlin 1979.

23 Roland Barthes „Die Rauheit der Stimme“ in „Was singt mir, der ich höre in meinem Körper das Lied“, Berlin 1979; S.22; Im Original: „Le grain de la voix“ in „Musique en jeu“, Nr. 9, Paris 1972.

Der äußere Körper

Wenn wir den Körper mit den Mitteln der modernen Physiologie betrachten, ist er stets ein Körper im Außen. Das distanzierte Auge der Naturwissenschaft betrachtet den Körper als ein Gegenüber, das es durch Beobachtung und Messung zu erklären und zu quantifizieren sucht. Auch die Körperinnenräume, jede feinste Membran ist Teil dieses nach außen projizierten Körpers. Im Fall der Lichtenberger angewandten Stimmphysiologie war es eine arbeitswissenschaftliche Studie, die sich genau dieses Körperbegriffs bediente, um Sänger und Musiker ergonomisch zu vermessen. Die Methoden der Physiologie erlaubten es, einen Schnitt zu setzen in das kulturhistorisch aufgeladene Ideal vom Singen und Musizieren. Man konnte losgelöst von ästhetischen Werturteilen auf die tatsächliche Beanspruchung des Körpers beim Singen und Musizieren blicken. Der Gewinn war ein physikalisch orientierter Klangbegriff, der sich im Zeitgeist wiederum mit dem Klangbegriff der elektroakustischen Musik deckte. Die Funktionskreisläufe im Körper wurden auf diesen Produktklang hin optimiert und immer weiter aufgedeckt. Somit können wir schließen, dass der physiologische Körper klangliche Körperfunktionen detailliert benennbar macht. Wir können ihnen die konkreten Orte in der Anatomie des Körpers zuweisen und ihre funktionalen Zusammenhänge nach physiologischen Gesetzmäßigkeiten benennen. Besonders die Synergetik, so wie die Lehre von den Strömungen und den komplexen Schwingungen geben uns ein anschauliches Verständnis von den organischen und akustischen Vorgängen bei der Phonation. Durch die digitalen Medien gibt es heute die Möglichkeit, sich ein kleines Versuchslabor zu Hause aufzubauen. Die entsprechende Software und ein paar einfache Mikrofone etc. erlauben es auch den interessierten Laien, den eigenen Stimmklang einer akustischen Analyse zu unterziehen, die auf dem Bildschirm sichtbar gemacht wird. Viele Methoden werben heute mit technischen Mitteln zum Selbsttraining. Dies sind die Errungenschaften des äußeren Körpers. Auf dieser Ebene trägt Stimmklang keine Bedeutung. Er ist lediglich neutrale Funktionseinheit und als solche losgelöst von ästhetischen Fixierungen. Es stellt sich nun die Frage, ob wir mit den digitalen Medien kreativ werden wollen und den Stimmklang elektroakustisch bearbeiten, oder ob wir in gleichem Maße die Erkenntnisse dieser physiologisch ausgerichteten Medien auf die eigene Körperwahrnehmung übertragen wollen.

Der innere Körper

Wenn wir phänomenologisch forschen im Sinne der Philosophie von Waldenfels oder Merleau-Ponty, wie im ersten Kapitel beschrieben, thematisiert sich die Perspektive auf den Körper von innen aus der eigenen Wahrnehmung heraus. Nun kommen wir nochmals an den Punkt, warum der Stimmklang als Phänomen eine „auditive Wissenschaft" des Körpers bedingt: Wir können den Körper des Stimmklangs aus der Innenperspektive eines „Körpers-für-mich" nur wahrnehmen über eine mulit-modale Verbindung der Sinne, wie es z.B. im kinästhetischen Hören in *Transsensus* und *Intersensus* der Fall ist. Dem intentional isolierten visuellen Sinn bleibt dieser innere Körper verschlossen. Mit den Augen allein können wir unseren eigenen Körper nur begrenzt von außen wahrnehmen. Hier muss die erwähnte *Kritik der Sinne* einsetzen. Ein responsiv synthetisch differenzierender Sinnesorganismus erlaubt dem Wissen der Naturwissenschaften, Physiologie und Anatomie, Einzug in das innere Körperwissen zu halten. Dies gelingt nur, wenn es ein Subjekt gibt, das es überträgt. Dieses Subjekt muss mit einem Klang-Körperwissen ausgestattet sein, das den „Körper-für-sich" erschließt. Merleau-Ponty schreibt in „Die Verflechtung – der Chiasmus" auch über die Responsivität des Hörens von Stimmklang:

„Wie der Kristall, das Metall und viele andere Substanzen bin ich ein tönendes Wesen, aber meine eigene Vibration höre ich von innen her; wie Malraux gesagt hat, höre ich mich mit der Kehle. Und darin bin ich – wie er ebenfalls gesagt hat – unvergleichlich, meine Stimme ist verbunden mit meiner eigenen Lebensmasse wie keine andere Stimme, die ich vernehme. Aber wenn ich dem

Anderen, der spricht, genügend nahe bin, um seinen Atem zu hören, um sein Aufbrausen und seine Erschöpfung zu spüren, so kann ich das ungeheuerliche Entstehen seiner Lauterzeugung fast so miterleben wie mein eigenes."[24]

Wie wir ausführlich gezeigt haben, enthält das kinästhetische Hören als multimodaler Sinne in *Transsenus* und *Intersensus* diese Wissensform im Besonderen. So findet von den Lehrenden zu den Lernenden eine Induktion dieses Praxiswissens statt. Empathie ist entscheidend für das Gelingen dieser intersubjektiven Prozesse, wie wir im nächsten Abschnitt sehen werden. Auch in der Mensch-Maschine-Beziehung funktioniert diese Wissensübertragung z.B. von visuell zu auditiv, wenn Klangbeziehung und Empfindungsgenauigkeit bereits entwickelt sind. Übende, die regelmäßig mit einem Gerät für Fourier-Analyse arbeiten, werden nach und nach die visualisierten Frequenzspektren auch im eigenen Stimmklang erkennen können. Möglicherweise werden sie diese Differenzierung so weit treiben, dass sie bald mehr hören können als das Gerät ihnen anzeigt. So können sie zum einen die Spielarten der Technik erweitern und präzisieren und zum anderen die Physiologie in die eigene Wahrnehmung verinnerlichen. Entscheidend ist, dass sie die *Kritik der Sinne* betreiben, die z.B. die Erlaubnis einer visuellen Unschärfe enthalten sollte, – wie im Abschnitt „Der Klang sieht sich selbst" – zu Gunsten einer auditiv-kinästhetischen Bewusstwerdung der Klangsinnlichkeit. Am Beispiel von Gisela Rohmert haben wir gesehen, dass sie gleichermaßen als Probandin und Forscherin in der arbeitswissenschaftlichen Grundlagenforschung des Lichtenberger Modells auftrat. Dies war der Moment, in dem innerer Proportionssinn im auditiv-kinästhetischen Selbstkontakt mit physiologischem Wissen verschmelzen konnte. Der innere Körper kann dann mit den Begriffen des äußeren Körpers transparent gemacht werden. Intersubjektiv geteilte praktische Erfahrungen werden an diesem Punkt mitteilbar. Wir folgen in diesem Sinne dem Signifikanten an seine

24 Merleau-Ponty, Maurice „Die Verflechtung – der Chiasmus" in „Das Sichtbare und das Unsichtbare", München 1986; S. 189.

Spielorte und in die Qualitäten seiner Spielarten. Unabhängige Klangbedeutung erschließt sich im inneren Körper noch nicht.

Der empathische Körper

Wie ausführlich im Kapitel II.b über die Klangbeziehung beschrieben, erschließt sich der innere Körper nur, wenn wir ihn empathisch annehmen. Wir entwickeln ein Einfühlungsvermögen in die Schwingungszustände der Orte der inneren Physiologie. Wir erleben innere Bewegtheit bei uns und bei anderen. Die Welt der verborgenen inneren Organe erschließt sich so im Stimmklang. Ein Prozess entspinnt sich, den wir als „Autosonifikation“ bezeichnen können, d.h. wir entwerfen unser eigenes „Ultraschallbild“ im Sinne des erwähnten *Iconosensus*. Im empathischen Körper erlebt sich das klangliche Subjekt als unbegrenzt nach innen und außen. Im angloamerikanischen Diskurs der Cultural Studies sind im Bereich der Tanz- und Theaterwissenschaften die Begriffe „kinästhetische Empathie“ und „Intersubjektivität“ bereits etabliert.

„This part explores the uses and effects of kinesthetic empathy in very different environments and disciplinary contexts – applied theatre, dance movement psychotherapy, and cognitive psychology – looking at the range of ways in which kinaesthetic empathy impacts on social interactions.“[25]

Kinästhetische Empathie integriert den multimodalen kinästhetischen Sinn in *Transsensus* und *Intersensus* in die Bereitschaft des Sich-einfühlens. Somit zeigt sich der empathische Körper in einer sinnlich-emotionalen Körperlichkeit in seiner bewussten Selbst- und Fremdbetrachtung. Auf dieser Stufe des Erlebens wird Intersubjektivität oder – wie von Nancy geprägt, siehe I.b – „Interkorporeität“ möglich. Die Subjekte erfahren sich als eigenständige Individuen, die die Erfahrungen von anderen in Grupppenprozessen teilen. Sie einigen sich über

25 Dee Reynolds/Matthew Reason „Kinesthetic Empathy in Creative and Cultural Practices“, Bristol (UK)/Chicago (USA) 2012; S. 29.

grundlegende Übereinstimmungen in ihren Erfahrungen und können so in einen fortschreitenden Erfahrungsaustausch treten. Themen in Bezug auf den Stimmklang können z.B. seine Stofflichkeit, seine Gestalt und seine körperliche Anbindung sein. Der empathische Körper erkennt die Wirkung des Klangs auf allen Ebenen – wie Körper, Emotion und Mentales, aber er ist noch nicht mit der Klangbedeutung in Berührung.

Der fremde Körper

„Unity of an interpretation (or creation) is dependent on the aural imagery of the song as a whole. Attention to detail belongs to the studio and not to the stage. The singer loses continuity of sensations and feelings the moment a detail obtrudes itself on his consciousness.“[26]

Erst im empathischen Selbstbezug können wir Fremdheit im Sinne von Waldenfels erleben. Die Beziehung zum Stimmklang bewegt den Körper bis wir unbekannte Zustände erleben. Wir treten durch ein Stadium der Verwunderung ein in einen neuen Raum, in dem uns Körper und Sinne verwandelt erscheinen. Dies ist der Moment, in dem sich der Signifikant mit dem Signifikat verbindet. Stimmklang trägt Bedeutung, wenn wir seine Fremdheit zulassen. Genau dann lösen wir uns von Absichten und Ausrichtungen auf eine eindrucksvolle Bedeutungsmacht ihren Parcours aus endlosen Details, die unser eigentliches freiheitliches Schwingungspotential ersticken. Wir lassen uns berühren von den großen Bedeutungen der tiefen menschlichen Sehnsüchte: Ruhe, Frieden, Präsenz, Wahrheit, Glückseligkeit, Liebe und Freiheit ereilen uns in diesem Augenblick ohne falsches Pathos in ihrer Schlichtheit und natürlichen Größe. Biografien von großen Sängerstimmen erwähnen solche besonderen Momente, in denen Sänger alle Technik, allen Perfektions- und Gestaltungswillen hinter sich ließen und in völligem Erstaunen oder mit starker Rührung in Zustände gerieten, die sich in ihrer Schlichtheit, Größe und Direktheit

26 G.B. Lamperti „Vocal Wisdom“, Urtext von 1893 transcribed by William Earl Brown mit Lillian Strongin (Hg.), New York, 1931/1957; S. 110.

auch dem Dirigenten, den Musikern und dem Publikum vermittelten. Leider wird häufig in solchen Erzählungen vieles übersteigert bis hin zur Sentimentalität. Es geht hier nicht um wagnerianisches Schwelgen in großen Gefühlswallungen, sondern eher um Schlichtheit und Hingabe, die es erlaubt die persönlichen Vorstellungen und Vorlieben für einen äußerst subtilen größeren Kontext aufzugeben. In diesem Moment trifft der Orientierungsreflex im Stimmklang auf seine eigene Sinnhaftigkeit. Der Wunsch zu singen oder singen zu lernen ist häufig unbewusst mit dieser Art von Bedeutungsfindung aufgeladen. Singen wird in dieser Art von Berührung von Signifikant und Signifikat häufig mit „Fliegen" assoziiert. Der höchste Wert in einer Stimme wird meist mit „Freiheit" gleichgesetzt. Deshalb ist das dritte Kapitel dem Thema von „Stimmklang und Freiheit" gewidmet. Wir können an dieser Stelle bereits erkennen, wie sich klangliche Bedeutung und Bedeutungsfindung von sprachlicher Bedeutung unterscheidet. Sprache ist ein völlig konträres Mittel, das dazu eingesetzt werden kann, Zustände zu verkürzen, zu übergehen oder zu vermeiden. Auch dazu wird das letzte Kapitel eine Synthese bilden. Im Anhang befindet sich die Beschreibung eines Hörbeispiels, das zum Download bereitsteht, in dem genau mit dieser Art von Bedeutungsfindung gespielt wird.

Der Nicht-Körper

Als letzte Konsequenz wird der Bedeutungskörper des Stimmklangs ein „Nicht-Körper". Der Klang hat auf dieser Stufe alle körperlichen Eigenschaften zu einem einheitlichen Resonanzkörper verbunden. Dieser bereits erwähnte Klangkörper ist als Erfahrungsraum völlig verschieden vom Alltagskörper. Im Alltag spüren wir den Körper oft nicht, d.h. wir sind uns unseres Körpers nicht bewusst. Stimmbildung nach stimmphysiologischer Ausrichtung wird häufig mit Bewusstwerdung des Körpers gleichgesetzt. Doch in letzter Konsequenz gehen wir nicht in einer Fixierung auf, indem wir völlig mit dem Körper identifiziert sind, sondern lösen uns in aller Bewusstheit aus den alltäglichen Grenzen. Stimmklang unterwandert und überschreitet den

Körper in einer neuen Gestalt, die wir mangels begrifflichen Kontexts nur als „Nicht-Körper“ bezeichnen können. In Kapitel I.b. erwähnte ich Michel de Certeau, der der jüdisch-christlichen Tradition ein Gründungsverschwinden des Körpers attestiert. So zeigt sich die Schwäche unserer abendländischen Wissenschaft, den Körper zu erkennen und zu entfalten. In der historischen Anthropologie gab es in den letzten Jahren starke interkulturelle Bemühungen, die Körperbegriffe aus den östlichen Kulturen[27], wie Japan und Indien, in den europäischen Diskurs übertrugen. Letztlich fehlt in unserer Kultur, z.B. im Vergleich zur indischen Kultur, eine ungebrochene mystische Wissenschaft[28] des Körpers.

> „Mit Hilfe des Tonstroms, dem ein magnetischer Zug nach oben eigen ist (und zu dem die Yogis nur nach einer schweren Schlacht über die sechs Körperzentren gelangen), bewegt man sich geradewegs aufwärts, um ‚sahasrar‘ zu erreichen, sobald sich die Seele unter der Leitung eines fähigen und kompetenten Meisters, der den Lebensimpuls in uns erwecken kann, über das Körperzentrum erhebt.“[29]

An dieser Stelle bezeichnet der Nicht-Körper die Überschreitung in einem Neubeginn auf der alleruntersten Stufe der subtilen Körper des menschlichen Wesens. Die zitierte Wissenschaft des Körpers im „Surat Shabd Yoga“ – oder dem Yoga der Aufmerksamkeit auf den inneren Tonstrom – zielt auf die Verbindung des Selbst mit dem absoluten Selbst. Wir erkennen hier einen Körperbegriff, der sich nach intensivstem Selbststudium selbst überschreitet in einer klaren Orientierung auf den Sinn des menschlichen Daseins hin und unter konkreter Anleitung

27 Axel Michaels/Christoph Wulf (Hg.) „The Body in India: Ritual, Transgression, Performativity“ Paragrana Internationale Zeitschrift für Historische Anthropologie, Band 18, Heft 1; Berlin 2009.

28 Kirpal Singh „Die Krone des Lebens – die Yogalehren und der Weg der Meister-Heiligen“; Bern 1987.

29 Ebd: S. 85.

eines kompetenten Lehrers. Im interkulturellen Vergleich können wir einen „Status quo“ benennen: Der Stimmklang als übergeordneter Orientierungsreflex, in der Verbindung aller Sinneskanäle mit dem inneren vegetativen Sinn, zielt stets auf diese Verschmelzung mit einer übergeordneten Bedeutung. Hier können wir die starke Sehnsucht im Gesang nach der Einheit von Stimmklang als Bedeutungsträger und der menschlichen Bedeutung selbst wiedererkennen.

In letzter Konsequenz ergibt sich aus den fünf Körpern des bedeutungstragenden Stimmklangs die Möglichkeit einer neuen Musik und eines anderen Sprachverständnisses. Dies werden wir im folgenden Kapitel unter dem Aspekt von Freiheit als Bedeutung des Stimmklangs untersuchen.

III. Synthese: Stimmklang und Freiheit

An dieser Stelle gilt es die in Kapitel I aufgenommenen Fäden durch das Gewebe von Kapitel II hindurchzufädeln, um wahrzunehmen, welche Wesenszüge die erwähnte Praxis des Stimmklangs als Praxistheorie in den theoretischen Positionen der Gegenwart zum Thema Stimmklang annimmt. Der grundlegende Aspekt, dem ich in dieser abschließenden Synthese folge, ist der der „Freiheit". Ich verwende an dieser Stelle keine expliziten Freiheitstheorien und auch keine Praktiken der Befreiung wie z.B. Zen. Es ist mir mehr daran gelegen, auf die Motivation – oder genauer die Sehnsucht – aufmerksam zu machen, die Menschen dazu treibt, sich intensiver mit einer Praxis des Stimmklangs im Singen oder Sprechen auseinanderzusetzen. Dies ist die bekannte Sehnsucht nach der „freien Stimme"! Vor diesem Hintergrund führe ich in den Diskurs meiner eigenen Methode, der „angewandten Stimmanthropologie", ein.

Stimmklang: Von Wahrheit und Freiheit

„Objectivity alone is unrestful, awkward and rigid. It can be used only for gymnastics. Led by subjectivity it becomes restful, graceful and elastic."[1]

1 G.B. Lamperti „Vocal Wisdom", Urtext von 1893 transcribed by William Earl Brown mit Lillian Strongin (Hg.), New York, 1931/1957; S. 76.

Wo enden wir in diesen Untersuchungen zum Stimmklang? Bleibt uns letztlich ein „armer Diskurs“, weil die Methodiken der erwähnten Geisteswissenschaften (Phänomenologie, Sprach-, Theater-, Kultur- und Musikwissenschaften, Anthropologie, Psychologie, Philosophie) von auditiver Wissenschaft, Stimmphysiologie und praktischer Wahrnehmung sich gegenseitig ausschließen?

Wenn wir „die Ordnung des Diskurses“ von Michel Foucault den Diskurspraktiken in diesem Buch zu Grunde legen, müssen wir erkennen, dass durch alle wissenschaftlichen Bemühungen der „Wille zur Wahrheit“ hindurchscheint. Foucault bezeichnet ihn als die „gewaltige Ausschließungsmaschinerie“[2], die versucht, das verbotene Wort und den Wahnsinn unterzuordnen, zu modifizieren und zu begründen. Da Stimmklang als Phänomen mitten in unserem Körper gebildet wird und unseren Sinnen so am nächsten steht – wie er sie in gleicher Weise aber auch immer schon unterwandert und überschritten hat, wundert es nicht, dass er diesem Machtbestreben des Willens zur Wahrheit über lange Wissenschaftsepochen zum Opfer fiel. Bezüglich der Geisteswissenschaften finden wir Foucault und Barthes im Konsens, wenn sie vom unendlichen Signifikanten sprechen, dieser Anhäufung von Worten, die ein endloses Vor-sich-Herschieben des Diskurses erzeugt, der jegliche Form der Gegenströmung oder Erfahrung von Diskontinuität mit seiner eingeschriebenen Methodik vertäubt. In den Naturwissenschaften sieht Foucault diese Ausschließungstendenzen beginnend am Übergang des 16. zum 17. Jahrhundert vor allem in England:

„[...] ein Wille zum Wissen, der im Vorgriff auf seine wirklichen Inhalte Ebenen von möglichen beobachtbaren, messbaren, klassifizierbaren Gegenständen entwarf; ein Wille zum Wissen, der dem erkennenden Subjekt (gewissermaßen vor aller Erfahrung) eine bestimmte Position, einen bestimmten Blick und eine bestimmte Funktion (zu sehen statt zu lesen, zu

2 Michel Foucault „Die Ordnung des Diskurses“, Frankfurt a.M. 1991; S. 17.

verifizieren anstatt zu kommentieren) zuwies; ein Wille zum Wissen, der (in einem allgemeineren Sinn als irgendein technisches Instrument) das technische Niveau vorschrieb, auf dem allein die Erkenntnisse verifizierbar und nützlich sein konnten."[3]

Wir erkennen in dieser Beschreibung von Foucault, wie sich Natur- und Geisteswissenschaften gegenseitig ausschließen – und wie schwierig es deshalb heute ist, die herrschenden Wissenschaftsmeinungen mit praktischen Erfahrungen in einer Kritik der Sinne zu hinterfragen. Johan Sundberg schreibt im vorletzten Kapitel von „The Sience of the Singing Voice" über sein Verständnis von Messung und Eigenwahrnehmung der Sänger:

„When we listen to voices, few of us think of formant frequencies, voice source fundamental, phonation frequency, intensity in dB, and so on. Rather, we process these acoustical data in a sophisticated way, so that we hear voice properties such as pitch, loudness, voice timbre, aggression, tenderness, insinuation, and whatnot. Until now, we have primarily dealt with voice as described in objective, physical terms. In this chapter we will try to bridge the gap between some of these objective terms and certain perceptual terms, to the extent that something definite is known."[4]

Wir sehen in diesen Worten eine vorsichtige Annäherung zwischen wissenschaftlicher Methodik und Wahrnehmung in den Sinnesorganen. Der Wille zur Wahrheit im naturwissenschaftlichen Konsens soll hier in einigen Analogien in die Wahrnehmung überführt werden. Die Betrachtung geht von der Perspektive aus, dass die Messungen objektive Wahrheit abbilden, wo die Eigenwahrnehmung trügen kann. Auffällig ist, dass die beiden Vorgehensweisen in kein methodisches Verhältnis gesetzt werden. Wir sehen, dass – ähnlich wie der Stimmklang in den Schriftwissenschaften – hier das wahrnehmende

3 Ebd. S. 15.

4 Johan Sundberg „The Sience of the Singing Voice", DeKalb, Illinois 1987; S. 157.

Subjekt vom herrschenden Diskurs methodisch ausgegrenzt und vergessen wurde. Ein Methodenbuch für Sänger braucht allerdings genau diesen Abgleich mit der Eigenwahrnehmung, da es in der Praxis des Singens unterstützen soll. Eine Wiedereingliederung dieser Wahrnehmung bedarf in meinem Verständnis eines ausführlichen methodischen Vergleichs, wie wir ihn in der *Kritik der Sinne* im „Plädoyer für eine auditive Wissenschaft" unternommen haben. Diese innere Diskurskritik konnte – wie in Kapitel I beschrieben – im geisteswissenschaftlichen Diskurs im Feld der „Kulturen des Performativen" durch die Untersuchung der Performativität des Stimmklangs geschehen.

Analog zum „Willen zur Wahrheit" in den Wissenschaften gibt es in den Körperpraktiken wie der angewandten Stimmphysiologie einen „Willen zur Freiheit". Mladen Dolar erwähnt auf den letzten Seiten von „His Master's Voice"[5] die Bestrebungen der Psychoanalyse zur Freiheit. Sicherlich versucht jede Praxis, diese Freiheit für sich zu beanspruchen. Wenn wissenschaftliche Systeme durch Ausschließung funktionieren, erreichen Praktiken dies durch Ausweitung auf ein immer breiteres Feld von Anwendungsgebieten und Übenden. In dieser Form konkurrieren Praktiken untereinander. „Freiheit", d.h. mit freier Stimme singen und sprechen, ist ein sehr bekanntes Ziel oder ein Gemeinplatz für jede Art von Stimmbildung. Diese Tendenz eines instrumentalisierten Willens greift Foucault im „Willen zum Wissen" und im „Willen zur Wahrheit" auf, indem er sich auf den „Willen zur Macht" im Sinne von Friedrich Nietzsche bezieht.

> „... Und, um es noch am Schluss zu sagen, was ich Anfangs sagte: lieber will noch der Mensch *das Nichts* wollen, als nicht wollen ... "[6]

So zeigt sich in Nietzsches Worten die grundlegende Form einer Kritik der Sinne: Indem wir stets unserem Willen unterworfen sind, binden

5 Vgl. Mladen Dolar „His Master's Voice – Eine Theorie der Stimme", Frankfurt a.M. 2007; slowenisches Original „O glasu", Ljubljana 2003.

6 Friedrich Nietzsche „Zur Genealogie der Moral", Stuttgart 1988; S. 165.

und fixieren wir unsere Sinne an Ziele, die wir vor uns herschieben. Wir verlieren uns in dieser Fixierung auf die Ziele und die vielen Bedeutungen, mit denen sie behaftet sind. Wahrheit und Freiheit können uns auf diese Weise nie begegnen. Auf die Sinne bezogen befinden wir uns in einem Stadium der Verwirrniss und Vertäubung. Unserer Gewohnheit folgend ordnen wir die Sinne, indem wir sie trennen und spezialisieren. In der Kritik der Sinne haben wir die Responsivität der Sinne und ihre darin enthaltene Fähigkeit, in der Synthese Differenzen zu bilden, besprochen. Als den „Nullpunkt" dieser Synthese können wir das Stadium der „meditierenden Sinne" von Gisela Rohmert in Kapitel II.a.1 setzen. Diese Eigenschaften der Sinne erlauben einen reflexiven Blick auf das Drängen und den Druck des instrumentalisierenden Willens. An dieser Stelle erahnen wir die nicht instrumentalisierte, sondern gelöste Qualität von Wahrheit und Freiheit. Michel Serres schreibt in seinem Buch zu den „fünf Sinnen" über die Schwierigkeit dieser harten Form der Erkenntnis in die sanfte Welt der Sinne überzugehen.

„Die Frage nach der Erkenntnis, sinnlicher Wahrnehmung und Sprache stellt sich in diesem fächerförmig aufgespannten Spektrum, in der Spanne, die vom Harten bis zum Sanften reicht, einem abgeschlossenen Intervall, das von Hindernissen, Wegen und Schikanen durchzogen ist. Ineinandergeschachtelte Kästen, in denen aus dem Kanonenschlag nach und nach ein vertrauliches Flüstern wird.
Wo auf diesem Weg lassen wir das Harte hinter uns und gelangen definitiv zum Sanften? Wann? Wir sind nicht fern von diesem Datum."[7]

Eine Kritik des „Willens zur Wahrheit" und des „Willens zur Freiheit" erzeugt eine Härte, von der zur sanften *Kritik der Sinne* und ihrem Gegenstand, dem Stimmklang, immer wieder neue Übergänge gefun-

7 Michel Serres „Die fünf Sinne. Eine Philosophie der Gemenge und Gemische", Frankfurt a.M.; S. 151f.

den werden müssen. Stimmklang eröffnet einen Wahrnehmungsraum von größter Feinheit.

Vor diesem Hintergrund können wir die abschließende Frage des Buches stellen: Auf welche Weise führen die in den ersten beiden Kapiteln erwähnten Eigenschaften des Stimmklangs zu einer Praxis der Freiheit?

Zunächst müssen wir nochmals den Körperbegriff untersuchen, von dem wir ausgehen können. Wir haben den Körper der „auditiven Wissenschaft" in Kapitel I.b definiert und in Kapitel II in Form einer genotypischen Phänomenologie beschrieben. Es ist der Körper der Sinne, den Merleau-Ponty im Verhältnis von innerer und äußerer Berührung in „chair" – dem stofflichen Moment des Fleisches – findet. Analog beschreibt Nancy die Berührung von Körper und Freiheit:

> „Tatsächlich hat der Körper die eigentliche Struktur der Freiheit und umgekehrt: Doch keiner der beiden setzt sich, weder in sich noch im anderen, als Grund oder Ausdruck der Struktur voraus. Der Sinn der Struktur beruht nicht auf einem Verweisen der beiden aufeinander – Verweisen des Zeichens und/oder der Grundlage –, sondern der Sinn beruht genau auf dem infiniten Abstand des Zueinanderkommens. Es gibt keinen ‚freien Körper', es gibt keine ‚inkarnierte Freiheit'. Sondern vom einen zum anderen öffnet sich eine Welt, [...]."[8]

Bezogen auf den Klangkörper und seinen Weg, über den Klang als Signifikanten in die Bedeutung einzutreten, finden wir in dieser Beschreibung des Verhältnisses von Körper und Klang keinen gerichteten Zeichenprozess und damit auch keinen instrumentalisierten Willen. Die Bedeutungsprozesse der Welt bilden einen Zwischenraum, in dem Stimmklang endlos zwischen den Polen schwingen kann. Dies ist der changierende „Berührungs=Körper"[9] des Klangs, in dem Schulze

8 Jean-Luc Nancy „Corpus", Berlin 2003; S. 89.

9 Vgl. Holger Schulze „Berührung. Touched by Sound" in „Open Space Magazine", Red Hook/New York 2007; S. 8.

Berührung und Körper äquivalent setzt mit einem Gleichheitszeichen als einem intersubjektiven Raum der klanglichen Bedeutung.

Meiner Meinung nach nehmen wir dem Stimmklang die Chance unseren Zeitgeist zu bereichern, wenn wir ihn an einen Körperbegiff binden, der zu sehr anfänglich oder archaisch begründet ist. Viele der Autoren im ersten Kapitel greifen auf Körperbegriffe zurück wie ursprünglicher „Ursprungsort" oder „Urmedium" des „Urphänomens" der Stimme. Dies isoliert Körper und Stimmklang in eine zurückprojizierte Zeit fern der modernen Technik und der Medien Außerdem ist der Körper nicht das Medium des Stimmklangs, das sich auflöst, sondern umgekehrt erleben wir in der Textur des Stimmklangs von Vibration und Pulsation die Stofflichkeit des Körpers. Stimmklang ist eine Berührungsform, die uns diese Stofflichkeit vor allen anderen Berührungen zeigt. Wie können wir diesen „Körper der Sinne" als Körper des Stimmklangs untersuchen? Welches sind die Eigenschaften, die wir im Kontext der modernen Welt beachten müssen, um den Prozess von Stimmklang und Freiheit zu verstehen?

Betrachten wir den Körperbegriff der kritischen Historischen Anthropologie von Christoph Wulf:

> „Nach meiner Auffassung ist mit dem Bedeutungsverlust normativer Anthropologien der Körper in mit seiner Geburtlichkeit und Sterblichkeit ins Zentrum der anthropologischen Forschung gerückt, der sowohl Produkt als auch Agent seiner Sozialisation und Enkulturation ist. Der menschliche Körper ist das Ergebnis vielfältiger mimetischer Prozesse, in denen keine bloße Imitation, sondern eine aktive Aneignung kulturellen Wissens stattfindet. In diesen mimetischen Prozessen findet die Erzeugung, Tradierung und Transformation von Kultur statt."[10]

Wichtig erscheint mir an dieser Stelle zu betonen, dass der Begriff der „Mimesis" von Wulf ein sehr umfangreicher ist. Er schließt sowohl

---

10 Christoph Wulf „Anthropologie – Geschichte, Kultur, Philosophie", Köln 2009; S. 7.

subjektive Aktivität als auch die Verselbstständigung von kulturellen Texturen mit ein. Wulf betrachtet den mimetischen Prozess als realitätsstiftenden Faktor der Moderne. Welcher Art sind diese mimetischen Prozesse des Körpers in Bezug auf die Erzeugung, Tradierung und Transformation einer Kultur des Stimmklangs? Wohin führen die Kulturtechniken des Sprechens und Singens?

Wenn Peter-Michael Fischer von einer „natürlichen Technik" des komplexen Vibrato als Endziel der ausgebildeten Gesangsstimme spricht, bezieht er sich auf eine erlernbare Körpertechnik des Stimmklangs – sein Begriff von „Technik" ist dabei im Besonderen aus dem technokratisch-naturwissenschaftlichen Kontext abgeleitet. Die Frage nach der Körpertechnik des Stimmklangs ist zunächst Teil der Kulturpraxis der Gesangspädagogik im Allgemeinen. Susan McClary geht einen Schritt weiter, indem sie fordert, dass die Sänger ihre Technik so weit verinnerlichen sollten, dass sie nicht mehr abhängig von Pädagogen und Komponisten sind. Die Körpertechnik des Stimmklangs soll die virtuelle Stimme wieder integrieren, um über das Gegebene hinauswachsen zu können. K. Ludwig Pfeiffer fordert eine Weiterentwicklung von Körper- und Psychotechnik in der Praxis des Stimmklangs, wie er ihn in der Opernstimme, speziell der Kastratenstimme, als immun gegen Technik durch Technologien erlebt. Diese Erwähnung des psychischen und körperlichen Anteils der Gesangstechnik bei Pfeiffer wirkt etwas dualistisch konzipiert. In den erwähnten Beispielen sehen wir, dass Stimmklang als Körpertechnik bereits in sich eine untrennbare sozio-psycho-biologische Einheit darstellt. Im speziellen Fall dieses Buches kommen Autoren und Praktiker aus dem europäischen Kulturraum zur Sprache, d.h. wir können nur von einer bedingten Transkulturalität der entwickelten Begriffe ausgehen.

Im Folgenden werde ich mimetische Prozesse des Körpers untersuchen, die einer zeitgenössischen Praxis der Freiheit des Stimmklangs innewohnen. Diesen Untersuchungen unternehme ich im Sinne meiner Methode der „angewandten Stimmanthropologie".

TRANSGRESSION, SUBVERSION UND FREMDHEIT, PHÄNOTYP UND GENOTYP DES STIMMKLANGS

Doris Kolesch erwähnt in ihren Thesen zur Stimme das Transgressions- und Subversionspotential der Stimme, welches durch den Stimmklang auftritt. Das Verhältnis von Stimmklang, Sinnen und Körper aus Kapitel II ergibt folgende Überschneidungen mit diesen Thesen: Stimmklang überschreitet körperliche Grenzen räumlich, indem er durch den erwähnten *Transsensus* die Körperwahrnehmung über die physischen Grenzen ausdehnt, und zeitlich, indem er ein Zustandsnervensystem anspricht, welches den Organismus in ein anderes Verhältnis zur Zeitlichkeit versetzt. Diese Überschreitungen des Stimmklangs reichen vom alltäglichen Gebrauch der Stimme beim Sprechen, Rufen oder Telefonieren bis hin zu einem Freiheitsanspruch einer Praxis des Stimmklangs, die mit äußerster Geschicklichkeit alle biologischen, sozialen und psychologischen Schwellen durchklingen mag. Doris Kolesch bezeichnet den Stimmklang selbst als ein „Schwellenphänomen", welches Gegensätze verbindet. Die bewusste Transgression als Überschreitung der Körpergrenzen durch Stimmklang setzt im alltäglichen Gebrauch und auch in der Situation eines Trainings zur Selbstbefreiung ein autonomes Verständnis von Stimmklang voraus, das nicht mehr auf sprachliche Bedeutung und willkürlichen Ausdruck fixiert ist. Dennoch ist sie kein Überschreiten mehr in Extremen, wie die Beispiele einer historischen Avantgarde z.B. in Artauds Hörspiel „Pour en finir avec le jugement de dieu"[11] es vorführen. Diese Art der stimmlichen Selbstüberschreitung ist eine Form des „Willens zur Freiheit", dem wir überall begegnen, wo eine Stimme sich machtvoll beeindruckend über andere Subjekte hinwegsetzen will. Eine Praxis des Stimmklangs im Sinne dieses Buches überschreitet responsiv die Grenzen der physischen Wahrnehmungs-

11 Vgl. Doris Kolesch „Artaud: Die Überschreitung der Stimme" in „Phonorama", Brigitte Felderer (Hg.), Karlsruhe 2004; S. 187ff.

gewohnheit durch Kompetenz in einem Zustand von äußerster Ruhe und Vertrauen.

Die subversive Eigenschaft des Stimmklangs unterwandert die Kriterien bewusster kommunikativer Absicht. Da die Stimme in vegetative Innervationsmuster der Organe eingebunden ist, reagiert sie gegenüber der Willkür autonom. Ihre Brüche, Unebenheiten, Entgleisungen, Verzagtheiten usw. sind Folgen des Zustands unserer Organe aufgrund unserer Gestimmtheit. Die Ruhe oder Nervosität unserer Verdauung wird im Stimmklang laut. Wir erleben so die Subversion des Stimmklangs und sein Eingebundensein in die Welt der Reflexe und autonomen Funktionen als „unfrei", weil sie nicht unserem Willen unterworfen sind. Hier findet eine Form der Auflösung des „Willens zur Freiheit" statt. Die Zunge und der Kehlkopf als Vermittler zwischen der organischen Welt und dem Sprachvermögen tragen unverkennbar die momentane Gestimmtheit in den Klang. Dass diese organischen Vorgänge nicht bewusst ablaufen, trägt zur Fremdheit im eigenen Körper und zur Fremdheit der eigenen Stimme bei. In der Arbeit mit den Stofflichkeiten des Stimmklangs erleben wir den *Intersensus* als den Sinn, der den Körper auf angenehme Weise transparent für Stimmklang macht als eine postive Form der Selbstunterwanderung als Selbstbefreiung von der Grenze nach innen.

Bernhard Waldenfels hat in seine Forschungen zur Fremdheit die Stimme als maßgebliches Phänomen aufgenommen. Wenn Waldenfels den Leibkörper und sein Verhältnis zur Stimme beschreibt, in dem wir uns nie unmittelbar hören können, sondern stets nur vermittelt durch den Körper[12] oder durch andere Medien, eröffnet er in dieser Selbstspaltung zwischen Sprechen und Hören den Spielraum der Fremdheit. Der Stimmklang in seiner Fremdheit zeigt genau auf die Differenz zwischen „Leib und Körper". „Leib" leitet Waldenfels als Ort des Selbstbezugs her, dem der „Körper" als Ding des Fremdbezugs gegen-

12 Vgl. Bernhard Waldenfels „Stimme am Leitfaden des Leibes" in „Medien/ Stimmen", Cornelia Epping-Jäger/Erika Linz (Hg.), Köln 2003; S. 28.

über steht[13]. Waldenfels betrachtet die Position[14], die das „Ich" zur Schwelle von „Leib" und „Körper" einnimmt, als entscheidend. Seiner Meinung nach liegt die Lösungsmöglichkeit weder in einer Abgrenzung noch in einer dritten Position, sondern in einem Wechselspiel der beiden Perspektiven. Den Wechsel von Selbsterfahrung und Selbstentzug – im Sinne von Waldenfels – fasse ich als Antrieb für jede klangliche Entwicklung der Stimme auf. Dieses Spiel mit der Fremdheit birgt das Potential in sich, über die eigenen Grenzen der Wahrnehmung hinaus in die radikalste Form des Selbst hineinzuwachsen.

„Die Ordnung der Lebenswelt zeigt sich also nicht nur mit anderen Ordnungen verflochten, vielmehr trifft sie in der radikalen Form der Fremdheit auf ein *Außer-ordentliches*, das nicht einer anderen Welt gehört, aber dieser unserer Welt ein anderes Licht, eine andere Tonlage gibt."[15]

Waldenfels spricht hier der Musik die Fähigkeit zu, bis zur radikalen Fremdheit des Unerhörten vorzudringen. Er bezieht sich auf ein „Mehr", welches das Ereignisphänomen des Spielens und Hörens von Musik stets das jeweils in ihr Vernommene und für sie Hervorgebrachte übersteigen lässt. Dies werde ich in diesem Kapitel als Eigenschaft herleiten, die das Verständnis von Stimmklang in der Musik hervorrufen kann.

Transgression und Subversion, *Transsensus* und *Intersensus*, Fremdheit im Selbstklang und im Unerhörten zählen zu den mimetischen Prozessen des Stimmklangs in seiner Erfahrung von Freiheit.

13 Vgl. Bernhard Waldenfels „Status des Leibes: Selbstverdoppelung" in „Sinnesschwellen – Studien zur Phänomenologie des Fremden" Bd. 3, Frankfurt a.M. 1999; S. 17-19.

14 Ebd. „Leibexperimente: Spaltung, Verschmelzung, Verfremdung"; S. 30.

15 Bernhard Waldenfels „8. Lebenswelt als Hörwelt – Heimwelt und Fremdwelt" in „Sinnesschwellen – Studien zur Phänomenologie des Fremden" Bd. 3, Frankfurt a.M. 1999; S. 185.

Um diese mimetischen Prozesse auch im kulturhistorischen Kontext von Musik und Sprache als Kulturformen zu verstehen, müssen wir die Differenzierung von Roland Barthes [16] zwischen Phänotypus und Genotypus des Stimmklangs einbeziehen. Phänotypischer Stimmklang folgt nach Barthes dem Ausdruck der Wortbedeutung. Er will die Sprache ausdeuten und verliert dabei die Rückbezüglichkeit auf die Textur des Körpers, den Genotypus des Stimmklangs, der die Sprache mit seiner Stofflichkeit erzittern lässt. Nur wenn wir dem in der Praxis seltenen Genotypus folgen, können die mimetischen Prozesse des Stimmklangs den Wahrnehmungskörper selbst – oder Körper der Sinne – prägen mit der Bedeutung von Freiheit. Es zeigen sich so die befeienden Eigenschaften von Selbstüberschreitung und Selbstunterwanderung, Verwunderung in der Fremdheit des Erlebens und der stofflichen Berührung – im Sinne von Nancy – von Körper und Freiheit. Diese sind physiologisch im übergeordneten Orientierungsreflex der Stimme aus Kapitel II enthalten.

Wenn wir die Untersuchungen in diesem Buch als eine „Phänomenologie des Stimmklangs" beschreiben, befinden wir uns in einer „genotypischen Phänomenologie", die sich auf die Textur des Körpers zu ihrer Bedeutungsfindung bezieht. Im Sinne einer Genealogie müssten wir uns wieder auf die oben genannten „Ur-Begriffe" von Körper und Stimmklang berufen. Dies gilt es in einer „genotypischen Phänomenologie" zu vermeiden. Ihr geht es um ein Verständnis im kulturhistorischen Kontext der stofflichen Erfahrungsräume von Stimmklang.

16 Vgl. Roland Barthes „Was singt mir, der ich höre in meinem Körper das Lied", Berlin 1979; S. 22ff.

ERFAHRUNGSRÄUME UND DIE SORGE UM SICH

Um den mimetischen Kulturpraktiken des Stimmklangs einen Ort zu geben, werde ich mich auf die „Erfahrungsräume der Stimme" von Jenny Schrödl beziehen.

„Erfahrungsräume von Stimmen stellen komplexe Gefüge dar, die sich nicht allein auf den akustischen Sinn beziehen, sondern auch körperliche, emotionale und kognitive Dimensionen einschließen können. Insofern wären verschiedene Erfahrungen von Stimmen denkbar: sinnliche bzw. ästhetische (im Sinne von *aisthesis*), emotionale oder auch soziale, moralische, geschlechtliche und diverse andere."[17]

Diese Art der „Erfahrungsräume" erscheint mir für das Verständnis von Stimmklang und Kontext viel angemessener zu sein als der häufig zitierte Begriff der „Atmosphären" von Gernot Böhme. Wesentlich an den „Erfahrungsräumen" ist das Moment der aktiv gestaltenden Sinne, welches für Sänger und Sprecher ein sehr vertrautes ist.

„Impliziert ist damit eine Aktivität der Sinne, die mithin weniger als passiv oder reaktiv zu verstehen sind, sondern als ins Erfahrbare eingebundene und mitgestaltende Komponenten. Damit einhergehend lassen sich Erfahrungen auch nicht aus der Perspektive des Subjekts begreifen – somit nicht allein als etwas Innerliches, Subjekt-Persönliches –, sondern ihnen eignet eine eigenständige Dynamik, die dem Subjekt sozusagen vorausgeht bzw. diesem entzogen ist. Insofern soll von Erfahrungs*räumen* die Rede sein, [...]"[18]

---

17 Jenny Schrödl „Erfahrungsräume. Zur Einführung in das Kapitel" in „Stimm-Welten. Philosophische, medientheoretische und ästhetische Perspektiven", Doris Kolesch/Vito Pinto/Jenny Schrödl (Hg.), Bielefeld 2009; S. 146.

18 Ebd. S. 146.

Vergleichen wir hierzu den „Atmosphären-Begriff" der Stimme von Gernot Böhme:

„Stimme ist die atmosphärische Präsenz von etwas oder jemandem. Sie ist eine der Dimensionen, in denen etwas oder jemand aus sich heraus tritt und die Atmosphäre in der Umgebung wesentlich emotional tönt. Sie ist im Unterschied zu verbalen Äußerungen höchst individuell, so dass man die Atmosphäre, die sie bestimmt, als je eigen bezeichnen und erkennen kann."[19]

Diese Beschreibung von Stimme wirkt starr wie eine architektonische Landschaft. Lebendigkeit soll ihr der Begriff der Emotion verleihen. Hier wird allerdings schon ein Schritt vorausgenommen, denn Emotionen können Teil der stimmlichen Erfahrung sein, sind aber für die Wahrnehmung von Stimmklang keine Voraussetzung. Gernot Böhme zitiert Jakob Böhme mit dem Begriff der leiblichen Anwesenheit durch die Stimme. Ähnlich wie das oben erwähnte „Ur-Phänomen" des Stimmklangs und des Körpers als ein „Ur-Medium" können wir mit dieser Art von philosophischer Bezugsformel niemals ein modernes Verständnis der mimetischen Prozesse des Stimmklangs gewinnen. Stimmen erreichen uns auch im Alltag über Medien und Aufführungspraktiken, die Teil der kulturellen Prägung unseres Körpers sind. Hier müssen wir den Performativitätsbegriff von Erika Fischer-Lichte ansetzen, um die Dynamik der Erfahrungsräume des Stimmklangs zu berühren:

„Die Perspektive des Performativen geht davon aus, dass kulturelle Phänomene und Prozesse neue Wirklichkeiten hervorbringen und nicht lediglich als Zusammenhänge von Zeichen zu begreifen sind, die es zu entziffern und zu verstehen gilt."[20]

---

19 Gernot Böhme „Die Stimme im leiblichen Raum" in „Stimm-Welten. Philosophische, medientheoretische und ästhetische Perspektiven", Doris Kolesch/Vito Pinto/Jenny Schrödl (Hg.), Bielefeld 2009; S. 30.

20 Vgl. Erika Fischer-Lichte „Performativität. Eine Einführung", Bielefeld 2012.

Erfahrungsräume können demnach Orte oder Situationen sein, die uns neue Wirklichkeiten in den mimetischen Prozessen des Stimmklangs zeigen. Stimmklang wird in diesen Bezügen nach Roland Barthes immer als lustbezogen wahrgenommen. Es gibt in diesem Sinne keine neutrale Stimme. Bezogen auf die „Erfahrungsräume" der Stimme können wir deshalb nicht bei der Freiheit des Stimmklangs selbst ansetzen. In diesem Gefüge müssen wir den Willen zur Freiheit des Stimmklangs untersuchen und ebenfalls den darin enthaltenen Bezug der Stimme zur Macht beachten. Es gilt an dieser Stelle spielerisch 5 grundlegende Erfahrungsräume mit ihren innewohnenden Spannungsfeldern aufzusuchen – die Flut der Beispiele könnte sich endlos fortsetzen.

Erfahrungsraum 1: Narration und Transkulturalität

Auf der Suche nach Beispielen für die Macht, die dem Stimmklang zuwächst in Kulturen, die die auditive Gemeinschaft kennen, muss man nicht lange suchen. Ich meine hier weniger die im Applaus brandende Begeisterung der Gemeinde der Wagnerianer im Rausch des großen Opernpathos – sondern musikethnologische Beispiele aus überwiegend oder primär oralen Kulturen, die keine distanzierte Konsumkultur mit einer wertenden Erwartungshaltung entwickelt haben. Meine zufällige Wahl fiel auf ein Buch, das zum Film wiederaufgelegt wurde: „Out of Africa" von Karen Blixen. Meine Begeisterung für den Film galt weniger der romantischen Verklärung des Kolonialismus in Kenia hinter der Liebesgeschichte von Meryl Streep und Robert Redford als einigen sehr lebendigen Aufnahmen des dort ansässigen Volksstamms, den „Kikuyu". Die Aufnahmen wirkten zumindest sehr gut nachgestellt – und im Buch handelt es sich im Gegensatz zum „großen Gefühlskino" des Films fast nur um heute historische Beschreibungen dieser Ethnie. Hier findet sich auch die Schilderung eines sängerischen Gesamtereignisses zum Thema Stimmklang und Interkorporeität:

„The most famous singer of my day came from Dagoretti. He had a clear strong voice and was, besides, himself a great dancer. When singing he would walk or run inside the dancing ring in a long-sliding stride, half-kneeling at every step; he held the one hand flat to the corner of his mouth; it was probably done to concentrate the sound, but it gave the effect of a great dangerous secret being confided to the congregation. He looked like the African echo itself. He used to move his audience to happiness or to warlike mood as he chose, or to real convulsions of laughter."[21]

Dieses einfache Beispiel gibt Zeugnis von Selbstüberschreitung und Verwandlung durch Selbstreflektion des Klangs, welche die empathische Zuhörerschaft in der Gestimmtheit ihrer Interkorporeität bewegt. Die Macht des Stimmklangs, kollektive Freude, kriegerische Stimmung oder Lachsalven als Wirkungseinheit auszulösen, ist in diesem Beispiel bereits eine Interpretation durch die Schilderungen aus der kolonialistischen Perspektive der Autorin. Die narrative Welt des Stimmklangs wird vermittelt durch die Narration der Autorin „like the African echo itself". Des Weiteren werden alle, die den Film kennen, noch das Narrative der filmischen Inszenierung in diese Schilderung hineinprojizieren. Die „schwarze Stimme" trägt heute das zunächst unauflösbare Klischee von Körperlichkeit. Regisseure wie Peter Brook haben sich genau an dieser geschilderten Form des afrikanischen Narrativs bedient für ihre eigene Theaterform. So können wir nur doppelt kritisch auf unsere eigene Situation blicken und die im Beispiel gegebene Geschichtlichkeit in ihrem heutigen Verständnis. Wir versuchen dabei zu hören, welche Qualitäten uns diese Form des Stimmklangs vermittelt, wie es sich in den genannten Begriffen von Selbstüberschreitung, Selbstreflexion, Empathie und Interkorporeität anbietet. Darüber hinaus erscheint es unmöglich, die erwähnten Qualitäten von Selbstüberschreitung und Macht durch Interkorporeität nach dem zweiten Weltkrieg aufzusuchen. Chorsingen und Sprech-

21 Karen Blixen 1937 „Out of Africa", Harmondsworth 1985; S. 122, Neuauflage nach dem Kinoerfolg (Sänger im Film keine große Rolle).

chöre sind seit langer Zeit starke Mittel, um ein „Wir“ – eine unschlagbare Gemeinsamkeit zu erzeugen. Nicht umsonst betrachten wir sie heute auch mit Argwohn, da sie in der Geschichte zu oft für machtpolitische Interessen missbraucht wurden. Gibt es einen Rahmen, in dem ein angeregtes Ohr auf einen bereiten Sinnzusammenhang trifft, d.h. in dem das kollektive Ohr im positiven Sinne kreativ in der modernen Gesellschaft tätig wird?

Gegenwärtig gibt es eine Vervielfältigung der Ausprägungen von experimentellen Stimmtechniken in improvisierter und komponierter Musik, von der Performancekunst bis hin in den modernen Tanz von William Forsythe oder in die elektroakustische Musik von Trevor Wishart. In der zeitgenössischen Musik gibt es starke Einflüsse von ethnischen Gesangspraktiken, die hochspezialisierte Formen von Randstimme, Ober- und Untertongesang erforden – die Achtoktavenstimme in all ihren Ausprägungen. Einer ihrer Pioniere war Roy Hart, der bekannteste Schüler von Alfred Wolfsohn, der seine expandierte Stimmpädagogik entwickelte, um sein Kriegstrauma durch die Stimmen der schwer Verwundeten aus dem Ersten Weltkrieg zu überwinden. Moderne Vertreter, die auch die Erweiterung in den medialen Raum der Stimme einsetzen, sind u.a. David Moss, Christian Zehnder und Michael E. Edgerton – siehe Kapitel I.a. David Moss, der aus der polyrhythmischen Bewegung des Schlagzeugspiels eine antizipierte Bewegungsfrom für seinen Kehlkopf ableitete, zeigt seine Narration in der Virtuosität einer Expansionsbewegung aus den eigenen Möglichkeiten in einen immer größer werdenden Raum von unterschiedlichsten Stimmen. Viele Sänger der etwas jüngeren Generation wie Michael E. Edgerton oder Christian Zehnder knüpfen bewusst an überlieferte Traditionen alter Völker an. Der transkulturelle Raum ist stark geprägt von der technischen Aneignung ihrer Gesangstraditionen. Ihm folgt das Narrativ eines transkulturellen Vollzugs im Fall von Zehnder in starker Anbindung an den eigenen kulturellen Hintergrund. Ganz anders zeigt sich in diesem Kontext die extrem reduzierte Aufführungspraxis von Christian Kesten. Seine Entwicklung, ausgehend von Dieter Schnebels „Maulwerken“, führte immer weiter in die Reduktion. Eine auf

Atemgeräusche und stimmlose Konsonanten ausgerichtete Performance zeigt eine äußerste Virtuosität in der Hinterfragung unserer Sprechgewohnheiten. Ein im Sinne von Cage bedeutungsleerer Raum transportiert Emotionen, die wir auf der Bühne und im Leben stets überhören. Kesten verweist auf die Narration einer inneren Kultur. Die experimentelle Stimme verweist auf den Stimmklang als Erfahrungsraum, der plakativ sein Narrativ auf die Eigenschaften der Transgression und Subversion ausrichtet. Sie spiegelt darin den Willen zur Freiheit.

Erfahrungsraum 2: Opernstimme und Androgynie

Operngesang ist ein extremer Hochleistungsakt. Interessant ist es ihn, einmal unter dem freiheitlichen Aspekt der Androgynie des Stimmklangs und der Gender-Performance als Willen zur Freiheit zu untersuchen. Tiina Rosenberg schreibt im Kontext von Jenny Schrödls Erfahrungsräumen über Gender-Performance in der Oper. Das Begehren ist im Gesang stets eine wichtige Frage, weil Singen sich immer an ein Gegenüber richtet. Die Klangbeziehung spiegelt das Verhältnis zu uns selbst und den Anderen, wie in Kapitel II.b besprochen wurde. Was ist das Alter Ego von bestimmten Sängerinnen und wie beziehen sie sich selbst darauf? Tiina Rosenberg[22] betrachtet die Gender-Beziehung in der Gesangs-Performance von Maria Callas und Brigitte Fassbaender und arbeitet dabei mit den Begriffen „Heterovokalität“ und „Homovokalität“ geprägt von Terry Castle. In Bezug auf Maria Callas schätze ich die sehr treffende Äußerung von Roland Barthes, ihre Stimme habe „eine Körnung mit einer etwas falschen Resonanz, die wie aus einer Röhre heraus klingt“[23]. An dieser

22 Tiina Rosenberg „Stimmen der Queer-Diven: Hosenrollen in der Oper und Zarah Leander auf der Schlagerbühne“ in „Stimm-Welten. Philosophische, medientheoretische und ästhetische Perspektiven“, Kolesch/Pinto/Schrödl (Hg.), Bielefeld 2009; S. 189ff.

23 Roland Barthes „Die Gespenster der Oper“ in „Die Körnung der Stimme“, Frankfurt a.M. 2002; S. 204.

Tendenz der wachsenden Abspaltung von Klangenergie und Raum zeichnete sich das vorzeitige Ende ihrer Karriere schon viele Jahre im voraus ab – eine aufgegebene Beziehung zu sich selbst. Umso kritischer können wir heute auf die Projektionen ihrer männlichen Verehrer und Kritiker blicken, die der Heterovokalität ihres Gesangs folgten, aber die Botschaft ihres Stimmklangs nicht erfassten oder zurückprojizierten in die von ihr verkörperten tragischen Partien.

In ganz anderem Licht erscheint Brigitte Fassbaender mit ihrem mütterlich warmen Mezzosopran. Wenn wir in die Stimmfunktion genau hineinhören, schlägt sie beim Einsatz und bei Betonungen gegen beide Stimmlippen in einer knabenhaften Manier. Sie verwendet gern das Brustregister – auch im Liedgesang – und auch etwas stärker als im klassischen Kunstgesang angemessen, wenn sie von unten nach oben singt. Insgesamt zeigt ihr Stil wenig Lateralität im Kehlkopf, d.h. auch wenn sie sehr sprachbetont singt, ist die rechte Stimmlippe nicht durchgehend dominant, sondern sie wechselt auch gerne auf die linke Seite. In der beim Mezzosopran generell stark weiblich konnotierten hohen Mittellage hören wir in diesem sportlich männlich anmutenden Gesangsstil häufig ein starkes Flackern der Töne wie eine Emotion, die etwas suchend aus sich herausgeht und dabei in einem kurzen Moment der Irritation die innere Anbindung verliert. Dies kommt der Bezeichnung der Homovokalität von Tiina Rosenberg entgegen, d.h. sie interpretiert Fassbaenders Ausrichtung auf ein weibliches Gender und die Stimme der Sängerin klingt dabei androgyn. So bildet die musikalische Performance im Fall von Brigitte Fassbaender einen interessanten Erlebnisfreiraum, der das Potential ihres Stimmklangs zur Geltung bringt.

Das digitale „Morphing" von Stimmen – wie es für die Stimme des Kastraten „Farinelli"[24] im gleichnamigen Film geschah – kann ebenfalls für die Qualität von Androgynie eingesetzt werden. In der frühen technischen Form der 1990er im Fall von „Farinelli" kann das geübte Ohr allerdings noch sehr deutlich in der virtuell synthetisierten Stimme

24 „Farinelli" Film von Gérard Corbian 1994.

die Anteile des Countertenors und der Mezzosopranistin unterscheiden, d.h. Androgynie und die verschiedenen Spielformen von Gender in der Stimme sind bei der genauen Untersuchung des Stimmklangs subtiler und vielfältiger als wir zunächst annehmen würden. Stimmklang zeigt immer wieder, dass er sein volles Potential in der größten Feinheit entfaltet.

Ein sehr unerwartetes Beispiel aus einer akustischen Überlagerung mit einem androgynen Effekt ist die Aufnahme des Konzerts für Chor von Alfred Schnittke[25] des Kammerchores des russischen Kulturministeriums in der Sankt Sophia Kathedrale von Polotsk. Am Ende des zweiten Satzes verschmelzen in einem scheinbar endlosen Sekundwechsel Alt- und Tenorstimmen zu einer Stimme, die sich im Hall der Kirche schließlich verliert.

Das Beispiel der Androgynie zeigt, wie Stimmklang aus Gegensätzen Pole macht, die er bespielt. Ein Beipiel aus der Praxistheorie des Stimmklangs ist das changierende Vibrieren der stofflichen Eigenschaften von rau-glatt, kühl-warm, trocken-feucht, hell-dunkel, statisch-bewegt etc. und das Spiel von „hin und weg" in der pulsierenden Klangberührung. So wie Stimmklang zwischen „männlich" und „weiblich" changiert, verbindet er auch abstrakte Pole wie „Sema" und „Soma" in der Klangbedeutungsfindung etc.

Erfahrungsraum 3: Popstimme und Virtualität

Stimmklang in der Konnotation von Freiheit berührt alle Arten von virtuellen Räumen, auch die medialisierten. An zwei Beispielen von Popikonen, die die Massen ihrer Fans mitreißen, möchte ich die Frage untersuchen, ob sich ihre Wirkung eher nur in der Performance begründet, oder ob wir auch über den Stimmklang etwas erfahren können über die Erlebnisräume, die diese Sängerinnen öffnen? Im Vergleich von Björk und Lady Gaga lässt sich eine Aussage treffen zur formatierten und zur genuinen Popstimme und ihrem Verhältnis zu Medialisierung und Virtualität. Lady Gaga zeigt häufig eine etwas

25 Alfred Schnittke „Konzert für Chor" bei „melodia" Polotsk, 1989.

verwirrte, unterspannte und leicht verkopfte Sprechstimme, die sie in einen Kontrast setzt zu ihrer ausgeprägt weiblichen und verkörperten Singstimme. Wir hören relativ lange und schmale Stimmlippen in der sehr durchgängigen Schwingungsform einer erwachsenen Frauenstimme. Auch wenn die Sprechstimme häufig übermüdet und in der rechten Hälfte angeschlagen klingen mag, hört man in der Singstimme die junge, vitale Frau, die mit geschicktem Kalkül jeder Steigerung – auch am Klavier – gewachsen ist. Auch die harten Filter und schnellen Schnitte der formatierten Stimme von Lady Gaga zeigen durchgängig die freie Schwingung und innere Berührungsqualität ihrer Stimme. Durch künstlich eingebaute Brüche in einer an Janis Joplin erinnernden Attitüde versucht die Sängerin, mehr das Abgründige, Verbrauchte des Vamps und letztlich auch Bedeutungstiefe in den Stimmklang hineinzuholen. Dies scheint bislang aber Zukunftsmusik zu sein. Der virtuelle Raum der Sängerin liegt in ihrer Verkleidung. So schafft sie sich etwas Spielraum von der stimmlich forcierten Nähe zum Publikum. Auch medial aufbereitet bleibt dieser Stimmklang nah, direkt und wenig poetisch, letztlich ausgeliefert an den Markt.

Ganz anders die isländische Sängerin Björk. Wir hören eine Kinderstimme, die ganz vorne im Kehlkopf einen engen, fast kieksigen Verschluss erzeugt wie eine Prinzessin im Märchen. In der Sprechstimme schwingt die rechte Stimmlippe fast nicht – wie versteift oder geschwollen. In der Singstimme kann sie im Forte voll anschlagen, ansonsten bleibt ein großer Raum in den zwei hinteren Dritteln des Kehlkopfs in einer Nicht-Berührung. In akustischen Aufnahmen hört man, wie die Sängerin um jeden Ton und das verbindende Legato mit starken Gesten ringt. Dies hat sicherlich mit zu dem Gestus von „Klageweib“ in ihrer Stimme geführt. Jens Roselt erforscht den Zusammenhang von Klage und Medialisierung bei Björk am Beispiel des Songs „Violently Happy“:

„Seufzen, Atmen, Stöhnen, Keuchen, Gurgeln gehören zum Repertoire des Klagens im Allgemeinen und Björks im Besonderen. Dabei ist bewusst von Repertoire die Rede [...]. Die Sängerin produziert diese Laute nicht allein mit ihrem physischen Stimmapparat, denn ihre Stimme ist medial vermittelt und audio-technisch aufbereitet. Es entsteht so ein medialer Verwaschungseffekt, wobei dieser technische Einfluss bei Björk-Aufnahmen häufig nicht kaschiert wird."[26]

Der Ort der Nicht-Berührung wird zum einen mit präverbalen Lauten zu einer erzwungenen Kurzberührung geführt oder mit berührungslosen aber bedeutungsstarken Lauten wie Stöhnen oder Atmen gefüllt, zum anderen bleibt er Leerraum für mediale Projektionen. Er wird bei Björk zum Experimentalraum für neue Medien und expandierte Stimmtechniken wie in ihrem Album „Medulla". Der technisierte Verwaschungseffekt der Nicht-Berührung im Kehlkopf ist besonders beeindruckend in ihrem Song mit futuristischem Videoclip „All is full of Love". Ihre Stimme enthält den Bruch zwischen Körperlichkeit und Maschine, der in der intimen Nähe von zwei im Moment erschaffenen Cyborg-Frauen erzählt wird. Wenn die Stimmfunktion verschwindet, entsteht die Nähe zum noch stimmlosen Cyborg. Plötzlich taucht sie stimmlich in die forcierte Berührung ein und die Cyborgs erscheinen belebt – eine emotionalisierte erotische Geste gebrochen durch den Beigeschmack von Unschuld als Unberührtheit in kindlicher Manier. Björks Leeraum der Nichtberührung gibt Raum für mediale Experimente und Narration. Er bleibt Geheimnis und diese Mystik hat ihren Marktwert. Björk beherrscht den virtuellen Raum des Stimmklangs.

Die Selbst- und Fremdberührung im Stimmklang – wie wir sie in Kapitel II.b besprochen haben – kennt unendliche Spielformen, die in der Medialisierung auf eine Verlängerung ihrer Spielräume treffen. Ob Medieneffekte erlauben, das stimmliche Original wiederherzustellen und worin der Wert einer möglichst verzerrungsfrei abgebildeten Stimme liegt, kann uns zu ähnlichen Überlegungen anregen wie der Konsum von ökologischer und künstlich aufbereiteter Nahrung.

26 Jens Roselt „Monströse Gefühle: Die Kunst der Klage" in „Stimm-Welten. Philosophische, medientheoretische und ästhetische Perspektiven", Kolesch/Pinto/Schrödl (Hg.), Bielefeld 2009; S. 161.

Werden starke Kompressionsverfahren bei einer Aufnahme eingesetzt, wird es unmöglich, Aussagen über die inneren Verhältnisse einer Stimme zu treffen wie in den letzten Beispielen. Das Zentrum des Stimmklangs wirkt hier durchgängig weiß und verwaschen. Wir hören keine Stellknorpel, keine mediale Kompression etc. In gleicher Weise hatten wir in Kapitel I.a kritisch das MP3-Format betrachtet, das letztlich in seiner Entwicklung nur auf den Modus der Sprachverständlichkeit ausgerichtet wurde und nicht auf Stimmklang.

Faszinierend am Stimmklang ist, dass es letztlich keinen Gleichklang gibt, wie es Chorleiter oder die Filter von Rundfunkstationen versuchen einzurichten oder zumindest zu suggerieren. Auch wenn sich die Geräuschanteile und die Rhythmen, d.h. die Vibration und die Pulsation, zweier Stimmen mischen mögen, so dass sie beide aus der gleichen klanglichen Quelle schöpfen, es möglich wird dass eine stabile Stimme eine brüchige trägt nur durch die Überschneidung der klanglichen Spektren – selbst dann werden zwei Stimmen niemals völlig gleich klingen. Stimmklang folgt stets dem Gesetz der Fremdheit. Die Angst vor der Mitteilungslosigkeit im Konsens entspricht nicht dem Klanglichen. Sie kommt aus der Sprache, die versiegt, wenn es nichts mehr zu sagen gibt, weil alle scheinbar einer Meinung sind. Die klangliche Welt ist eine der Einheit durch Überlagerungen, in die Einzelne einmal konsonant – einmal dissonant verwoben sind. Virtualität überlagert dabei die Fremdheit des Stimmklangs, kann aber wie in den genannten Beispielen von ihr unterschieden werden.

Erfahrungsraum 4: Stadtklang und Kontext

Im Zusammenhang mit „Weghören“ haben wir in Kapitel I b über die „Sinfonie der Großstadt“ gesprochen. Sie wurde zur wissenschaftlich-künstlerischen Entität des 20. Jahrhunderts: Die Faszination der Futuristen für den Klang der zukunftsträchtigen Maschine, John Cages Ablösung oder Erlösung vom tonalen Hören durch das Geräusch und die „acoustic ecology“ von R. Murray Schafer in ihrem Verständnis der „Soundscape“ als einer schützenswerten Klanglandschaft – dies alles sind Wege, wie Künstler die klangliche Matrix der Moderne, den Klang unseres Kontexts erfahrbar gemacht haben. Sie setzten ihren modernen Klangbegriff an die Stelle des durch Weghören ausgedünnten Körpers. Heute gibt es viele Praktiken wie „Soundwalks“ oder das Nachsingen (z.B. „U-Bahn-Geräuschchor“), Nachkomponieren oder improvisatorische Spiel mit Aufnahmen von urbanen Klängen, den Klang der Großstadt mit allen Sinnen und vor allem mit dem kinästhetischen Hören zu erfassen. Inzwischen lehnen wir unsere Beschreibungen von Stimmklang an die formatierten und unformatierten Klänge von Maschinen und Apparaten an, wie z.B. Schleifmaschine, Waschmaschine, Hubschrauber, Schiffsschraube, Staubsauger, Rasierapparat oder Zahnarztbohrer, die alle auch ihre eigene kinästhetische Erfahrung in den Sinnen mitbringen. Stimmklang als körperliche Textur macht auch auf die Gestimmtheit der Umgebung und ihre Textur aufmerksam. Stimmklang ist abhängig vom Umgebungsklang und eine umgekehrte Entwicklung birgt in sich eine ungeahnte Gestaltungsmöglichkeit öffentlicher Räume. Dies sind u.a. Thematiken einer „auditiven Architektur“ als Teil der Sound Studies. Blinde Menschen können Stimmklang auch für die Echolokation im Raum einsetzen. Sie sind die heutigen Spezialisten einer Orientierung im Stadtraum mit Hilfe des kinästhetischen Hörens.

Erfahrungsraum 5: Die Sorge um sich

Die Selbst- und Fremdberührung im Stimmklang thematisiert letztlich die „Sorge um sich“, wie sie Foucault auf den letzten Seiten „Sexualität und Wahrheit – Band 3“ anspricht. Indem er sich abwendet von der Hingabe an Exzesse und der Meisterschaft der Selbstüberschreitung, spricht er von einer „Kunst der Existenz“ in der „Sorge um sich“:

„Am Ursprung dieser Modifikationen in der Sexualmoral steht nicht die Verschärfung der Verbotsformen, sondern die Entwicklung einer Kunst der

> Existenz, die um die Frage nach sich kreist, nach seiner Abhängigkeit und seiner Unabhängigkeit, nach seiner allgemeinen Form und nach dem Band, das man zu den anderen knüpfen kann und muß, nach den Prozeduren, durch die man Kontrolle über sich ausübt, und nach der Weise, in der man die volle Souveränität über sich herstellen kann."[27]

Souveränität durch Selbstüberwindung klingt zunächst nach einem der harten Erkenntniswege, die dem Willen zur Freiheit unterliegen. Letztlich ist die „Sorge um sich" aber der zurückgezogene Ort einer Pädagogik des Stimmklangs, der Selbstklang im Kontext untersucht. Die „Sorge um sich" trägt eine responsive Freiheitsbewegung in sich, die empathisch auf das Selbst zurückdeutet. Sie beschreibt die positive Subversion des *Intersensus*. Die Qualität einer starken kinästhtsischen Empathie bezieht den Anderen in einer induzierten Interkorporeität mit ein. Außerdem bespielt sich der Stimmklang beständig selbst als *Alter Ego*. Seine bereits immer in sich enthaltene fremde Stimme bezieht jede andere Stimme antizipatorisch mit ein. Wir begegnen einer Freiheit im Spiel mit den eigenen Grenzen nach innen, die stets den Anderen schon mitbenennt.

In der Unterscheidung vom erwähnten phänotypischen und genotypischen Sänger bei Roland Barthes finden wir seine Beschreibung von Dietrich Fischer-Dieskau und Charles Panzera. Beide betrieben eine entschiedene Kultivierung ihres Stimmklangs in einer „Sorge um sich". Doch auch hier können wir wieder unterscheiden. Panzera singt mit der inneren Textur des Körpers. Er betreibt eine genotypische „Sorge um sich". Fischer-Dieskau dagegen verlässt die Spur des Körpers und folgt einzig dem Bedeutungsraum von sprachlich-musikalischem Ausdruck – der phänotypischen „Sorge um sich". Letztlich werden hier wir nur den Genotypus weiteruntersuchen, weil er den Körper der Sinne und damit den Stimmklang wirklich meint.

27 Michel Foucault „Die Sorge um sich. Sexualität und Wahrheit 3.", Frankfurt a.M. 1986; S. 305.

Mimetische Enkulturation der Erfahrungsräume von Stimmklang in Bezug auf Narration, Transkulturalität, Androgynie, Virtualität, Medialität, der „Sorge um sich" etc. meint alle Entwicklungen durch die Gesetze des Stimmklangs und seiner Spielarten, die Pole verbinden und neue Ebenen der Intersubjektivität erschließen.

KULTURKLÄNGE: SPRACHE VERSUS MUSIK

Stimmklang als kulturhistorisch eingebundenes Phänomen gehört weder ganz der Sprache noch der Musik an. Beide überdecken den Stimmklang mit ihrer Bedeutungsgebundenheit. Gelingt es, Stimmklang als Position in diesem fixierten kontextuellen Gefüge aufzusuchen? Kann es somit in den mimetischen Kulturpraktiken des Körpers einen vermittelten Raum geben, in dem Stimmklang eine Perspektive herstellt, die Sprache und Musik als Klangkörper untersucht?

Roland Barthes spricht in dem Bändchen „Was singt mir, der ich höre in meinem Körper das Lied?" über ein neues Musikverständnis durch die Einbeziehung der körperlichen Textur der Stimme. Er deutet an, dass wir im Fall dieser Entwicklung mehr auf die Klanglichkeit der Musik als auf ihre Tonalität hören werden.

„[...] es versteht sich von selbst, daß die bloße Berücksichtigung der musikalischen ‚Rauheit' eine andere Musikgeschichte als die, die wir kennen, zur Folge haben könnte (diese ist rein phäno-textuell): wenn es uns gelänge, eine gewisse ‚Ästhetik' des musikalischen Genießens zu verfeinern, würden wir ohne Zweifel dem durch die Moderne herbeigeführten tonalen Bruch weniger Bedeutung beimessen."[28]

Als besonders erschwerend für diesen Prozess sieht er die Tatsache, dass Sprache sich stets prädikativ zu Musik verhält. Sprache erklärt

---

28 Roland Barthes „Die Rauheit der Stimme" in „Was singt mir, der ich höre in meinem Körper das Lied", Berlin 1979; S. 36.

und dominiert die musikalische Aussage und ihr Erleben, d.h. sie entzieht sie ihr schon immer im Voraus. Wie kann Stimmklang dieses Dilemma zwischen Sprache und Musik klären?

Über Klang zu schreiben, in einer genotypischen Phänomenologie ein umfassendes Kapitel II zur Verschriftlichung einer Praxis zu verfassen, die sich lange davor gescheut hat, Standpunkte zu veröffentlichen, muss kritisch in diese Betrachtung miteinbezogen werden. Kann ein Buch wie dieses zum Verständnis von Stimmklang beitragen? Findet es genügend Schnitt- und Vernetzungsstellen für einen angemessenen Diskurs?

Beginnen wir mit der Schwierigkeit des Verhältnisses von Musik und Klangberührung in der Gesellschaft. John Cage äußerte sich in „Gedanken eines progressiven Musikers über die beschädigte Gesellschaft" 1972 zu dieser Frage:

> „It may be that and it may be because people don't know how to listen, that they haven't even thought what music could be or what it could do to them.
> I think that people can easily go to a concert and come away just as stupid as they were when they went in."[29]

Diese Kritik am Musikhören halte ich auch heute für angemessen. Die substantielle Beziehung zu Musik als Klangberührung ist schwierig zu erfassen. Die Bedeutung der ernsten Musik und der Unterhaltungsmusik wird in gleichem Maße an programmatischen, formalen und sprachlichen Konzepten gemessen, sowie an emotionalen, performativen und reizbewertenden Gewohnheiten. Musik ist immer schon eine eingeordnete und im wörtlichen Sinne beschriebene Form mit festgelegter klanglicher Bedeutung. Häufig muss dabei die Musik im Bedeutungsvergleich mit der Sprache in eine Konkurrenz treten, bei der sie im Punkt der genauen Zuordnung von Zeichen und Bezeich-

29 John Cage in „Gedanken eines progressiven Musikers über die beschädigte Gesellschaft" in „Musik-Konzepte Sonderband John Cage I", Heinz-Klaus Metzger/Rainer Riehn (Hg.), München 1990; S. 39.

netem stets verliert. Sie gilt deshalb in der Semiotik nicht als Zeichensystem. Trotzdem ist jede Form der Musik in ihren Spielpraktiken, Genre-Regeln und historischen Prägungen festgelegt. Eine Stimme im Jazz unterliegt völlig anderen Klangidealen als in der Klassik. Im Jazz enden Phrasen beispielsweise mit einem emotional gefärbten Changieren des Klangs, einer Art von verzierendem Vibrato, das aber keinem funktionalen Aspekt folgt. In der Klassik soll eine Phrase stets auf einem ruhigen Ton enden mit Ausnahme von sehr erregten Phrasen. Ein affektives Vibrato ist nur innerhalb des Legatobogens gestattet. In der historischen Aufführungspraxis der „Alten Musik" zählt das Vibrato nur als Verzierung, sonst muss generell vibratolos gesungen werden – für funktionale Sänger mit integriertem Vibratoklang ein Widerspruch in sich. So sehen wir, dass Genres sich in vielfältiger und subtiler Weise zunächst gegenseitig abgrenzen und ausschließen. Der Druck der Erwartungshaltungen des Publikums und ein wertendes Vergleichen prägen die Rezeption jeder Musik. Gisela Rohmerts äußert sich in diesem Kontext:

> „Die Musik zerschellt an unseren Einfallstoren. Wir können uns nur noch analytisch oder geschmäcklerisch auf sie beziehen."[30]

Die Textur der Stimme ist stets der Bedeutung untergeordnet. Kinästhetisches Hören in der Form des erwähnten *Transsensus* und *Intersensus* kommt im Mainstream des gesellschaftlichen Bildungsgeschehens nicht vor. In meiner Praxis stoße ich sehr selten auf Musiker, die sich wirklich am kinästhetischen Hören orientieren können. Bei Sprechern und Hörern ist es erfahrungsgemäß noch schwächer ausgebildet. In welcher Weise können kinästhetische Reize in angemessener Qualität von den dominanten audio-visuellen Medien übertragen werden? Vielleicht können sie zumindest davon erzählen. Ich denke an das filmische Portrait von Evelyn Glennie „Touch the Sound". Die fast

30 Rohmert, Gisela „Interview zum Klangbegriff des Lichtenberger Modells" am 22.10.2006 mit Ulrike Sowodniok.

völlig ertaubte Schlagzeugerin ist ein außergewöhnliches Beispiel einer international konzertierenden Profimusikerin, die sich ausschließlich am kinästhetischen Hören orientiert. Ihr Verhältnis zum Instrumentalklang und ihre klangliche Performance zeigen eine subtil durchdrungene Körperlichkeit. Sie bespielt in diesem Sinne keine isolierte auditive Oberfläche, sondern betritt einen interkorporären Raum.

Mario Perniola betreibt in seiner Monographie „Über das Fühlen" eine Kritik der kultivierten Sinne:

> „Doch seit den sechziger Jahren ist es so schwierig wie nie zuvor für alle geworden, die nicht begriffen haben, dass das Bereits-Gefühlte in zunehmendem Maße und unaufhaltsam die Stelle des Fühlens übernommen hat."[31]

Er weitet dies auf das „Bereits-Gedachte" und das „Bereits-Getane" aus. In der gegenwärtigen Musik können wir von vorgefertigten Genre-Einheiten sprechen, die wir als „Instant-Musik" von diversen Speichermedien genau in dieser „vorgeschriebenen" Weise konsumieren. Musik begleitet und zementiert als „Ready-felt" unsere sich ständig wiederholenden Situationen vom Aufstehen bis zum Einschlafen. Wir schaffen uns eine Matrix aus Musik mit den körperverlängernden Techniken der modernen Medien, wie sie Thomas Macho erwähnt. Da sie stets schon bewertet ist, erneuerte sich Musik in den letzten zwanzig Jahren nur in den vorgeschriebenen Grenzen der Sequenzerprogramme. Jeder Programmanwender kann heute eigene Kollagen von Musiken herstellen. Das Hybrid behrrscht uns. Vorformen des Hybrids sind die Imitation und die Aneignung von fremden Qualitäten. McClary erwähnt diese für den Fall der Sopranstimme in einem Gender-Neid, der zur Kastration führte, und in der Aneignung der genuin afroamerikanischen Musik durch weiße Musiker. Heute gibt es zahllose Spielformen der afro-diasporischen Musik. Stets sollte kritisch hinterfragt werden, ob es sich um hybride Aneignungen oder um echte

31 Mario Perniola „Über das Fühlen", Berlin 2009; S.22; im Original „Del sentire", Turin 1991.

transkulturelle Prozesse handelt. Im Mainstream bleibt die Befangenheit durch das Klischee der „schwarzen Stimme" unaufgelöst. Sängerinnen in der sog. ernsten Musik, im Jazz, im Pop etc. unterliegen – wie oben erwähnt – vorauseilenden Klangidealen, der sie die mimetischen Prozesse zur Freiheit des Stimmklangs unterordnen. Der Wille zur Freiheit prägt eine Form der Transgression, die sich im Wunsch nach Popularität in den Medien zeigt. Sänger übergehen dabei häufig die „Sorge um sich". Wir finden heute bei Sängern häufig Stimmprobleme, die aus Leistungsüberforderung und Druck durch immer schnellere Produktionen entstehen. Sänger suchen Halt in einer Körpertechnik, die ein Gegengewicht zu den technischen Medien bilden kann. Dieser Bewegung folgend hat sich die Dominanz der klassischen Gesangstechnik und Atemstütze in der Gesangspädagogik an deutschen Musikinstituten auf alle Genres ausgebreitet. Sie wird häufig komplementiert durch wirkungsorientierte Anwendungen, die typenspezifisch ausgerichtet sind, letztlich aber keine Orientierung an Stimmklang und Wahrnehmung kennen. Wo ist ein Ende dieser Entwicklungen abzusehen?

Roland Barthes, K. Ludwig Pfeiffer und Susan McClary fordern eine Befreiung der Stimme vom Bedeutungsanspruch der Musik. Die Perspektive des Stimmklangs in Kapitel II erlaubt einen Freiraum, in dem der vordergründige Bedeutungsanspruch der Musik unterwandert werden kann. Stimmklang macht die Musik zu einem Spiel in der Textur von Köperinnenraum und Raumklang von nah und fern, laut und leise, hell und dunkel, räumlich und punktuell – dem Spiel von eigen und fremd, männlich und weiblich etc. in seinen vielfältigen Erfahrungsräumen. In diesem Kontext entschlüsseln sich die musikalischen Bedeutungen der Tongeschlechter und Tonarten neu. Tempo, Dynamik und Agogik erfahren eine Aufladung durch die kinästhetische Bewegung in *Transsensus* und *Intersensus*. Tonhöhe wird aus der Bewegung von „nach-oben-ziehen" und „nach-unten-drücken" erlöst in eine räumliche Orientierung, die sich auf ihren Ursprung in der Echoortung bezieht. Die Feinheit der körperlichen Textur der Stimme ist keine Wissensform, die sich blenden lässt oder einem blinden Drang folgt. Männer und Frauen können in gleicher Weise Zugang zu ihr finden – auch wenn sie durch unterschiedliche Gender-Mechanismen von ihr abgelenkt werden. Männerstimmen haben im Allgemeinen größere Schwierigkeiten der Feinheit der in Kapitel II.a.2 erwähnten Gewebeschwingung des *Intersensus* der Stimmlippen zu folgen. Frauenstimmen mögen leichter an diese Feinheit herankommen, können aber größere Schwierigkeiten haben, die Kraft des *Transsensus* im Vokalismuskel selbst zu entwickeln. In jedem Fall ist eine differenzierende Betrachtung notwendig. Letztlich handelt es sich um eine durchscheinende Wissenschaft, die den großen Orientierungsreflex der Sinnesnerven ausgehend vom Transgressions- und Subversionspotential der Stimme bis hin zur Freiheit des Stimmklangs erforscht. Musik wird in diesem Sinne zu einer Qualität von mäandernden Zuständen, die sich wie „ein Raum im Raum im Raum" ineinanderschachteln. Jeder Zustand hat eine andere Färbung und Polarisierung wie die Gestalt der musikalischen Emotionen in Kapitel II.b. Darin enthalten ist eine eigene Berührungsqualität und eine eigene Form von Bewegung, wie wir sie z.B. in alten indischen Musikstilen wie dem Dhrupad-Gesang finden. Michel Serres fragt, nachdem er 56 Qualitäten eines Stimmklangs aufgezählt hat:

„[...] auf welchen Wegen ist deine Stimme nicht geflossen, von welchen Stoffen, welchen Felsen ist sie nicht abgeprallt, um das Glockenspiel des Sinns, der Intuition und unterschwelligen Bedeutungen zu bereichern, unter der Sprache?"[32]

Wenn wir das Klangliche als Eigenschaft der Musik an dieser Stelle auf die Textur des klingenden Körpers und seiner eigenen Bedeutungsprozesse zurückgeführt haben, kann Stimmklang dann auch ein Mittel sein, um sprachliche Prozesse zu verstehen? Semiotik und

32 Serres, Michel „Die fünf Sinne. Eine Philosophie der Gemenge und Gemische", Frankfurt a.M. 1998; französ. Original „Les cinq sens. Philosophie des corps mêlés", Paris 1985; S. 153. Siehe Hörbeispiel im Anhang!

Linguistik verstehen Sprache als eine Notation in klanglich ausgerichteten Zeichen. Allerdings erfahren diese im Zuge einer „Zeichenökonomie“[33] Vereinfachungen, die es im Rahmen der Alphabetisierung z.B. in der deutschen Sprache unmöglich machen, Geschriebenes und Gesprochenes ohne zusätzliches Wissen ineinander zu überführen. Ein Beispiel ist die Häufung der Konsonanten „s“, „c“ und „h“ für den Laut, den wir mit „sch“ verbinden. Selten gelingt das Experiment in der eigenen Muttersprache, wenn man in einem Raum einer großen Gruppe von Menschen lauscht, die sich alle durcheinander unterhalten, diese Sprache als klangliche Sinfonie und nicht als einzelne bedeutungsgebundene Worte und Satzzusammenhänge zu hören. Wie können wir Klang und Bedeutung so weit differenzieren, bis wir dem Anspruch einer Klangbedeutung von Kapitel II.b.3 gerecht werden?

Halten wir ein „a“ in der Sprechstimme sehr lange und gedehnt aus, gelangen wir in eine Qualität, die wir nach und nach als singend bezeichnen werden. Diese Praxis des Stimmklangs – wie in Kapitel II beschrieben – räumt Theorien wie der „Hmmmmm“-Protosprache von Steven Mithen eine reale Existenzform ein. Hirnphysiologisch haben wir es mit einer Grenzüberschreitung zu tun, an der wir die Qualitäten von Sprachlichkeit und Klanglichkeit untersuchen können. Beim Rechtshänder liegt das sensorische Sparchzentrum nach Wernicke in der dominanten linken Hirnhemisphäre und in der rechten Hemisphäre gegenüber liegt das sog. „Halluzinationszentrum“, das bei einer Reizung den Eindruck, Klänge und Stimmen zu hören, hinterlässt. In der Praxis des oben erwähnten Beispiels der Überschreitung von Sprechen ins Singen habe ich mit zahlreichen Lernenden immer wieder gleiche Erfahrungen gemacht. Zunächst beginnen wir das Experiment mit dem länger werdenden „a“ in einem unbalancierten Zustand, in dem erfahrene Praktiker und aufmerksame Anfänger einer Praxis des

33 Posner, Roland „Balance of Complexity and Hierarchy of Precision: Two Principles of Economy in the Notation of Language and Music“ in *„Semiotic Theory and Practice“*, Michael Herzfeld/Lucio Melazzo (Hg.), Berlin/New York 1988.

Stimmklangs deutlich eine Asymmetrie der Hirnhemisphären empfinden: Der linke Kopfraum (beim Rechtshänder, aber auch bei den meisten Linkshändern) fühlt sich geballt und konzentriert an, der rechte scheint gar nicht vorhanden zu sein oder fühlt sich ausgehöhlt an. Wird die Aufmerksamkeit auf die lebendigen Anteile des Stimmklangs in Vibration und Pulsation gelegt und ihr Spiel in den Sinnen und im Kehlkopf, können wir bald eine Veränderung bemerken, bei der die rechte Seite deutlich vitalisiert und entgrenzt wird und bald die linke Seite miteinbezieht. Stimme in langgezogenen holistischen Klangbändern als eine situationsgerechte authentische Mitteilungsform erscheint in diesem Zustand möglich. Mithen imaginiert demnach eine „Stimmklang-Sprache" als Sprache unter der Bedeutungssprache. Julian Jaynes empfiehlt konkret das Training der Gesangsimprovisation mit sprachlichem Anteil, um die Hemisphärenkoordination zu trainieren – auch hier entsteht eine Perspektive des Stimmklangs auf das Verhältnis von Sprache und Musik. Sicherlich kann uns bei diesen Ideen nicht eine romantisierte Rückkehr ins Leben der Steinzeitmenschen locken. Aus der gleichen Motivation heraus möchte ich mich an dieser Stelle nochmals von allen „Ur-Begriffen" zum Verhältnis von Stimme und Körper abgrenzen wie auch der „Urgesangstheorie" von Humboldt, auf die sich Peter-Michael Fischer in Kapitel I a bezieht.

Was kann eine Freiheit des Stimmklangs in den heutigen Menschen bewirken, die in einer Epoche der Versprachlichung leben, die von manchen schon als „sekundäre Oralität"[34] bezeichnet wird? Ob es sich lohnt Stimmklang als eine „tertiäre Oralität" zu untersuchen?

Sprache als Kodierungssystem, das die klangliche rechte Hemisphäre mit der sprechenden linken Hemisphäre verbindet, ist ein Ergebnis der Forschungen von Julian Jaynes zur Entstehung von Bewusstsein und Sprache. Mithens Idee, bei den Gemeinsamkeiten von Sprache und Musik anzusetzen, um zu einer klanglichen „Vorsprache" zu gelangen, erscheint vor dem Hintergrund einer oben skizzierten

34 Walter Ong „Orality and Literacy. The Technologizing of the Word", London/New York 1982; S11.

sprachdominierten hybriden Musikwelt der Gegenwart eher problematisch. Auch seine Annahme, dass das Gehirn der Urmenschen genauso strukturiert war wie das moderne mit einer dominanten und einer subdominanten Hälfte etc., kann vor einer kritischen Historischen Anthropologie kaum Bestand haben. Trotzdem scheint der Charakter seiner „Hmmmmm-Vorsprache" sehr nahe an den klanglichen Vernetzungsmöglichkeiten des Gehirns zu liegen. In Kapitel II haben wir die Eigenschaften des limbisches Systems erwähnt, Synästhesien in der Hirnrinde anzuregen. Wir haben den Hirnstamm, sein klingendes Sirren und den von ihm verwalteten Orientierungsreflex besprochen, sowie den Thalamus als große Umschaltstelle der Sinnesreize in die Bereiche der bewussten Sensorik und seine holistische Anschaltreaktion der Bewusstheit. Den Hypothalamus im Zwischenhirn können wir als das vegetative Zentrum im Organismus verstehen, in welches auch der Nervus Vagus mit der Kehlkopfinnervation eingebunden ist. Schließlich untersuchen wir die beiden Hemisphären und die Sprachlichkeit: Beim Rechtshänder liegt das Wernicke-Sprachzentrum in der linken dominanten Hemisphäre und in der rechten gegenüber das sog. Halluzinationszentrum. Sie bilden eine Opposition aus äußerem Sprachverständnis und Klang der inneren Stimmen. Außerdem haben wir im Abschnitt über die Klangkörpergestalt und die Diaphragmenkette die Klanglichkeit der ummantelnden Häute des Gehirns besprochen. Alles in allem zeigen sich viele redundante Zentren auf unterschiedlichen Ebenen des Gehirns, die sich in endlosen Kreisläufen miteinander vernetzen in einer polyrhythmischen Struktur von ineinander verzahnten Vielfachen – eine pulsierende elektrisierte neurophysiologische Sinfonie!

Stimmklang wird so zur hirnphysiologischen Herausforderung. Diese Perspektive beziehen neben den Paläoanthropologen auch die Primatenforscher Fischer und Fitch in Kapitel I.a. Periphere und zentrale Pole der Wahrnehmung zeigen im Stimmklang die Muster ihrer Verbundenheit. Stimme und Gehirn bespielen sich in stetigem Wechselspiel. In diesem resonierenden Geschehen wird die Sprachlichkeit der linken Hemisphäre mit der elementaren Stofflichkeit der

Sinne und der Klanglichkeit der rechten Hemisphäre aufgeladen. Von der Perspektive des klingenden Gehirns aus kann Sprache als Reduzierung und Kodierung von Klanglichkeit neu verstanden werden: Als Klang und als Klangbedeutung.

Das zweckfreie Spiel des Stimmklangs ist die zentrale innerpsychische Komponente, mit der ich diese Überlegungen zum Kulturklang und seinen Prozessen zum Abschluss bringen möchte. Es erreicht seine Freiheit in einem Spiel zwischen Singen und Sprechen. Doris Kolesch habe ich in Kapitel I.a zitiert mit ihrem Kommentar zum „gestammelten Körper" von Roland Barthes. Wenn Sprache in dieser Form zu einem lustvollen Spiel werden kann, das die Bedeutung in jedem Moment neu entdeckt, wird das Moment der Klangbedeutung berührt. Dieses Spiel von kontextsensitiven innerspychischen Zuständen, das sich durch alle Ebenen menschlichen Seins hindurchschaukelt, erfährt die Erfüllung einer „Sorge um sich". In einem pulsierenden Spiel von „hin und weg" erlebt sich das klangliche „Ich" in einer Qualität von Selbstzuwendung, die nichts anderes als liebevoll ist.

DAS KLANGLICHE „SELBST" DER STIMMANTHROPOLOGIE

An den Kulturtechniken des Singens und Sprechens konnten wir mimetische Prozesse ableiten, die ich an dieser Stelle zu einer Anthropologie des Stimmklangs oder „angewandten Stimmanthropologie" zusammenfassen möchte. Seit 2006 habe ich Teil am Diskurs der *kritischen Historischen Anthropologie* in Berlin um Christoph Wulf, Gunther Gebauer et al. Seit dem Ende der normativen Anthropologien in einer Welt, die stets schon „Kultur" ist und Begriffe wie „Gott" und „Natur" in ihrer Historizität hinter sich gelassen hat, verweist „Stimmklang" in seiner Performatitvität durch seine Transgression und Subversion in *Transsensus* und *Intersensus* auf die zentrale Position des menschlichen Körpers und seiner Bedeutungsfindung. Die mimetischen Prozesse einer Praxis des Stimmklangs zeigen aus den soziokulturellen Gewohnheiten hinaus in einen Raum, der die Selbstwahrnehmung und damit auch die Konstitution des „Ich" neu entdeckt. In einer responsiv orientierten Kritik der Sinne können wir die Orientierungsreaktion des Stimmklangs hin auf das „Selbst" verfolgen als Bedeutungsprozess von Freiheit.

Stimmklang ist eine umfassende Orientierungsreaktion, die sich in einer Verwunderung durch ihre eigene Fremdheit ständig selbst überschreitet und unterwandert. Die Klänge von Menschen, d.h. sowohl deren Stimmen als auch deren körperlich-organische und handlungsbedingte Geräusche teilen Vielschichtiges über sie mit. Da die klangliche Sphäre immer eine durchdringende ist, vermischen sich in ihr die Eigenheiten und Gewohnheiten der Menschen untereinander auch mit den anderen Lebewesen und Dingen der Welt. Die „Soundscape" auf unserem Planeten wird von Menschen bestimmt. In ihr enthalten ist der Stimmklang als primärer Abdruck der menschlichen Selbstäußerung, der immer schon durchdrungen und geprägt ist von der umgebenden Klangsphäre und deren stimmlichen Kommunikationsformen. Wenn das erste „Über-mich-hinaus" die Schreie des Säuglings sind, die ein „Wisse-dass-ich-existiere"[35] und ein „Kümmere-Dich-um-mich" als Appell in sich tragen – dann ist das erste „Durch-mich-hindurch" die Prägung des Angesprochenseins[36], welche so den Schacht des „Ich" installiert. Das angesprochene „Ich" zeigt in der „Sorge um sich" durch den bewusst wahrgenommenen Stimmklang eine Orientierungsreaktion auf sein „Selbst" hin. Es zeigt Selbstüberwindung und Selbstfindung als freiheitlichen Bedeutungsakt.

---

35 Vgl. Kapitel I.a: Doris Kolesch begründet den Appellcharakter der Stimme mit diesem Ausspruch von Roland Barthes.

36 Louis Althusser verwendet den Ausdruck „Interpellation" als Anrufung eines Individuums und ideologisches Verfahren in Anlehnung an Marx und Lacan, Individuen zu Subjekten zu transformieren, indem ihnen Subjektpositionen zugewiesen werden. Ich beziehe mich hier lediglich auf die auditive Koppelung von Anrufung und Subjektbildung. Vgl. Louis Althusser (Hg.) „Ideologie und ideologische Staatsapparate: Aufsätze zur marxistischen Theorie", Hamburg/Berlin, 1977; S. 108ff.

Hier setzt die pädagogische Form einer „angewandten Stimmanthropologie" an. Sie nutzt ein physiologisch orientiertes Körperwissen und verbindet es in einer *Kritik der Sinne* mit der inneren und äußeren Wahrnehmung von Stimmklang und Kontext. Alle in Kapitel II beschriebenen Phänomene wie Sinnesorgane und Körper des Stimmklangs, Beziehung zum Stimmklang und seiner Bedeutung sind wichtige Werkzeuge in den mimetischen Prozessen einer angewandten Stimmanthropologie. Sie bedingen eine Neuorientierung im Verständnis von Sprache und Musik. Hierbei werden die Erfahrungsräume des Stimmklangs von Narration, Gender, Virtualität, Stadtklang etc. untersucht und auf eine „Sorge um sich" bezogen.

Worüber sich Methoden im Allgemeinen ausschweigen, sind die Zustände, in den sich die Menschen befinden, die eine Methode übertragen, also die „Lehrenden". Eine Anekdote aus dem Lichtenberger Institut erzählte mir eine Kollegin, die seit langen Jahren wieder einmal dort gewesen war: Während einer großen Runde im Saal des Instituts beobachtete sie, wie Gisela Rohmert einen Arm fortwährend in einer feinen und tief angebundenen Bewegung hin- und herpendelte. In einem nachfolgenden Gespräch erwähnte Gisela Rohmert, dass sie ihren Arm in einer direkten Anbindung an den Kehlkopf und seiner generellen sensorischen Einbindung bewege, um ein Verletzungstrauma durch einen kurze Zeit zurückliegenden Sturz wieder aufzulösen. Sie glaube allerdings, dass niemand im Saal diese Bewegung und ihre besondere Qualität bemerken würde, wenn man nicht darauf aufmerksam machen würde. Diese Art der ständigen kritischen Selbstbefragung und der Reflexion der eigenen Qualität im Anderen sind, im Fall von Gisela Rohmert, konstituierende Eigenschaften für eine Kritik der Sinne als einer ständigen Hinterfragung der Empfindungsgenauigkeit von intersubjektiven Phänomenen und ihrer interkorporären Übertragung. Auch im Sinne meiner eigenen Übertragung dieser Methodik in eine angewandte Stimmanthropologie möchte ich beschreiben, dass das pädagogische Subjekt sich ständig im Zustand einer responsiven Selbstbefragung befindet. Mein eigenes Interesse führt mich dabei zur Differenz von „Ich" und „mich", die auf das klanglich angesprochene strömende „Selbst" verweist. Der klangliche Orientierungsreflex richtet sich auf die Bedeutung des „Selbst".

Auf der Suche nach einer Formel für eine „auditive Wissenschaft" des Körpers, gibt es gegenwärtig viele Versuche, das cartesianische „cogito ergo sum" – „ich denke, also bin ich" in ein „audio ergo sum" – „ich höre, also bin ich" zu übersetzen. Peter Sloterdijk unternimmt diese Übertragung in seinem „Akosmismus des Musikhörens"[37]. Er formuliert ein „sonores cogito" in einem „Ich-höre-etwas-in-mir-von-mir-und-anderen-Reden". Auf die Erfahrungen mit einer Praxis des Stimmklangs bezogen, sollten wir die Überschreitung in das „Selbst" einer „auditiven Wissenschaft" besser so fassen, dass wir zunächst lernen zu hören und darin einen Abgleich mit unserem inneren Sinn treffen müssen. Erst dann können wir feststellen, ob wir zu einer Einsicht gelangen. Eine *Kritik der Sinne* würde demnach ein „me ipse audio, ut cogitem" formulieren. Dies ist der Zustand, in dem stummer Klang und klingende Stille sich berühren. In der völligen Aneignung der Gesetze des Stimmklangs ist plötzlich das Moment der Freiheit erreicht. Es ist ein Eintauchen in die Frage: „Was ist der Stimmklang?" Hier beginnt die „auditive Wissenschaft" vom strömenden Selbst – als unerhörte Utopie.

Ich nehme meinen pädagogischen Körper als sehr empfänglich für Stimmklang und Stimmung der Menschen wahr, mit denen ich arbeite. Dieser pädagogische Körper ist auf Singen und Sprechen als Formen künstlerischer Bedeutungsfindung ausgerichtet. Immer weiter trägt das empfindungsgenaue Widerspiegeln in einer kinästhetischen Empathie mit der darin enthaltenen Antizipatorik auch mein alltägliches Sein. In diesem Sinne spielt sich angewandte Stimmanthropologie auch im äußeren Raum ab. Der Stadtraum und seine klanglichen Eigenheiten sind fester Bestandteil ihrer Forschungen wie auch der Körper, den die Medienästhetiken auf uns übertagen. Im künstlerischen Ausdruck sind wir stets responsiv mit unserer Welt verbunden. Wie Fledermäuse

37 Peter Sloterdijk „Wo sind wir, wenn wir Musik hören?" in „Weltfremdheit", Frankfurt a.M. 1993; S. 312f.

können wir Echoloter für äußere Räume, den Körperinnenraum, die Verbindung dieser beiden – und letztlich auch für menschliche Stimmungen werden. Die Geschichten, die Lernende erzählen, wenn sie mit der sinnlichen und sinnhaften Berührung des Stimmklangs in Kontakt kommen, sind wichtige Bestandteile einer stimmanthropologischen Arbeit. Immer wieder durchleben sie Phasen, in denen sie sich in Tränen auflösen, weil klangliche Ereignisse sie in einer Qualität berühren, die sie aus traumatischen oder anderen Gründen im Alltag nicht zulassen können. Diese individuellen Geschichten setzen sich wie ein therapeutisches Puzzlespiel unter der an künstlerischer Bedeutung ausgerichteten Arbeit zusammen. Sie werden durch den Bedeutungskontext des Stimmklangs angenommen und wieder eingegliedert in das gesamte Erleben. Dies ist ein inverser Vorgang im Verhältnis zu einer analytischen Betrachtung. In dieser Qualität einer klanglichen „Sorge um sich", zeigt sich der Bedeutungsraum der Freiheit. Eine Orientierung an den Gesetzen des Stimmklangs trägt unser Singen und Sprechen in einen freiheitlichen Selbstbezug. Die klangliche Brücke öffnet neue Bedeutungsräume sowohl intersubjektiv als auch intrasubjektiv. In der utopischen Konsequenz dieser Entwicklung gibt es keinen perspektivischen Kontrast mehr, der sich in einem einseitigen Verstummen artikulierte, und auch keine absolute Stille. Der Bruch durch eine mögliche Negativierung der Praxistheorie des Stimmklangs löst sich selbst auf. So wie Gase oder Flüssigkeiten stets einem Gefälle folgen müssen, bis auf beiden Seiten das gleiche Niveau erreicht ist, durchdringen sich Stille und Klang im Inneren und Äußeren. Die Asymmetrie äußerer Kommunikation ist eine kognitive. Klang dagegen folgt den Gesetzen der Induktion des Selbst, das den Willen zur Freiheit in die Freiheit führt.

Ein Buch über Stimmklang zu schreiben bedeutet, wie ein Fährmann geschickt den Grenzstrom zwischen innerer und äußerer Wahrnehmung zu verbinden, zwischen rechter und linker Hemisphäre, zwischen sprachlicher Synthese und ganzheitlicher Perspektive des Stimmklangs.

Anhang

Beschreibungen des Hörbeispiels zum Download[1]

„Ineinandergeschachtelt" von Christoph Illing wurde 2009 in den Katalog von Notations 21 aufgenommen. Die Partitur ist multisensorisch mit vielschichtigen haptischen und visuellen Texturen. Sie besteht aus zwei Bänden gebundenem Papier in handgeschöpfter Qualität. Jede Seite ist in sich zerrissen. Die eine Hälfte ist mit einem Begriff beschrieben und bildet Teil I in Band I der Komposition – ihr abgerissenes Komplementär bildet die entsprechende Seite von Teil II in Band II. Die beiden fotografischen Abbildungen (8 & 9) sollen einen Eindruck vermitteln von der zarten haptischen Struktur, die an Schwanengefieder erinnert. Eine feine Zeichnung zeigt auf jeder Seite die gleichen Konturen einer kauernden menschlichen Gestalt, die durch die zerrissenen Blätter in viele sich überlagernde Facetten aufgebrochen wird. Diese haptisch-visuellen Qualitäten der Partitur sind analog zur klanglichen Konzeption. Die eigentliche Komposition besteht aus zwei Teilen, in der der Begriff „ineinandergeschachtelt" je einmal ausgesprochen werden soll in der Qualität von 57 nacheinander

1 Vgl. Notations 21 Katalog, Theresa Sauer (Hg.), New York 2009; S. 111.

aufgezählten Attributen von Michel Serres[2] zur Qualität der Stimme und fünfmal in Bezug auf den „felt sense“ von Eugene T. Gendlin. Holger Schulze schreibt zum Erfahrungshintergrund der Partitur:

„The performer is drawn back to her – or his felt sense of the actual situation and its effects on him or her. The term Felt Sense, Illing refers to, is central to the philosophy and phenomenology of language, developed by US-American thinker Eugene T. Gendlin. Gendlin, who is also the father of the Focusing-therapy, worked on this theory since the 1960s. At the core of his writings and practices lies the realization – in a field between Wittgenstein and Husserl – that there is a bodily sense of meaning, a proprioreceptive cognition that bears the ground for any individual making use of words and speech acts. According to Gendlin language does not end when we are grasping for words as dominant theories of language typically say. Speaking begins right there and then, when we do not rely on patterns any longer, on clichés and routines: When we give ourselves the space and time of letting newly, bodily grounded constellations emerge, a felt sense out of feelings, sensations, sounds, smells, images, metaphors, phrases, words that come up. Meaning emerges out of proprioreceptive cognition. Meaning thus is bodily anchored.“[3]

Als Hörbeispiel zu Stimmklang und Bedeutung steht meine Interpretation von *„ineinandergeschachtelt“* bereit zum Download. Zwei Aufnahmen können mit dem Link *http://www.sinuous.de/stimmklangundfreiheit.html* heruntergeladen werden: Eine Aufnahme von Band I und II im reflexionsarmen Raum der Technischen Universität Berlin 2007. Eine Aufnahme von Band I und II aus dem Arbeitszimmer von Christoph Illing mit Färbung durch den Raum und die Soundscape von Berlin Neukölln 2012/2013. Die Begriffe im

2 Michel Serres „Die fünf Sinne. Eine Philosophie der Gemenge und Gemische“, Frankfurt a.M. 1998; S.152f.

3 Holger Schulze „Felt and Folded – ineinandergeschachtelt by Christoph Illing – Contribution to *Notation 21* American Musicological Society 2007“.

ersten Teil von Band I der Komposition sollen expressiv interpretiert werden, d.h. der Begriff wird jedesmal bewusst mit Bedeutung aufgeladen – die Bedeutung wird wie im klassischen Schauspiel in die Sprache hineingelegt. Der zweite Teil und Band II orientieren sich am „Felt Sense" der Sprecherin im Sinne von Eugene T. Gendlin[4]. Hier ein Ausschnitt aus der Interpretationsanweisung:

„Der Felt Sense ist eine körperliche Empfindung von..., ist Wahrnehmung von Bedeutung und Empfindung der Gesamtsituation."[5]

Diese Empfindung entspricht genau dem Feld, das der Klang sofort zu erfassen versteht. Die Berührung von Stimmklang und Bedeutung im „fremden Körper" von Kapitel II.b.3 wurde zur Grundlage meiner folgenden Interpretation des zweiten Teils und von Band II von *„ineinandergeschachtelt"*. Diesmal wirken die Begriffe als subtile Stimulationen auf den Stimmklang. Das jeweilige Attribut bewirkt eine Veränderung im Sinne einer Fremdheit des Körpers, dessen Textur der Stimmklang verklanglicht. Stimmklang macht den „Felt Sense" des Wortes hörbar. Er ist ein Abbild des inneren Eindrucks. Da die Akustik im reflexionsarmen Raum jegliche äußere Raumcharakteristik (extrem ist die Punktgenauigkeit des „t") unterdrückt, entsteht ein Fokus auf die Binnenakustik des Körpers. Dies ergibt eine weitere Verstärkung des „Felt-Sense" in der Entsprechung von Inhalt und akustischer Reflexivität. Die Raumakustik von Illings Arbeitszimmer interpretiert den Klang von außen. Hinzu kommen die Überlagerungen mit den Verkehrsgeräuschen der Soundscape. Geräusch und Stimme bilden ebenfalls einen Klangkörper, der ebenfalls Kontakt zum Binnenkörper aufnimmt, wie er im reflexionsarmen Raum in reiner Form zu hören

4 Eugene T. Gendlin zum „Felt Sense" – „Funktion des Leibes in der Sprache" in „Die umfassende Rolle des Körpergefühls im Denken und Sprechen", Berlin 1993.

5 Christoph Illing www.ineinandergeschachtelt.de; die drei Punkte [...] im Satz stehen für das Erleben des „Felt-Sense".

ist. Band II sollte evtl. mehrmals gehört werden, um die subtilen Veränderungen in der Glottis und im Körper erspüren zu können. Die 57 aufeinanderfolgenden Begriffe sind:

1) rau 2) leise 3) voll 4) flehend 5) vulgär 6) schrill 7) zornig
8) jovial 9) wohlklingend 10) gebieterisch 11) markerschütternd
12) verführerisch 13) explosiv 14) oder irritiert 15) von einem Mannweib
16) einer Jungfrau 17) einer Schlampe 18) oder einer Hure
19) einem herrschsüchtigen Opfer 20) einer herrischen, hoffnungslos Verliebten, die den tristen Starrsinn wahrer Leidenschaft herausschreit,
21) mütterlich 22) schwesterlich 23) fromm 24) kindisch 25) piepsig
26) egalitär 27) oder komplizenhaft 28) arrogant 29) ermutigend 30) destruktiv
31) oder liebkosend 32) ironisch 33) aggressiv 34) zynisch
35) Katze der alten Säuferin im Rinnstein, die den Frühling nicht zu mögen scheint, 36) gemeine Stimme 37) bedeckt 38) samtig 39) nobel 40) hoch
41) servil 42) majestätisch 43) gewichtig 44) krank 45) frech
46) in Stille gebadet 47) voller Echos der Wälder oder Meere
48) von Vogelgezwitscher erfüllt 49) brüllend wie ein wildes Tier
50) das Stimmengewirr der Straßen, an den Mauern und Kirchenfronten reflektiert, 51) durchdringende Stimme, die klagt 52) bittet 53) und „komm!“ sagt 54) beängstigende Stimme, brüchig 55) schluchzend 56) gebrochen
57) auf welchen Wegen ist deine Stimme nicht geflossen, von welchen Stoffen, welchen Felsen ist sie nicht abgeprallt, um das Glockenspiel des Sinns, der Intuitionen und unterschwelligen Bedeutungen zu bereichern, unter der Sprache?
Felt Sense – im Anschluss an die Begriffe auszusprechen:
58) Alle diese ausgesprochenen Worte sind .....
59) Die Risse sind .....
60) All dies Papier ist .....
61) Meine Situation ist .....
62) .....

Danach folgt die Wiederholung aller 62 Facetten in Band II nach dem „felt sense“.

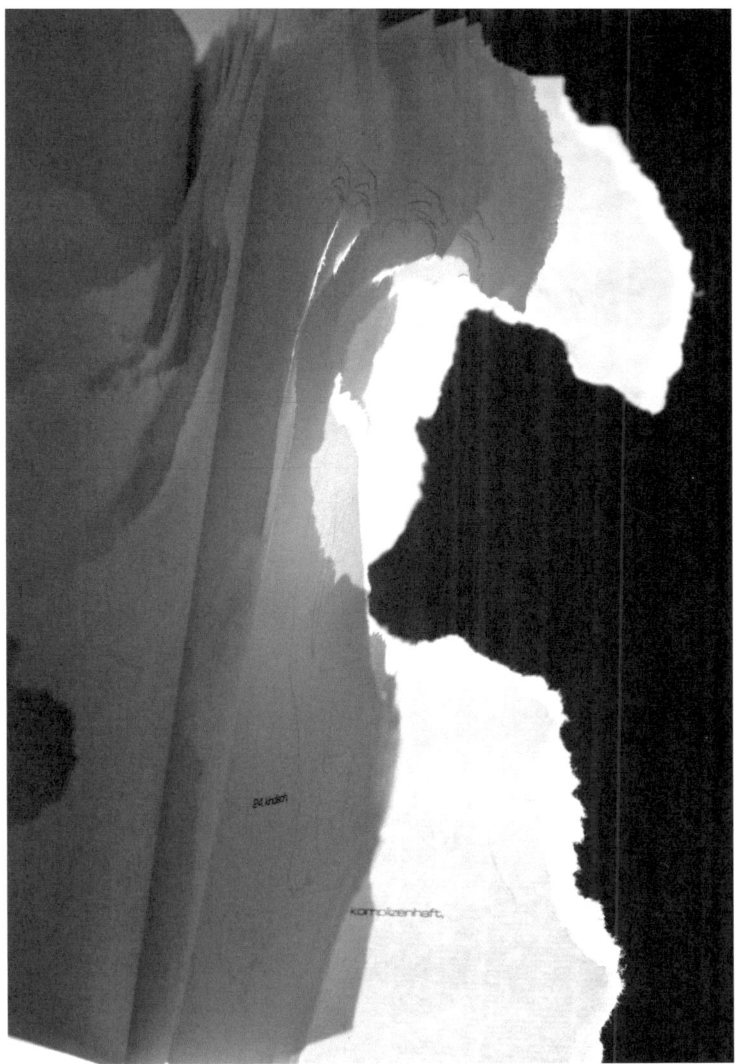

Abb. 8 *„ineinandergeschachtelt“*

Abb. 9 *„ineinandergeschachtelt“*

GLOSSAR

Antizipatorik: Vorwegnehmen von Handlungen im Bereitschaftstonus des *Transsensus*.

Cochlea: „Schnecke" als Organ des Tonhöhenhörens, siehe Abb. 1.

Diaphragma: (griech.) „Scheidewand" als Ausdruck für die unterteilenden Zwischenböden im Körper, siehe Abb. 7.

Eutonus: (griech.) Optimierte Muskelspannung durch die Prinzipien von *Transsensus* und *Intersensus*.

Faszie: (lat.) „Binde" als wenig dehnbare, aus gekreuzt verlaufenden kollagenen Fasern und elastischen Netzen aufgebaute Hülle einzelner Muskeln oder Muskelgruppen. Allgemeine Körperfaszien umhüllen die Gesamtmuskulatur des Rumpfes oder der Extremitäten. Außerdem gibt es Organfaszien.

Formanten: Amplitudenverstärkte Teiltonbereiche des Frequenzspektrums eines Klangs, die vom Grundton unabhängig sind, wie Vokalformanten, Sängerformanten oder instrumentenspezifische F.

Formatio reticularis: Netzartige Struktur im Stammhirn zur Steuerung von vegetativen Funktionen und Reflexen, basale Integration von Sinnesreizen mit der Funktion der Aufmerksamkeitskodierung.

Glottis vocalis: Die zwischen Stimmbändern in der Mitte des Kehlkopfs gebildete Stimmritze.

Hemisphäre: Hier als Gehirnhälfte des Großhirns verwendet.

Iconosensus: Gewebesinn, der bei der Phonation bildhafte Gestalten ins Bewusstsein bringt.

Intersensus: Sinn aus allen Vibrationsorganen in den Faszien und im Bindegewebe des Körpers.

Keilbein: Os sphenoidale, zentraler Schädelknochen, siehe Abb. 3.

Kinästhetisch: Tiefensensibilität des Körpers durch Bewegungsrezeptoren, multimodal bezieht im Allgemeinen auch die taktile Oberflächenempfindung mit ein. Siehe *Transsensus* und *Intersensus*.

Kraniosakralrhythmus: Feiner Puls der Flüssigkeit (*Liquor*), in der Gehirn und Rückenmark schwimmen, zwischen Schädelknochen (*Kranium*) und Kreuzbein (*Os sacrum*).

Labyrinth: Die drei Bogengänge des Vestibularapparats als Teil des Innenohrs, siehe Abb. 1.

Limbisches System: Ring aus Hirnwindungen, der Balken, Zwischenhirn und Basalganglien umrandet und eine Übergangszone zwischen Neokortex und Stammhirn bildet. Sitz des emotionalen Gehirns.

Mediale Kompression: Die muskuläre Balance in der Stimmlippenberührung zwischen öffnen und schließen.

Musculus vocalis/Vokalis: Stimmbandmuskel, Muskel der echten Stimmlippen, siehe Abb. 2 und 5.

Muskelspindeln: Rezeptororgane des Gammanervensystems, die parallel zu den Muskelfasern im Muskel liegen.

Neokortex: Hirnrinde als Ort der bewussten Wahrnehmung und Steuerung, jüngster Teil des Hirns.

Alpha-Nervensystem: Innervation der quergestreiften, willkürlich steuerbaren Skelettmuskulatur.

Gamma-Nervensystem: Verantwortlich für die Empfindlichkeitsveränderung in den Muskelspindeln, die für eine Intensivierung der sensorischen Rückmeldung aus den Muskeln und damit für eine Optimierung des Muskeltonus sorgt.

Nervus facialis: 7. Hirnnerv für die motorische Innervation der Gesichtsmuskulatur.

Nervus trigeminus: 5. Hirnnerv mit motorischen und sensorischen Anteilen zur Benervung von Gesicht, Zunge, Kiefer u.a.

Nervus vagus: 10. Hirnnerv innerviert die Eingeweide als Teil des Parasympathicus und den Kehlkopf als *Nervus laryngeus recurrens*, weitere Innervation siehe Kap. II.a.2.

Parasymathicus: Teil des vegetativen Nervensystems, der für den regenerierenden Aufbau des Organismus sorgt; größter Nerv ist der *Nervus Vagus.*

Phonation: „Stimmgebung“ beim Sprechen oder Singen.

Ringknorpel: Unterer Knorpel des Kehlkopfs, siehe Abb. 2 und 4.

Schildknorpel: Oberer, von außen tastbarer Knorpel des Kehlkopfs, siehe Abb. 2, 3, 4 und 5.

Stellknorpel: Drehbare Ansatzknorpel der Stimmbänder zum Öffnen und Schließen der Glottis, siehe Abb. 4 und 5.

Stimmbänder: Bänder im Gewebe der Stimmlippen, siehe Abb. 2,3,5.

Sympathicus: Gegenspieler des Parasympathicus – vegetative Innervation für Kampf, Flucht, Stress – handlungsorientiert.

Synergetik: Lehre vom Zusammenwirken in komplexen Systemen nach H. Haken und W. Weidlich. Selbstorganisation durch Ordnerstrukturen in Systemen, die nicht abhängig von den Eigenschaften der vorhandenen Strukturen sind, mit Destabilisationsphasen beim Zerfallen der alten Ordnung vor dem Entstehen der neuen unaufwändigeren Ordnung.

Thalamus: Große Umschaltstelle u.a. der Sinnesreize im Zwischenhirn, auch der zentralen Hörbahn, paarig angelegt.

Tragus: „Ohrenlid" als Auswölbung der Ohrmuschel vor dem Hörgang.

Transsensus: Nach Glaser der Sinn des aktiven Gammanervensystems, der über den Körper hinausspürend eine empfindsame Einbettung in die Umwelt mit flexibler Anpassung des Muskeltonus leistet.

Tremolo: Zu schnelles Vibrato, bzw. mit zu großer Tonhöhenschwankung.

Vater-Pacini-Lamellenkörper: Vibrationsorgane im Bindegewebe des Körpers, u.a. in der Knochenhaut, in den Sehnen und Faszien.

Vestibularapparat: Gleichgewichtsorgan im Labyrinth, siehe Abb. 1 zum Innenohr.

Wernicke-Zentrum: Sensorisches Sprachzentrum im Schläfenlappen der linken Hirnhemisphäre.

Wobble: Zu langsames Vibrato.

Zwischenhirn: Hirnteil unterhalb der Hemisphären, enthält u.a. den Thalamus, die Hypophyse und Teile des limbischen Systems.

ABBILDUNGSVERZEICHNIS

LITERATURVERZEICHNIS

Atkinson/Smith/Nolen-Hoeksema „Hilgards Einführung in die Psychologie“, Heidelberg 2001.

Althusser, Louis (Hg.) „Ideologie und ideologische Staatsapparate: Ansätze zu einer marxistischen Theorie“, Hamburg/Berlin 1977.

Barthes, Roland „Die Gespenster der Oper” in „Die Körnung der Stimme”, Frankfurt a.M. 2002; S. 204.

Barthes, Roland „Die Rauheit der Stimme“ in „Was singt mir, der ich höre in meinem Körper das Lied“, Berlin 1979; französ. Original „Le grain de la voix“ in „Musique en jeu“, Nr. 9, Paris 1972.

Barthes, Roland „Über mich selbst“, München 1978.

Barthes, Roland „Zuhören“ in „Der entgegenkommende und der stumpfe Sinn“, Frankfurt a.M. 1990.

Bischoff, Doerte/Martina Wagner-Egelhaaf (Hg.) „Mitsprache, Rederecht, Stimmgewalt. Genderkritische Strategien und Transformationen der Rhetorik“, Heidelberg, 2006.

Blixen, Karen „Out of Africa“, Harmondsworth, Middlesex, England 1985.

Brüstle, Christa „Stimme als Klang – Anmerkungen aus der Musikwissenschaft“ in „Kunst-Stimmen“, Doris Kolesch/Jenny Schrödl (Hg.), Berlin 2004; S. 124-127.

de Certeau, Michel „Mystische Fabel“, Berlin 2012; frz. Original „La fable mystique. XVIe-XVIIe siècle“, Paris 1982.

Cytowic, Richard E. „Farben hören, Töne schmecken – Die bizarre Welt der Sinne“, München 1996; amerikan. Original „The Man Who Tasted Shapes. A Bizarre Medical Mystery Offers Revolutionary Insights into Emotions, Reasonings, and Consciousness“, New York 1993.

Diels, Hermann (Hg.) „Heraklit 22 B 101a“ in „Die Fragmente der Vorsokratiker“, Berlin 1951.

Dolar, Mladen „His Master`s Voice – Eine Theorie der Stimme“, Frankfurt a.M. 2007; slowen. Original „O glasu“, Ljubljana 2003.

Duus, Peter „Neurologisch-topische Diagnostik“, Stuttgart/New York 1987.

Edgerton, Michael E. „The 21st-Century Voice – Contemporary and Traditional Extra-Normal Voice“, The Instrumentation No.9, Maryland/USA, Oxford/UK 2004.

Eimert, Herbert „Einführung in die elektronische Musik. Akustische Kompositionstechnik“, Mainz/Köln 1965.

Epping-Jäger, Cornelia/Linz, Erika (Hg.), „Medien/Stimmen“, Köln 2003.

Felderer, Brigitte (Hg.), „Phonorama. Eine Kulturgeschichte der Stimme als Medium“, Karlsruhe 2004.

Feuerstein, Uta „Stimmig sein – Die Selbstregulation der Stimme in Gesang & Stimmtherapie“, Paderborn 2000.

Fischer, Julia „Tierstimmen“ in „Stimme“, Doris Kolesch/Sybille Krämer (Hg.), Frankfurt a.M. 2006; S.172.

Fischer, Peter-Michael „Die Stimme des Sängers. Analyse ihrer Funktion und Leistung – Geschichte der Methodik der Stimmbildung“, Stuttgart/Weimar 1993.

Fitch, W. Tecumseh „Die Stimme – aus biologischer Sicht“, in „Phonorama“, Brigitte Felderer (Hg.), Karlsruhe 2004; S.85-102.

Foucault, Michel „Die Ordnung des Diskurses“, Frankfurt a.M. 1991.

Foucault, Michel „Die Sorge um sich. Sexualität und Wahrheit Bd. 3“, Frankfurt a.M. 1986.

Gendlin, Eugene T. „Funktionen des Leibes in der Sprache“ in „Die umfassende Rolle des Körpergefühls im Denken und Sprechen“, Berlin 1993.

Glaser, Volkmar „Das Lösungsprinzip in der natürlichen Bewegung“, in „2. Kolloquium Praktische Musikphysiologie“, Walter Rohmert (Hg.), Köln 1991; S.70-85.

Grof, Stanislav „Geburt, Tod und Transzendenz“, Reinbek bei Hamburg 1991; S.106-124.

Haken, Hermann „Erfolgsgeheimnisse der Natur. Synergetik: Die Lehre vom Zusammenwirken“, Stuttgart 1981.

Heider, Fritz „Ding und Medium“, Berlin 2005.

von Helmholtz, Hermann „Die Lehre von den Tonempfindungen als physiologische Grundlage für die Musik“, Braunschweig 1863.

Hirano, Minoru „Clinical examination of voice“, Wien/New York 1981.

Illing, Christoph www.ineinandergeschachtelt.de

Jaynes, Julian „Der Ursprung des Bewusstseins durch den Zusammenbruch der bikameralen Psyche“ Reinbek bei Hamburg 1988 deutsch von Kurt Neff; engl. Original „The Origin of Consciousness in the Breakdown of the Bicameral Mind“, Boston 1976.

Kahle, Werner „Taschenatlas der Anatomie, Bd. 3 Nervensystem und Sinnesorgane“, Stuttgart/New York 1986.

Keleman, Stanley „Verkörperte Gefühle – der anatomische Ursprung unserer Erfahrungen und Einstellungen“, 2. Auflage, München 1995; englisches Original „Emotional Anatomy. The Structure of Experience“, Berkeley/Ca. 1985.

Kesting, Jürgen „Die großen Sänger“, Düsseldorf 1986.

Kim, Hyun Jin „Die Singstimme als Ausdruckszeichen. Zur medialen Funktion der Stimme in der Musik“ in „Medien/Stimmen“, Cornelia Epping-Jäger/Erika Linz (Hg.), Köln 2003; S.250-265.

Kolesch, Doris „Artaud: Die Überschreitung der Stimme“ in: „Phonorama“, Brigitte Felderer (Hg.), Karlsruhe 2004; S.187-196.

Kolesch, Doris „Die Spur der Stimme. Überlegungen zu einer performativen Ästhetik“ in „Medien/Stimmen“, Cornelia Epping-Jäger/Erika Linz (Hg.), Köln 2003; S.267-281.

Kolesch, Doris „Natürlich künstlich. Über die Stimme im Medienzeitalter“ in „Kunst-Stimmen“, Doris Kolesch/Jenny Schrödl, Berlin 2004; S. 19-37.

Kolesch, Doris „Wer sehen will, muss hören. Stimmlichkeit und Visualität in der Gegenwartskunst“ in „Stimme“, Doris Kolesch/Sybille Krämer (Hg.), Frankfurt a.M. 2006, S.40-64.

Kolesch, Doris/Krämer, Sybille (Hg.) „Stimme“, Frankfurt a.M. 2006.

Krämer, Sybille „Das Medium als Spur und als Apparat“ in „Medien – Computer – Realität. Wirklichkeitsvorstellungen und Neue Medien“, Sybille Krämer (Hg.), Frankfurt a.M. 2000; S.74.

Krämer, Sybille (Hg.) „Performativität und Medialität“, München 2004.

Krämer, Sybille „Die Rehabilitierung der Stimme. Über die Oralität hinaus“ in „Stimme“, Doris Kolesch/Sybille Krämer (Hg.), Frankfurt a.M. 2006; S.269-291.

Lagaay, Alice „Züge und Entzüge der Stimme“, in „Performativität und Medialität“, Sybille Krämer (Hg.), München 2004; S.293ff.

Landzettel, Martin „Die Bedeutung der Formantenbildung beim Instrumentalspiel“ in „2. Kolloquium Praktische Musikphysiologie“, W. Rohmert (Hg.), Köln 1991; S.199-208.

Lamperti, Giovanni Battista „Vocal Wisdom“, Urtext von 1893 transcribed by William Earl Brown mit Lillian Strongin (Hg.), New York 1931/1957.

Leonhardt, Helmut „Taschenatlas der Anatomie, Bd. 2 Innere Organe, Stuttgart/New York, 1986.

Macho, Thomas „Stimmen ohne Körper. Anmerkungen zur Technikgeschichte der Stimme“ in „Stimme“, Doris Kolesch/Sybille Krämer (Hg.), Frankfurt a.M. 2006; S.130-146.

Maurer, D. „Was ist das Physikalische des Vokals?“ in „2. Kolloquium Praktische Musikphysiologie“, Bd. 27 in der Dokumentation Arbeitswissenschaft, W. Rohmert (Hg.), Köln 1991; S.165-187.

Mauss, Marcel „Der Begriff der Technik des Körpers“ in „Soziologie und Anthropologie Bd. 2“, München/Wien 1975; S.199-220.

McClary, Susan „Fetisch Stimme: Professionelle Sänger im Italien der frühen Neuzeit“; S.199-214, aus dem Engl. von Peter Geble in Friedrich Kittler/Thomas Macho/Sigrid Weigel (Hg.) „Zwischen Rauschen und Offenbarung – Zur Kultur- und Mediengeschichte der Stimme“, Berlin 2002.

McLuhan, Marshall „Die magischen Kanäle. Understanding Media“, dt. Original 1968, Dresden/Basel 1995.

Merleau-Ponty, Maurice „Die Verflechtung – der Chiasmus“ in „Das Sichtbare und das Unsichtbare“, München 1986.

Metzger, Heinz-Klaus/Riehn, Rainer (Hg.) „Sonderband John Cage I“, New York/London/Frankfurt a.M. 1990.

Mithen, Steven „The singing Neanderthals. The Origins of Music, Language, Mind and Body“, London 2006.

Nietzsche, Friedrich „Zur Genealogie der Moral“, Stuttgart 1988.

Ong, Walter „Orality and Literacy. The Technologizing of the Word“, London/New York 1982.

Pfeiffer, K. Ludwig „Operngesang und Medientheorie“ in „Stimme“, Doris Kolesch/Sybille Krämer (Hg.), Frankfurt a.M. 2006; S.65-84.

Pierce, John R. „KLANG – Musik mit den Ohren der Physik“, Heidelberg/Berlin 1999; amerikanisches Original „The Science of musical Sound“, übers. Klaus Winkler.

Perniola, Mario „Über das Fühlen“, Berlin 2009; italien. Original „Del sentire“, Turin 1991.

Platzer, Werner „Taschenatlas der Anatomie, Bd.1 Bewegungsapparat“, Stuttgart/New York 1986.

Posner, Roland „Balance of Complexity and Hierarchy of Precision: Two Principles of Economy in the Notation of Language and Music“ in *„Semiotic Theory and Practice“,* Michael Herzfeld/ Lucio Melazzo (Hg.), Berlin/New York 1988.

Pschyrembel Klinisches Wörterbuch, 255. Aufl., Berlin/New York 1986.

Reason, Matthew/Reynolds, Dee (Hg.) „Kinesthetic Empathy in Creative and Cultural Practices“, Bristol (UK)/Chicago (USA) 2012.

Rohmert, Gisela „Interview zum Klangbegriff des Lichtenberger Modells“ am 22.10.2006 mit Ulrike Sowodniok.

Rohmert, Gisela „Der Sänger auf dem Weg zum Klang“, O. Schmidt (Hg.), Bd. 28 in der Dokumentation Arbeitswissenschaft, Köln 1992.

Rohmert, Gisela „Die Verwandlungskraft der Zunge – Von der Motorik zum Gewebeverhalten“ in „Mitteilungsblatt des Vereins zur Förderung der Stimmpädagogik durch Funktionales Stimmtraining“, Heft 1/2005; S.5-7.

Rohmert, Gisela „Mit verwandelten Sinnesorganen singen (sprechen und musizieren)“ in „Mitteilungsblatt des Vereins zur Förderung der Stimmpädagogik durch Funktionales Stimmtraining“, Heft 1/2006; S.7.

Rohmert, Walter (Hg.) „Grundzüge des funktionalen Stimmtrainings“, Bd. 12 in der Dokumentation Arbeitswissenschaft, Köln 1984.

Rohmert, Walter (Hg.) „1. Kolloquium Praktische Musikphysiologie“, Bd. 24 in der Dokumentation Arbeitswissenschaft, Köln 1990.

Rohmert, Walter (Hg.) „2. Kolloquium Praktische Musikphysiologie“, Bd. 27 in der Dokumentation Arbeitswissenschaft, Köln 1991.

Rohmert, Walter (Hg.) „3. Kolloquium Praktische Musikphysiologie“, Bd. 35 in der Reihe Dokumentation Arbeitswissenschaft, Köln 1993.

Roselt, Jens „Monströse Gefühle: Die Kunst der Klage“ in „Stimm-Welten. Philosophische, medientheoretische und ästhetische Perspektiven“ Kolesch/Pinto/Schrödl (Hg.), Bielefeld 2009; S. 157ff.

Rosenberg, Tiina „Stimmen der Queer-Diven: Hosenrollen in der Oper und Zarah Leander auf der Schlagerbühne“ in „Stimm-Welten. Philosophische, medientheoretische und ästhetische Perspektiven“ Kolesch/Pinto/Schrödl (Hg.), Bielefeld 2009; S. 189ff.

Schechner, Richard „Theater-Anthropologie. Spiel und Ritual im Kulturvergleich“, Reinbek bei Hamburg 1990.

Scherer, Klaus R. „Enzyklopädie der Psychologie, Bd. 3, Psychologie der Emotion, Serie IV, Motivation und Emotion“, 1990.

Schmidt R.F./Thews G. (Hg.) „Physiologie des Menschen“, Berlin/Heidelberg/New York/London/Paris/Tokyo 1987.

Schnittke, Alfred „Konzert für Chor“ bei „melodia“ 1989.

Schulze, Holger „Bewegung. Berührung. Übertragung. Einführung in eine historische Anthropologie des Klangs“ in „Sound Studies. Traditionen…Methoden...Desiderate.“ Sound Studies Bd. 1, Holger Schulze (Hg.), Bielefeld 2008.

Schulze, Holger „Empfindungsgenauigkeit. Eine Syrrhese“ in Holger Schulze (Hg.) „Gespür – Empfindung – Kleine Wahrnehmungen“ Klanganthropologische Studien, Sound Studies Bd. 3, Bielefeld 2012; S.9-23.

Schulze, Holger „Hören des Hörens. Aporien und Utopien einer historischen Anthropologie des Klangs“ in „Klanganthropologie, Performativität – Imagination – Narration“ Paragrana Bd. 16, Heft 2, Holger Schulze/Christoph Wulf (Hg.), Berlin 2007.

Schulze, Holger „Hypercorporealismus. Eine Wissenschaftsgeschichte des körperlichen Schalls“ in „Das Sonische & Sounds zwischen Akustik und Ästhetik. Popskriptum 15“, Peter Wicke (Hg.), Berlin 2007.

Schulze, Holger „Der Raumkörperklang. Eine Anthropologie des Mit“ in „Sam Auinger, Katalog“, Carsten Seiffarth/Martin Sturm (Hg.), Wien-Bozen 2007; S.33-46.

Schulze, Holger „Berührung. Touched by Sound“ in „Open Space Magazine“, Red Hook/New York 2007; S.8.

Schulze, Holger „Wissensformen des Klangs. Zum Erfahrungswissen in einer historischen Anthropologie des Klangs“ in „Musiktheorie, Zeitschrift für Musikwissenschaft, 22 (2007)“, Laaber Verlag Laaber 2007; S.247-355.

Serres, Michel „Die fünf Sinne. Eine Philosophie der Gemenge und Gemische“, Frankfurt a.M. 1998; frz. Original „Les cinq sens. Philosophie des corps mêlés“, Paris 1985.

Sloterdijk, Peter „Wo sind wir, wenn wir Musik hören?“, in „Weltfremdheit“, Frankfurt a.M. 1993.

Singh, Kirpal „Die Krone des Lebens – Die Yogalehren und der Weg der Meister-Heiligen“, Bern 1987.

Sterne, Jonathan „MP3: The Meaning of a Format (Sign, Storage, Transmission)“, Durham 2012.

Stolze, Heinz „Das Vibrato der menschlichen Stimme unter verschiedenen Aspekten“ in „2. Kolloquium Praktische Musikphysiologie“, Bd. 27 in der Dokumentation Arbeitswissenschaft, Walter Rohmert (Hg.), Köln 1991; S.150.

Sowodniok, Ulrike „Funktionaler Stimmklang – ein Prozess mit Nachhallligkeit“ in „Funktionale Klänge“, Sound Studies Bd. 2, Georg Spehr (Hg.), Bielefeld 2009.

Sowodniok, Ulrike „Stimmklang und Bedeutung. Fünf Perspektiven auf den resonierenden Körper – oder: Wer singt mir, die ich höre in meinem Körper das Lied?“ in „Zeitschrift für Semiotik, 1-2, 2012: Situation und Klang“, Holger Schulze/Roland Posner/Stefan Debus (Hg.), Tübingen 2013.

Sowodniok, Ulrike „Von der Substanz des Hörens“ in „Gespür – Empfindung – Kleine Wahrnehmungen. Klanganthropologische Studien“, Sound Studies Bd. 3, Holger Schulze (Hg.), Bielefeld 2012.

Tomatis, Alfred A. „Der Klang des Lebens. Vorgeburtliche Kommunikation – Die Anfänge der seelischen Entwicklung“, Reinbek bei Hamburg 1996.

Waldenfels, Bernhard „Das Lautwerden der Stimme“ in „Stimme“, Doris Kolesch/Sybille Krämer (Hg.), Frankfurt a.M. 2006; S.191-210.

Waldenfels, Bernhard „Sichbewegen“ in „Tanz als Anthropologie“, Gabriele Brandstetter/Christoph Wulf (Hg.), München 2007.

Waldenfels, Bernhard „Sinnesschwellen. Studien zur Phänomenologie des Fremden Bd. 3“, Frankfurt a.M. 1999.

Waldenfels Bernhard „Stimme am Leitfaden des Leibes“ in „Medien/ Stimmen“, Cornelia Epping-Jäger/Erika Linz (Hg.), Köln 2003; S.19-35.

Waldenfels, Bernhard „Vielstimmigkeit der Rede. Studien zur Phänomenologie des Fremden Bd. 4“, Frankfurt a.M. 1999.

Wazlawick, Paul „Menschliche Kommunikation“, Bern 2011.

Wray, Alison „Formulaic Language and the Lexicon“, 2002.

Wulf, Christoph „Anthropologie – Geschichte, Kultur, Philosophie“, Köln 2009.

Wulf, Christoph „Der mimetische Körper – Vorlauf zum Tod, Rücklauf zur Geburt“ in „Medien – Körper – Imagination“, Paragrana, Internationale Zeitschrift für Historische Anthropologie, Band 17, Heft 1, Mark Poster/Christoph Wulf (Hg.), Berlin 2008.

Kultur- und Medientheorie

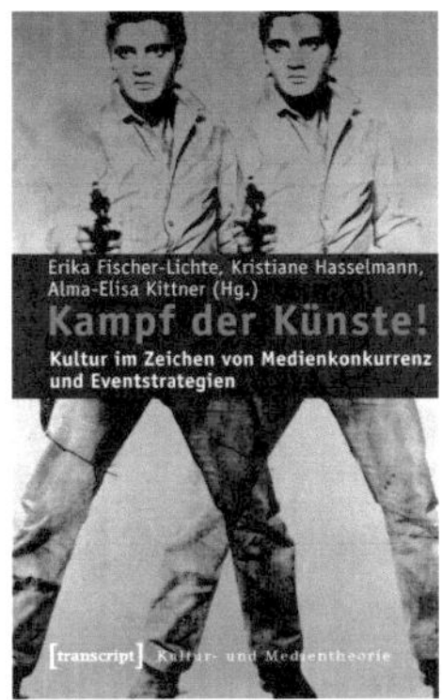

Erika Fischer-Lichte, Kristiane Hasselmann, Alma-Elisa Kittner (Hg.)
Kampf der Künste!
Kultur im Zeichen von Medienkonkurrenz und Eventstrategien

Juni 2013, ca. 300 Seiten, kart., zahlr. Abb., ca. 28,80 €,
ISBN 978-3-89942-873-5

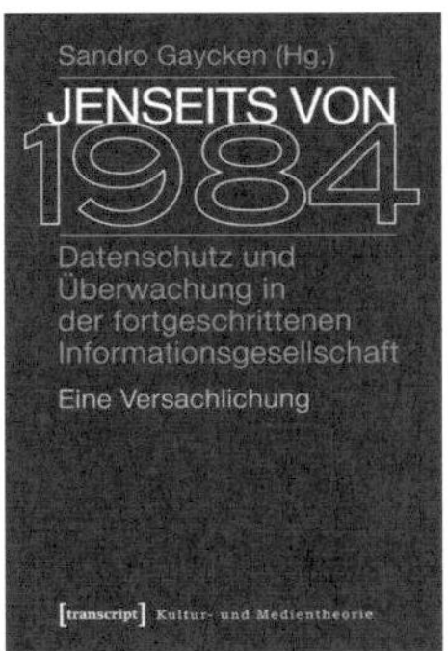

Sandro Gaycken (Hg.)
Jenseits von 1984
Datenschutz und Überwachung in der fortgeschrittenen Informationsgesellschaft. Eine Versachlichung

März 2013, 168 Seiten, kart., 19,80 €,
ISBN 978-3-8376-2003-0

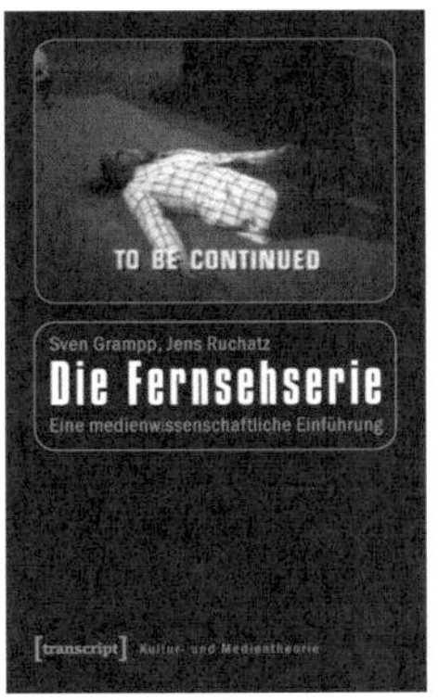

Sven Grampp, Jens Ruchatz
Die Fernsehserie
Eine medienwissenschaftliche Einführung

Juni 2013, ca. 200 Seiten, kart., ca. 16,80 €,
ISBN 978-3-8376-1755-9

Kultur- und Medientheorie

Michael Andreas,
Natascha Frankenberg (Hg.)
Im Netz der Eindeutigkeiten
Unbestimmte Figuren und die Irritation von Identität
Juli 2013, ca. 240 Seiten, kart., zahlr. Abb., ca. 29,80 €,
ISBN 978-3-8376-2196-9

Vittoria Borsò (Hg.)
Wissen und Leben – Wissen für das Leben
Herausforderungen einer affirmativen Biopolitik
August 2013, ca. 260 Seiten, kart., ca. 29,80 €,
ISBN 978-3-8376-2160-0

Frédéric Döhl,
Renate Wöhrer (Hg.)
Zitieren, appropriieren, sampeln
Referenzielle Verfahren in den Gegenwartskünsten
Dezember 2013, ca. 240 Seiten, kart., zahlr. Abb., ca. 32,80 €,
ISBN 978-3-8376-2330-7

Özkan Ezli,
Andreas Langenohl,
Valentin Rauer,
Claudia Marion Voigtmann (Hg.)
Die Integrationsdebatte zwischen Assimilation und Diversität
Grenzziehungen in Theorie, Kunst und Gesellschaft
Juni 2013, ca. 366 Seiten, kart., ca. 32,80 €,
ISBN 978-3-8376-1888-4

Urs Hangartner, Felix Keller,
Dorothea Oechslin (Hg.)
Wissen durch Bilder
Sachcomics als Medien von Bildung und Information
Mai 2013, ca. 260 Seiten, kart., zahlr. z.T. farb. Abb., ca. 29,80 €,
ISBN 978-3-8376-1983-6

Marcus S. Kleiner,
Holger Schulze (Hg.)
SABOTAGE!
Pop als dysfunktionale Internationale
Mai 2013, ca. 200 Seiten, kart., ca. 24,80 €,
ISBN 978-3-8376-2210-2

Gudrun M. König,
Gabriele Mentges,
Michael R. Müller (Hg.)
Die Wissenschaften der Mode
Mai 2013, ca. 190 Seiten, kart., ca. 22,80 €,
ISBN 978-3-8376-2200-3

Christopher F. Laferl,
Anja Tippner (Hg.)
Künstlerinszenierungen
Performatives Selbst und biographische Narration im 20. und 21. Jahrhundert
Juni 2013, ca. 300 Seiten, kart., zahlr. Abb., ca. 32,80 €,
ISBN 978-3-8376-2215-7

Bastian Lange,
Hans-Joachim Bürkner,
Elke Schüssler (Hg.)
Akustisches Kapital
Wertschöpfung in der Musikwirtschaft
Mai 2013, ca. 230 Seiten, kart., ca. 29,80 €,
ISBN 978-3-8376-2256-0

Claudia Mareis, Matthias Held,
Gesche Joost (Hg.)
Wer gestaltet die Gestaltung?
Praxis, Theorie und Geschichte des partizipatorischen Designs
Mai 2013, ca. 300 Seiten, kart., zahlr. z.T. farb. Abb., ca. 29,80 €,
ISBN 978-3-8376-2038-2